药品市场准入
理论、方法与国际经验

Introduction to Market Access for Pharmaceuticals

原　著　Mondher Toumi
主　审　翟所迪
主　译　门　鹏

北京大学医学出版社

YAOPIN SHICHANG ZHUNRU——LILUN, FANGFA YU GUOJI JINGYAN

图书在版编目（CIP）数据

药品市场准入：理论、方法与国际经验/（法）蒙德尔·杜米（Mondher Toumi）原著；门鹏主译. —北京：北京大学医学出版社，2024.1

书名原文：Introduction to Market Access for Pharmaceuticals

ISBN 978-7-5659-2891-8

Ⅰ.①药… Ⅱ.①蒙…②门… Ⅲ.①药品－市场准入－研究 Ⅳ.① F763

中国国家版本馆 CIP 数据核字（2023）第 065490 号

北京市版权局著作权登记号：图字：01-2018-1668

Introduction to Market Access for Pharmaceuticals, Mondher Toumi, ISBN: 978-1-138-03218-7
©2017 by Taylor & Francis Group, LLC
Authorised translation from the English language edition published by CRC Press, a member of the Taylor & Francis Group, LLC
本书原版由 Taylor & Francis 出版集团旗下 CRC 出版公司出版，并经其授权翻译出版。版权所有，侵权必究。

Peking University Medical Press is authorized to publish and distribute exclusively the **Chinese (Simplified Characters)** language edition. This edition is authorized for sale throughout **Mainland of China**. No part of the publication may be reproduced or distributed by any means, or stored in a database or retrieval system, without the prior written permission of the publisher. 本书中文简体翻译版授权由北京大学医学出版社独家出版并仅限在中国大陆地区销售。未经出版者书面许可，不得以任何方式复制或发行本书的任何部分。

Simplified Chinese translation Copyright © 2024 by Peking University Medical Press. All Rights Reserved.

Copies of this book sold without a Taylor & Francis sticker on the cover are unauthorized and illegal. 本书封面贴有 Taylor & Francis 公司防伪标签，无标签者不得销售。

药品市场准入——理论、方法与国际经验

主　　译：门　鹏
出版发行：北京大学医学出版社
地　　址：（100191）北京市海淀区学院路 38 号　北京大学医学部院内
电　　话：发行部 010-82802230；图书邮购 010-82802495
网　　址：http://www.pumpress.com.cn
E-mail：booksale@bjmu.edu.cn
印　　刷：北京瑞达方舟印务有限公司
经　　销：新华书店
责任编辑：袁帅军　　责任校对：靳新强　　责任印制：李　啸
开　　本：787 mm×1092 mm　1/16　印张：16.25　字数：400 千字
版　　次：2024 年 1 月第 1 版　2024 年 1 月第 1 次印刷
书　　号：ISBN 978-7-5659-2891-8
定　　价：85.00 元
版权所有，违者必究
（凡属质量问题请与本社发行部联系退换）

译审者名单

主审
　　翟所迪（北京大学第三医院/北京大学医学部药物评价中心）

主译
　　门　鹏（北京大学第三医院/北京大学医学部药物评价中心）

译者（按姓氏拼音排序）
　　门　鹏（北京大学第三医院/北京大学医学部药物评价中心）
　　邱婷婷（北京市临床药学研究所/首都医科大学附属北京友谊医院）
　　郑佳音（中国罕见病联盟/北京罕见病诊疗与保障学会，清华大学万科公共
　　　　　卫生学院）
　　周俊文（牛津大学卫生经济研究中心）

中文版序

我很荣幸在 5 年前被聘任为北京大学第三医院的客座教授，并与翟所迪教授以及他的同事和学生们合作。这是一次富有成果的互动，以尊重和开放的态度来丰富彼此的智慧，使我获益良多。

我也很高兴来自北京大学的毕业生能够在法国顺利完成博士学业，他们的敏捷、聪慧和敬业又丰富了我的见解。

我和翟教授一致认为，这本书可以提供药品市场准入的全景鸟瞰，并给中国读者以启迪。基于不同国家、不同文化背景下的实践模式，可以开拓读者的视野，并使其更好地理解药品市场准入文化的多样性。

在本书中，读者将会遇到药品市场准入领域的各种概念和术语。对这些相似的概念和术语取得一致性的理解是很重要的起点。在此基础上，本书结合实例对具体主题进行了详细描述，包括：

- 卫生技术评估（HTA）的决策分析框架；
- 早期 HTA 建议的路径和各类模型；
- 对各类市场准入协议的全面阐述；
- 外部参考定价（支付者的关键杠杆）；
- 早期准入计划的内涵和特点；
- 罕见病药物和疫苗的市场准入；
- 重要国家的药品市场准入政策实践。

我相信您会喜欢这本书，您会了解到很多关于其他国家如何管理药品市场准入的知识。要知道，没有完美的解决方案，所有国家都面临着相同的挑战，即如何在预算支出的约束与向患者提供创新疗法之间取得平衡。我们都在努力寻找正确的解决路径。这本书将为您提供丰富的、可以借鉴的国际经验，并启发您深入思考如何在中国的政策和文化环境中开展实践。

我非常感谢翟教授及其翻译团队，让全世界最有活力、最鼓舞人心的中国读者能够阅读本书。

感谢您的阅读并期待您的反馈。

蒙德尔·杜米

英文序

I had a great pleasure for a 5-year period to be appointed as Visiting Professor at Peking University Third Hospital. I collaborate with Prof. Suodi Zhai, his colleagues and students. It was a fruitful interaction. I learned so much during this period. I discovered how we could enrich intellectually each other's through respect and open attitude.

I welcomed students from Peking University who successfully finalized their PhD in France. I learned how agile, brilliant, and committed they were. It was another rich experience for me.

With Prof. Zhai we thought that this book could bring a broad overview of the market access and enlighten the Chinese readers. Experiences in another environment in a different context should be an eye opener to understand the variety of market access cultures for pharmaceuticals.

In this book the reader will discover the various definitions and concepts that underline the market access field. It is important to start with similar definitions and aligned understanding of concepts. Then specific topics are described in details with examples. You can find:

- The HTA decision analysis framework.
- The early HTA advice with description of pathways and the various models.
- A large section on managed entry agreements.
- How external pricing has become a critical leverage for payers.
- The early access program.
- The access for orphan drugs and vaccines.
- An overview country by country of the most important countries.

I am sure you will enjoy reading this book and you will learn a lot about how other countries are managing market access. There is no perfect solution, but all countries are facing the same challenge how to reconcile drug budget impact, budget constraint and making innovative therapies available to patients. All countries are struggling to find the right solution. This book will give you the opportunity to learn from others and think deeply at how this should be contextualized within the Chinese environment.

I am so grateful to Prof. Zhai and his team to make this book accessible in Chinese to one of the most vibrant and inspiring research community in the world.

Thank you for procuring the book and sharing your feedback.

Mondher Toumi

译者前言

伴随着经济社会的不断发展和人口老龄化水平的日益提升，公众医疗保健需求的提高、新药新技术的持续涌现以及疾病谱的不断变化等诸多因素共同给医疗卫生资源带来了显著的压力。作为全生命周期管理中的关键要素和环节，药品市场准入对于促进医疗卫生资源的合理分配与使用、满足患者的临床药物治疗需求、维护医药产业的可持续创新发展等具有十分重要的影响。经过数十年的探索与发展，许多国家已逐步建立了成熟完备的药品市场准入体系，国际上围绕药品市场准入的学术理论和实践性研究较为丰富，对于新时代我国药品市场准入相关体系和制度的不断完善和优化具有有益的参考价值，但目前国内针对这一主题的系统性、全貌性著作仍相对较少。

本书是著名卫生经济学家、法国艾克斯-马赛大学（Aix-Marseille University）蒙德尔·杜米（Mondher Toumi）教授发起并主持的"欧洲市场准入大学文凭（European Market Access University Diploma，EMAUD）"这一国际性职业认证课程的核心教材，是杜米教授的生物学、医学、经济学等多学科教育积淀及其在学术界、产业界和市场咨询等领域深耕数十年所积累的专业知识和经验的荟萃与结晶。

本书的核心价值体现在杜米教授基于系统性的理论推演，结合朴实、生动的实证分析，对医疗保健领域中药品的"市场准入"这一概念进行了里程碑式的界定、阐释和运用。这一阐释并不是枯燥的、学究式的，而是将"利益相关者"理论和视角贯穿始终，对医药领域实施市场准入管理的必要性、重要性和可行性进行了深刻的剖析，并注重以制药企业的视角在其纷繁复杂的活动和业务中厘清了市场准入事务的范畴和思路，同时还整合医疗服务提供者和患者的角度进行综合性的把握和分析，使不同专业领域和职业背景的读者都可以从中寻找到自己所关注问题的战略性解答。

同时，杜米教授在本书中针对基于价值的卫生技术评估（health technology assessment，HTA）、市场准入协议（market access agreement，MAA）、外部参考定价（external reference pricing，ERP）、早期 HTA 建议、罕见病药物和疫苗市场准入等当前国内外普遍关注和采用的具体政策措施和技术方法进行了深入浅出、层次清晰的阐述，不但分析了不同措施和方法的特点和应用场景，同时还融入、呈现了大量真实、丰富的案例，每一部分均从支付者、企业等不同角度给出了中肯的评判以及有针对性的建议，条分缕析、言之有序，使上述内容在理论价值之外还具有高度实用的策略性价值。

在本书中，杜米教授还系统性地介绍和评述了全球多个典型国家的药品市场准入的政策环境、制度法规以及具体的准入流程和特点。由于杜米教授针对相关章节采用了统一、简洁的编写体例，使读者可以一目了然地掌握这些国家的药品市场准入整体图景和关键要素，有兴趣的读者还能够更加便捷地比较不同医疗卫生体系下药品市场准入的异同和优劣，从而启发更加深入的理解和思考。

译者前言

在本书的翻译过程中,对于专业术语,我们尽可能地选用了国内广泛认可并使用的表述方式,对于既往国内文献中较少出现和涉及的部分术语或名词,则在忠于原文、便于理解的转译基础上保留了相应的英文表述。同时,逐一核对了书中出现的各国政府部门和组织机构的名称,针对官方语言非英语的国家,在原著的基础上进一步补充了相应原始语种的表述,以赋予其可溯源性。此外,对于本书提及或引述的国外专家、学者等人士,我们也对其基本信息进行了加注,以便于读者更好地阅读和利用本书。

由于水平所限,虽勠力以求完善,仍难免挂一漏万,恳请读者朋友们不吝指正、赐教。

愿大家读有所获。

门 鹏

原著主编简介

蒙德尔·杜米（Mondher Toumi）教授是法国艾克斯-马赛大学公共卫生学系教授、InovIntell 咨询公司首席执行官、北京大学第三医院客座教授。杜米教授获得了医学博士、生物统计学硕士、生物科学-药理学硕士和经济学博士等多个学位。1981—1993 年，杜米教授曾担任艾克斯-马赛大学药理学系研究主管。自 1995 年起，杜米教授开始了其在制药工业界的 13 年任职生涯，其间曾担任灵北公司（H.Lundbeck A/S）全球副总裁，负责卫生经济、结果研究、定价、市场准入、流行病学、风险管理、政府事务和竞争性情报等部门事务的管理。

2008 年，杜米教授创建了 Creativ-Ceutical 国际咨询公司并担任首席执行官，旨在为医药企业和行政管理部门提供战略决策支持。2009 年，杜米教授受聘担任法国里昂第一大学（Claude Bernard University Lyon 1）决策科学和卫生政策学系教授。

杜米教授是全球首个市场准入国际认证课程——"欧洲市场准入大学文凭（European Market Access University Diploma，EMAUD）"课程的创始人。同时，他还创立了市场准入学会（Market Access Society，MAS）。该组织旨在促进市场准入、卫生技术评估、公共卫生和卫生经济学评价交叉领域的教育、研究和学术活动。

此外，杜米教授还担任《市场准入与卫生政策杂志》（*Journal of Market Access and Health Policy*，*JMAHP*）的主编，该期刊是市场准入学会（MAS）的官方刊物。

原著序

通过界定和阐释"市场准入（market access）"这一术语的概念、作用和效用，蒙德尔·杜米（Mondher Toumi）教授对卫生经济学的发展做出了巨大的贡献。毫无疑问的是，在学术名词和思想领域也存在着"市场"，所以也就同时存在着竞争。杜米教授在这本书中阐释了"市场准入"的概念，并对其在卫生经济学领域的推广、使用以及在制药企业中的应用前景进行了令人信服的阐述。

在卫生经济学领域，"市场准入"被用作一个专门的分析术语还算是一个比较新的进展。根据国际搜索引擎的统计数据，各种出版物中首次使用"卫生经济学（health economics）"这一术语肇始于1970年；在1970—1978年间，该术语的年度使用量急剧增长，之后在1978—1983年间则趋于平稳；此后，在2003年之前又出现了一次显著的增长，在2003—2006年间则再次趋于平稳。相比之下，尽管"市场准入"这一术语的总体使用频率变化与"卫生经济学"相似，但其使用频率的增长却一直比较稳定，并在最近到达了使用量的一个平台期。

然而，在针对PubMed中的学术文献进行快速检索之后发现，大约有1.5万篇文章使用"卫生经济学"作为关键词之一，而使用"市场准入"作为关键词的文章则仅有约600篇。另一方面，使用"卫生经济学"作为检索词在国际搜索引擎中进行搜索后返回了400多万个结果，而使用"市场准入"作为检索词进行搜索后则返回了超过700万个结果。这些现象有着重要的启示。

接下来，我将描述杜米教授针对"市场准入"这一术语起源的解释。

卫生经济学在20世纪70年代初成为经济学的一个分支，在大学里也开始设立了相关课程。杜米教授在本书中引用了肯尼斯·阿罗（Kenneth Arrow）[①]教授在1963年发表的关于"医疗保健的不确定性和福利经济学（Uncertainty and the Welfare Economics of Health Care）"的开创性论文。该论文基于医疗保健的独特属性将其视为一种经济商品。由于医疗保健市场存在着各种各样的不确定性，可能无法达到完全竞争，即帕累托效率（Pareto efficiency）/帕累托最优（Pareto optimality）。并且，许多明显的监管干预措施都可以被视为一种"进化反应"，即公共领域和私营领域的市场失灵。

此外，杜米教授还是卫生经济学的分支——药物经济学（pharmacoeconomics）的领军者。对于药物经济学领域中术语使用的矛盾局面，我们是有目共睹的。从经济学的角度来看，对新术语、概念和思想的需求和供给确实存在。例如，在广义上来说，"个体化医疗（personalized medicine）"也可以被称为"分层医疗（stratified medicine）""定制治疗（tailored treatment）""个性化治疗（individualized therapy）"，近年来又被称为"精准医

---

① 美国经济学家（1921—2017），于1972年获得诺贝尔经济学奖。——译者注

疗（precision medicine）"。这些术语各自的支持者们一致认为，它们都不是彼此完美的同义词，而且很明显都反映了各自特有的角度。这些术语可以产生很大影响力：美国前总统贝拉克·奥巴马（Barack Obama）在2015年1月发起了一项"精准医疗计划（Precision Medicine Initiative）"，反映了临床医学已经发展到可以用基因和其他生物标志物来预测患者个体对治疗的反应的新阶段。企业界、学术界、咨询公司甚至政府都在这个市场上展开竞争，并期望能够对上述术语各自所反映的价值加以区分。

这本书的大多数读者，甚至大多数卫生经济学者可能并不完全熟悉"市场准入"这一术语的最初用法，而杜米教授在世界贸易组织（World Trade Organization，WTO）框架下的国际贸易领域中对其做出了很好的解释。显然，从国际视角来看，在各国优先为本国公民提供服务的情况下，世界经济充斥着各种各样的贸易壁垒，其中既有关税壁垒，也有非关税壁垒。杜米教授将"市场准入"定义为"……一种药品在医疗保险体系中获得定价报销资格以及有利的处方决策建议的能力"。对于想要在尽可能多的国家市场销售其产品的制药企业来说，市场准入意味着要跨越一道道"关卡（hurdle）"，使自己的产品顺利进入某个特定国家的市场。对于创新药而言，主要的"关卡"是上市许可、定价和报销谈判，以及对药品使用的限制。当然，"市场准入"这一概念同样适用于诸如美国等复杂而分散的、公共和私营保险并存的特定市场。

杜米教授和他的同事们在对制药企业进行调查时曾发现，它们在这一领域的组织运营方式是多种多样的，其中大多数员工的初始教育背景是决策科学、药事管理、卫生经济学、流行病学、生物统计学、计量心理学、临床药理学和企业管理等学科专业。但是，由于这些领域的互补性相当明显，特别是在面临一系列监管、卫生技术评估、定价和报销等"关卡"时，企业往往将其中的一些活动归集在市场准入的部门构架下，特别是在"全球（global）"层面。我曾在一家大型制药企业的全球卫生经济部门工作，并在博士研究生培养项目中为使感兴趣的人士具备在上述部门工作的能力提供教学服务。这些经历使我逐渐认识到，为上述人士提供所有相关领域的基础性培训，并使其不断增加对市场准入"关卡"的理解是十分重要的。因此，我们的教学课程也沿着这个方向不断革新。据我所知，杜米教授之所以是这一领域的先驱者，还因为他创建了第一个专门提供市场准入学位文凭教育的学术机构。

200多年前，亚当·斯密（Adam Smith）①在其撰写的《国富论》（The Wealth of Nations）中指出："劳动分工受市场范围的限制。"现在，杜米教授已经走在了我们的前列，而更重要的是大家要认识到，学术市场是具有竞争性的，同时，它在某种程度上是抵触变革的，即便这种变革仅仅意味着对它已经在开展的综合性、多学科培训用一个新标签进行重新命名。尽管如此，想要找到一个比"市场准入"更好的术语来描述这些活动的本质是很难的。即使在我自己12年的企业界工作中，我所在部门的名称也是在不断变化的：先从"药物经济学"变更为"卫生经济学"（为了将诊断产品和医疗器械纳入工作范畴），之后又变更为"经济学"（为了增加定价和报销方面的工作）；随后，其名称再演变为"支付者战略"（payer strategy，即着重于战略思维，以克服市场准入中的"关卡"）。因此，将这些活动都归类于"市场准入"这一概念明显更具有吸引力，但同时也要面临来自市场的

---

① 英国哲学家、经济学家（1723—1790）。——译者注

考验。

"市场准入"是否以及会在何时达到成为相关活动领域最被广泛使用的术语？我没有把握。但毫无疑问的是，杜米教授通过探索和阐明这一概念的效用，并明确其与卫生技术评估（health technology assessment，HTA）、准入协议（market access agreement，MAA）、价值主张（value propositions）和基于价值的定价（value-based pricing，VBP）等一系列问题的相关性，为我们所有人都提供了巨大的帮助。

尽管我在这里已经反复强调了杜米教授所统一的"市场准入"这一概念的创新性，但各位读者在阅读完本书后一定还会被他对若干主要医药市场的认识和理解的广度和深度所震撼。另外，本书的主题还延伸到了相关的具体问题层面，如疫苗市场、罕见病药物、外部参考定价（external reference pricing，ERP）、早期HTA建议、早期准入和准入协议。

我推荐你们阅读这本书，学习、享受并思考杜米教授与我们分享的这些重要见解。

卢·盖里森（Lou Garrison）[①]
药品结果研究和政策项目
药学部
全球健康与卫生服务学系
美国华盛顿大学

---

① 美国华盛顿大学卫生经济学教授，国际药物经济学会（International Society for Pharmacoeconomics and Outcome Research，ISPOR）前主席。——译者注

原著致谢

我要感谢每一位帮助我完成这本书编写和出版的人,他们为我提供了文字录入、审阅和评论方面的帮助,并给予我不断的支持和鼓励。亲爱的各位朋友,如果没有你们的有力支持,我就无法圆满完成我的工作。

特别感谢西蒙·雅罗斯瓦斯基(Szymon Jarosławski)和塞西尔·雷缪扎特(Cécile Rémuzat)在本书编写过程中不断地提供文字录入和审阅的支持。

感谢塞缪尔·阿巴雷亚(Samuel Aballéa)、列文·安妮曼斯(Lieven Annemans)、查尔斯·萨布林(Charles Sabourin)、安娜·杜西里奥(Anna D'Ausilio)、埃姆纳·埃尔·哈米(Emna El Hammi)、杰米·埃斯潘(Jaime Espin)、克莱蒙特·弗朗索瓦(Clément François)、池田俊也(Shunya Ikeda)、帕提西亚·亚洛斯(Patrycja Jaros)、阿萨·康菲尔德(Åsa Kornfeld)、斯蒂芬·拉奇米(Stefan Lhachimi)、阿巴耶米·奥德米(Abayomi Odeyemi)、佛罗伦斯·巴隆·帕比隆(Florence Baron Papillon)、斯蒂夫·谢尔曼(Steve Sherman)、玛丽昂·索沃利特(Marion Thivolet)、基思·托利(Keith Tolley)和凯瑟琳·伊娃·杨(Katherine Eve Young)为本书所做的评阅工作。

感谢卢·盖里森(Lou Garrison)和列文·安纳曼斯(Lieven Annemans)[①]为本书撰写序言和目录中。

最后,献上让·巴蒂斯特·克莱芒(Jean Baptiste Clément)[②]的一首诗《樱桃时节》(Le temps des Cerises),以感谢我的家人一直以来的支持!

Un clin d'œil à la Commune de Paris	——向巴黎公社致敬
J'aimerai toujours le temps des cerises	我永远眷恋那樱桃时节,
C'est de ce temps-là que je garde au coeur,	为逝去的年华,
Une plaie ouverte.	心痛欲裂!
Et Dame Fortune en m'étant offerte	命运女神的青睐,
Ne pourra jamais calmer ma douleur...	也不能为我的创伤止血。
J'amerai toujours le temps des cerises	我永远眷恋那樱桃时节,
Et le souvenir que je garde au coeur.	心中的记忆总那般亲切。

---

① 比利时根特大学卫生经济学教授,ISPOR 前主席。——译者注
② 法国诗人、记者、活动家(1836—1903),巴黎公社委员。——译者注

内容简介

低水平的市场准入工作已成为新药上市后遭遇商业失败的主要原因，它通常被称为影响患者药品可及性的"第四道关卡（the fourth hurdle）"，仅次于药品获得监管部门的上市许可所需要证明的有效性、安全性和质量这三个传统的"关卡"。

如今，市场准入已成为新药获得全球性收入的主要驱动因素。如果没有采取一系列令人信服的市场准入策略来向决策者证明并传达药品的价值，企业将无法获得其预期的商业利益。因此，需要理解其中的关键决策驱动因素。

诚然，药品市场准入是一个复杂的过程，每个人对其都可能有不同的理解。即使在一些著名的出版物中，其内容也可能是有问题的、不恰当的或不准确的。因此，本书旨在尝试针对市场准入领域中相关的定义、概念和历史进行协调与统一；书中提出的方法具备多学科交叉性质，这些学科共同构建了市场准入的成功之路。

此外，本书是市场准入领域的认证课程——"欧洲市场准入大学文凭（EMAUD）"的基础教材。这一课程隶属于市场准入学会和艾克斯-马赛大学。

核心内容
- 药品市场准入的环境、概念和原理的深入阐述
- 药品市场准入的利益相关者结构网络的深刻描绘
- 医药卫生领域中基本决策科学知识的详细解读
- 全球主要药品市场准入法规和政策的述评分析
- 各种新型市场准入模式（风险分担/管理准入协议、早期准入/对话以及疫苗/罕见病药物的市场准入等）的系统性分析和比较
- 结合翔实的案例研究，探讨药品市场准入的最佳实践模式

阅读目标
- 掌握运用多学科方法理解并构建药品市场准入策略的能力
- 掌握准确识别利益相关者并制订符合标准的市场准入计划的能力
- 理解不同国家和地区以及不同类型药品在市场准入方面特异性的能力
- 具备预测市场准入模式未来的发展变化和影响的能力

目标读者

医药生命科学技术和公共卫生领域的管理者、学术研究者、企业界人士和在读学生。

本书常用缩略语

ACIP	Advisory Committee on Immunization Practices	（美国）免疫接种咨询委员会
AEMPS	Agencia Española del Medicamentos y Productos Sanitarios/Spanish Agency of Medicines and Medical Devices	西班牙药品和医疗产品管理局
AETS	Agencia de Evaluacion de Tecnologias Sanitarias/National Health Technology Assessment Agency	（西班牙）国家卫生技术评估机构
AFR	annual financial return	年度财务返款
AGES	Austrian Agency for Health and Food Safety	澳大利亚健康和食品安全署
AHRQ	Agency for Healthcare Research and Quality	（美国）医疗健康研究和质量署
AIFA	Agenzia Italiana del Farmaco/Italian Medicines Agency	意大利药品管理局
AMNOG	*Arzneimittelmarktneuordnungsgesetz/Act of the Reform of the Market for Medicinal Products*	（德国）《医疗产品市场改革法案》
AMP	average manufacturer price	平均出厂价格
ANSM	Agence Nationale de Sécurité du Médicament et des Produits de Santé/National Agency for the Safety of Medicines and Health Products	（法国）国家药品和医疗产品安全管理局
ASL	Azienda Sanitaria Locale/Local Health Unit	（意大利）地方卫生部门
ASMR	Amélioration du Service Médical Rendu/Added Actual Medical Benefit	增量实际医学获益
ASP	average sale price	平均销售价格
AWP	average wholesale price	平均批发价格
BfArM	Bundesinstitut für Arzneimittel und Medizinprodukte/Federal Institute for Pharmaceuticals and Medical Products	（德国）联邦药品和医疗产品研究院
BMG	Bundesministerium für Gesundheit/The Federal Ministry of Health	（德国）联邦卫生部
CBER	Center for Biologics Evaluation and Research	（美国）生物制品评估和研究中心
CDC	Centers for Disease Control and Prevention	（美国）疾病控制与预防中心
CED	coverage with evidence development	按证据研究进展支付
CEPS	Comité Economique des Produits de Santé/Economic Committee of Health Products	（法国）医疗产品经济学委员会
CHIP	Children's Health Insurance Programme	（美国）儿童医疗保险计划

本书常用缩略语

缩略语	英文/外文全称	中文
CIPM	Comisión Interministerial de Precios de los Medicamentos/The Interministerial Commission for Pricing of Medicinal Products	（西班牙）医药产品部际定价委员会
CISNS	Consejo Interterritorial del Sistema Nacional de Salud/Spanish Interterritorial Council	（西班牙）国家医疗体系地区间委员会
CMS	Centers for Medicare and Medicaid Services	（美国）医疗保险和医疗救助服务中心
CPR	Comitato Prezzi e Rimborso/Pricing and Reimbursement Committee	（意大利）定价与报销委员会
CT	Commission de la Transparence	（法国）透明委员会
CTV	Comité technique des Vaccinations/Technical Committee on Vaccinations	（法国）免疫接种技术委员会
CVZ	College voor Zorgverzekeringen/National Health Care Institute	（荷兰）国家医疗保健研究院
DAHTA	Deutsche Agentur für Health Technology Assessment/German Agency of Health Technology Assessment	德国卫生技术评估机构
DCE	discrete choice experiment	离散选择实验
DDD	daily defined dose	限定日剂量
DERP	Drug Effectiveness Review Project	（美国）药品效果评估项目
DGFPS	Dirección General de Farmacia y Productos Sanitarios/General Directorate for Pharmacy and Medical Devices	（西班牙）药品和医疗器械总局
DIMDI	Deutsches Institut für Medizinische Dokumentation und Information/German Institute for Medical Documentation and Information	德国医学档案情报研究所
DPO	Drug Pricing Organization	药品定价组织
DRG	disease-related group/diagnosis-related group	疾病相关分组/诊断相关分组
DT	drug tariff	药品价格目录
EBA	early benefit assessment	早期获益评估
EMA	European Medicines Agency	欧洲药品管理局
ERP	external reference pricing	外部参考定价
EU	European Union	欧洲联盟
FDA	Food and Drug Administration	（美国）食品药品管理局
FUL	federal upper limit	（美国）联邦价格上限
G-BA	Gemeinsamer Bundesausschuss/Federal Joint Committee	（德国）联邦联合委员会
GBS	Guillain–Barré syndrome	吉兰-巴雷综合征
GKV-SV	Gesetzliche Krankenversicherung-Spitzenverband/National Association of Statutory Health Insurance Funds	（德国）全国法定医疗保险基金协会
GU	*Gazzetta Ufficiale*	（意大利）《官方公报》
HAS	Haute Autorité de Santé/French National Authority for Health	法国卫生高级权力机关
HC	Gezondheidsraad/Health Council	（荷兰）卫生委员会

HEOR	health economics and outcomes research	卫生经济学和结果研究
HHS	Department of Health and Human Services	（美国）卫生与公众服务部
HPV	human papilloma virus	人乳头瘤病毒
HTA	health technology assessment	卫生技术评估
ICER	incremental cost-effectiveness ratio	增量成本-效果比
INN	international nonproprietary name	国际非专利名称
IQWiG	Institut für Qualität und Wirtschaftlichkeit im Gesundheitswese/Institute for Quality and Efficiency in Healthcare	（德国）医疗保健质量和效率研究院
ITR	index thérapeutique relatif/relative therapeutic index	相对治疗指数
JCVI	Joint Committee on Vaccination and Immunisation	（英国）疫苗接种和免疫联合委员会
LFN	Läkemedelsförmånsnämnden/Pharmaceutical Benefits Board	（瑞典）药品福利委员会
MA	market access	市场准入
MAA	market access agreement	市场准入协议
MAC	maximum allowable cost	最高容许价格
MAH	marketing authorization holder	上市许可持有人
MAu	marketing authorization	上市许可
MCDA	multi-criteria decision analysis	多准则决策分析
MHLW	厚生労働省/Ministry of Health, Labour and Welfare	（日本）厚生劳动省
MHRA	Medicines and Healthcare Products Regulatory Agency	（英国）药品和医疗产品监管局
MPA	Läkemedelsverket/The Medical Products Agency	（瑞典）医疗产品管理局
MS	multiple sclerosis	多发性硬化症
MSSSI	Ministerio de Sanidad, Servicios Sociales e Igualdad/The Ministry of Health, Social Services, and Equality	（西班牙）卫生、社会服务和平等部
NHI	National Health Insurance	（日本）国家医疗保险
NHIS	국민건강보험공단/National Health Insurance Service	（韩国）国民健康保险公团
NHS	national health service	国家卫生服务体系（泛指）
NICE	National Institute for Health and Care Excellence	（英国）国家卫生和保健评价研究院
NIP	Rijksvaccinatieprogramma/National Immunization Program	（荷兰）国家免疫接种计划
NITAG	National Immunization Technical Advisory Group	国家免疫专家咨询委员会（统称）
NVC	national vaccination calendar	国家免疫规划
OECD	Organisation for Economic Co-operation and Development	经济合作与发展组织
OsMED	Osservatorio Nazionale sull'impiego dei Medicinali/National Observatory on the Use of Pharmaceuticals	（意大利）国家药品使用监测中心
OTC	over-the-counter	非处方（药）
P&R	pricing and reimbursement	定价和报销
P4P	payment for performance	按绩效支付

PAS	Patient Access Scheme	患者可及性计划
PBAC	Pharmaceutical Benefits Advisory Committee	（澳大利亚）药品福利咨询委员会
PBMSHG	Pharmacy Benefits Management Strategic Healthcare Group	（美国）药品福利管理战略医疗保健集团
PEC	Pharmacoeconomic Center, Department of Defense	（美国）国防部药物经济学中心
PEI	Paul-Ehrlich-Institut/Paul-Ehrlich-Institute	（德国）保罗·埃利希研究所
PFN	Prontuario Farmaceutico Nazionale/National Pharmaceutical Formulary	（意大利）国家药品处方集
POM	prescription-only medicines	处方药
PPRS	Pharmaceutical Price Regulation Scheme	（英国）药品价格管制计划
PV	preventive vaccine	预防性疫苗
QALY	quality adjusted life year	质量调整生命年
RCT	randomized controlled trial	随机对照试验
R&D	research and development	研究与开发
RSA	risk sharing agreement	风险分担协议
SBU	Statens beredning för medicinsk och social utvärdering/Swedish Agency for Health Technology Assessment and Assessment of Social Services	（瑞典）卫生技术评估和社会服务评估署
SGB	Sozialgesetzbuch/Social Code Book	（德国）社会法典
SGCMPS	Subdirección General de Calidad de Medicamentos y Productos Sanitarios/General Subdirectorate of Quality of Medicines and Health Products	（西班牙）药品和医疗产品质量副总局
SHI	statutory health insurance	法定医疗保险
SMC	Scottish Medicines Consortium	（英国）苏格兰药品联合会
SMR	Service Médical Rendu/Actual Medical Benefit	实际医学获益
SNS	Sistema Nacional de la Salud/The National Health System	（西班牙）国家卫生服务体系
STIKO	Ständigen Impfkommission/Standing Vaccination Committee	（德国）疫苗接种常设委员会
TLV	Tandvårds-och läkemedelsförmånsverket/Dental and Pharmaceutical Benefits Agency	（瑞典）牙科和药品福利局
TV	therapeutic vaccine	治疗性疫苗
UNCAM	Union Nationale des Caisses d'Assurance Maladie/National Union of the Medical Insurances	（法国）国家医疗保险联合会
USP	*United States Pharmacopeia*	《美国药典》
VBP	value based pricing	基于价值的定价
VENICE	Vaccine European New Integrated Collaboration Effort	欧洲疫苗新综合合作项目
WAC	wholesale acquisition cost	批发采购成本
ZIN	Zorginstituut Nederland/Dutch National Healthcare Institute	（荷兰）国家医疗保健研究院

目 录

1 健康的商品属性 ·· 1
   1.1 福利经济学与健康 ·· 1
   1.2 医疗保健：一种具有混合性和集体性的商品 ·· 2
   1.3 公平、健康和医疗保健 ·· 2
   1.4 需求与结果的不确定性 ·· 3
   1.5 医生的预期行为 ·· 3
   1.6 供给情况 ··· 4
   1.7 讨论 ··· 4

2 公共卫生领域的决策 ··· 6
   2.1 公共卫生的定义 ·· 6
   2.2 公共卫生领域的决策 ·· 7
   2.3 报销方面的决策 ··· 11
   2.4 如何将社会偏好纳入决策 ··· 14

3 市场准入的定义和概念 ··· 17
   3.1 "市场准入"概念的由来 ··· 17
   3.2 市场准入的核心概念 ··· 22
   3.3 市场准入的定义 ··· 24
   3.4 市场准入的文化特异性 ·· 29
   3.5 支付者视角下的市场准入 ··· 30
   3.6 企业视角下的市场准入 ·· 36

4 卫生技术评估（HTA）的决策分析框架 ·· 39
   4.1 引言 ·· 39
   4.2 HTA 的发展历史 ·· 39
   4.3 HTA 程序和决策分析框架 ··· 40
   4.4 法国 ·· 46
   4.5 英格兰、北爱尔兰与威尔士——HTA ··· 48
   4.6 苏格兰——新产品评估 ·· 49
   4.7 德国——增量获益和成本-获益评估 ·· 49
   4.8 瑞典——边际获益与成本-效果评估 ·· 50
   4.9 意大利——创新性和成本-效果评估 ·· 50
   4.10 西班牙——报销与定价决策建议 ·· 52

5 早期 HTA 建议 ··· 53
5.1 获取早期 HTA 建议的途径 ··· 53
5.2 国家级的早期 HTA 建议项目 ··· 57
5.3 企业咨询的策略 ··· 61
5.4 结论 ··· 64

6 市场准入协议（MAA） ··· 65
6.1 背景 ··· 65
6.2 MAA 背后的基本原理 ··· 65
6.3 MAA 的不同定义和分类 ··· 66
6.4 支付者和企业实施 MAA 的动机 ··· 74
6.5 MAA 政策的国际比较 ··· 76
6.6 MAA 的最佳实践 ··· 83
6.7 MAA 对药品市场占有率的影响 ··· 86
6.8 具体案例研究 ··· 88
6.9 其他国家 MAA 的发展趋势 ··· 93
6.10 展望 ··· 95
6.11 结论：MAA 是一种临时性的解决方案吗？ ··· 96

7 外部参考定价（ERP） ··· 100
7.1 ERP 的定义 ··· 100
7.2 ERP 在欧洲 ··· 101
7.3 非欧洲国家的 ERP 程序 ··· 103
7.4 与 ERP 相关的问题 ··· 105
7.5 VBP 和 ERP ··· 108

8 支付者与药品监管部门之间的差异 ··· 111
8.1 引言 ··· 111
8.2 不确定性与风险 ··· 112
8.3 支付者与药品监管部门 ··· 112
8.4 不确定性的来源 ··· 113
8.5 药品价值不确定性的风险管理——HTA 机构/支付者层面 ··· 113
8.6 风险管理工具 ··· 116
8.7 HTA 机构/支付者为减少不确定性而要求的研究类型 ··· 120
8.8 药品监管部门和 HTA 机构/支付者的决策差异——案例研究 ··· 121
8.9 结论 ··· 126

9 早期准入计划 ··· 128
9.1 概述 ··· 128
9.2 EAP 的类型：指定型和队列型 ··· 129
9.3 EAP 在全球的趋势 ··· 130
9.4 关键成功因素与 EAP 的管理 ··· 130

10	罕见病药物的市场准入	135
	10.1 罕见病药物的定义	135
	10.2 罕见病药物注册和评估的法律框架及发展动机	136
	10.3 罕见病药物的定价程序	143
	10.4 罕见病药物的价格比较	145
	10.5 罕见病药物和超级罕见病药物的 HTA 框架	145
	10.6 罕见病药物的伦理学和公平性问题	145
	10.7 罕见病药物 HTA 和定价的潜在替代方法	146
	10.8 罕见病药物的定价问题	147
	10.9 展望	147
	10.10 结论	148
11	疫苗的市场准入（发达国家）	150
	11.1 概述	150
	11.2 疫苗的特点	151
	11.3 发达国家疫苗市场准入概览	153
	11.4 部分欧洲国家和美国的疫苗市场准入情况概述	155
12	法国	162
	12.1 利益相关者	162
	12.2 定价和报销政策	163
	12.3 准入所需时间	165
	12.4 价格管制	165
	12.5 报销程序的特点	166
	12.6 公开招标的特点	167
	12.7 支出控制	167
	12.8 针对配送企业、药师、医生和患者的政策	168
13	德国	171
	13.1 利益相关者	171
	13.2 定价和报销政策	172
	13.3 准入所需时间	173
	13.4 价格管制	173
	13.5 报销程序的特点	174
	13.6 公开招标的特点	174
	13.7 支出控制	174
	13.8 针对配送企业、药师、医生和患者的政策	175
14	意大利	178
	14.1 利益相关者	178
	14.2 定价和报销政策	180
	14.3 准入所需时间	181
	14.4 价格管制	181

目录

- 14.5 成本控制政策 ... 182
- 14.6 针对药品配送企业和药师的政策 ... 183

15 西班牙 ... 185
- 15.1 利益相关者 ... 185
- 15.2 定价和报销政策 ... 186
- 15.3 准入所需时间 ... 187
- 15.4 价格管制 ... 187
- 15.5 报销程序的特点 ... 188
- 15.6 公开招标的特点 ... 188
- 15.7 支出控制 ... 188
- 15.8 针对配送企业、药师、医生和患者的政策 ... 189

16 瑞典 ... 192
- 16.1 利益相关者 ... 192
- 16.2 定价和报销政策 ... 193
- 16.3 准入所需时间 ... 195
- 16.4 价格管制 ... 195
- 16.5 报销程序的特点 ... 196
- 16.6 公开招标的特点 ... 197
- 16.7 支出控制 ... 197
- 16.8 针对配送企业、药师、医生和患者的政策 ... 198

17 英国 ... 200
- 17.1 利益相关者 ... 200
- 17.2 定价和报销政策 ... 200
- 17.3 准入所需时间 ... 202
- 17.4 价格管制 ... 202
- 17.5 报销程序的特点 ... 203
- 17.6 公开招标的特点 ... 203
- 17.7 支出控制 ... 204
- 17.8 针对配送企业、药师、医生和患者的政策 ... 205

18 比利时 ... 208
- 18.1 利益相关者 ... 208
- 18.2 定价和报销政策 ... 209
- 18.3 准入所需时间 ... 211
- 18.4 价格管制 ... 211
- 18.5 报销程序的特点 ... 212
- 18.6 公开招标的特点 ... 212
- 18.7 支出控制 ... 212
- 18.8 针对配送企业、药师、医生和患者的政策 ... 214

19　美国 ··· **216**
19.1　利益相关者 ··· 216
19.2　定价和报销政策 ··· 217
19.3　准入所需时间 ··· 218
19.4　价格管制 ··· 218
19.5　报销程序的特点 ··· 219
19.6　公开招标的特点 ··· 219
19.7　支出控制 ··· 219
19.8　针对配送企业、药师、医生和患者的政策 ··· 220

20　日本 ··· **224**
20.1　利益相关者 ··· 224
20.2　定价和报销政策 ··· 224
20.3　准入所需时间 ··· 225
20.4　价格管制 ··· 225
20.5　报销程序的特点 ··· 226
20.6　公开招标的特点 ··· 226
20.7　支出控制 ··· 227
20.8　针对配送企业、药师、医生和患者的政策 ··· 227

后记 ··· **229**

1 健康的商品属性

1.1 福利经济学与健康

过去几十年来，全球医疗保健市场一直处于扩张之中，公众对于更好的自身健康状态的需求正在稳步增长。为了应对这一挑战，医疗保健的提供者必须适应并将经济学视角作为医疗保健体系的一个关键组成部分。

但是，我们的确可以从经济学的角度来考虑健康吗？例如在法国，医学的基础是建立在医生的义务之上的，他们必须为了患者的健康而调动所需的一切资源[1]。这一基础是否能与针对医疗保健消费的经济管制（economic control）相容？同时，人们可以努力实现人群健康效用的最大化，但这是否会与经济学管理所要求的花费最小化产生矛盾？

如果我们将医疗保健消费定义为一组可以被人们使用的医药商品（health goods），那么为了理解其细节，必须确定几个概念，以便与维弗雷多·帕累托（Vilfredo Pareto，1906）[①] 定义的"最优市场（optimal market）"中的其他产品和服务进行比较[2]。

帕累托将市场的最优性（optimality）定义为一种经济状态——在这种状态下，资源的分配方式既不会使任何一个人富裕起来，也不会使任何一个人变穷。这就引出了福利经济学的两条定理[3]：

- 任何竞争性均衡（competitive equilibrium）都会导致资源的帕累托有效分配（Pareto efficient allocation）；
- 任何帕累托有效分配都可以通过竞争来实现，只要初始分配的资源是合适的。

在这里，要先介绍一些关于健康（health）和医疗保健（health care）的基本概念，以确保相关术语和概念能够被正确地理解。

健康本身是买不到的，实际上可以买到的是代表健康的医疗保健服务和产品。正如迈克尔·格罗斯曼（Michael Grossman）[②] 在1972年所介绍的那样，购买医疗保险将允许个人对其健康资本（health capital）进行投资，而这些资本会随着时间的推移而减少[4]。因此，购买者关心的是他们所投资的医疗保健服务和产品的数量对其健康资本的贡献。重要的是，"健康资本既不能与他人共享，也不能与他人进行交易（This capital can neither be shared nor traded with others）"。的确，我们可以针对公众和个人的危险行为的后果提供建

[①] 意大利经济学家、社会学家（1848—1923）。——译者注
[②] 美国纽约城市大学卫生经济学教授。——译者注

议，或者向其提供医疗保健服务和产品，但不能把自己的一部分健康直接转移到另一个人身上。

在第1.2节至第1.6节中，我们将具体阐述医疗保健市场的特殊性，以及为什么这个市场不能像帕累托在1906年所描述的那样——自行趋向最优/有效市场。

1.2　医疗保健：一种具有混合性和集体性的商品

医疗保健服务和产品与其他任何一类商品都是不同的，因为它们首先具有"混合性（mixed）"和"集体性（collective）"。的确，它们不能被认为是具有竞争性或排他性的（如私人物品），但它们可能显现出一种"饱和效应（congestive effects）"，即不同患者可以同时使用同一种医疗保健服务或产品（即非竞争性，non-rival），且对于尚未付费的消费者来说也是可及的（即非排他性，nonexcludable）；然而，如果使用同一种医疗保健产品的患者太多，它的供给可能不足以满足所有患者的需求（即饱和性，congestive）。

例如，采用预防性策略（如接种疫苗或开展科普教育）以避免传染病的扩散既是患者个人层面的问题（即个体保护），也是社区性问题的一部分。以接种疫苗为例，每个人都可以接受疫苗注射，而那些尚未接种的人仍然可以得到已经接受注射的人的"保护"；但是，疫苗的总供应量是有限的，因此实际上并不是每个人都能有机会接种疫苗。

同时，医疗保健也会产生"外部性（externalities）"，即一个人或一群人的行动和决策会使另一个人或一群人受损或受益的情况[5]。例如，员工的身体健康可以保障其具有为企业的业绩做出贡献的能力，就是正外部性的一个很好的例子。

此外，医疗保健也可以被认为是一种"公共商品（public good）"，就像教育或公共交通一样，它是国家提供的公共服务的一部分（尽管各国的具体情况有所不同）。这种公共性既可以表现为人们可以平等地获得可持续的健康服务，对于某些国家来说，也可以表现为医疗保健的全民可及（universal access）。

> **要点：**
> 1. 医疗保健是一种具有混合性和集体性的商品；
> 2. 医疗保健具有外部性；
> 3. 医疗保健作为一种公共商品的表现：平等、可持续、全民可及。

1.3　公平、健康和医疗保健

健康对于人类生活是至关重要的，因而无论需要花费多少资源，因而人们都会有获得和保持自身健康的需求。然而，每个人可以用来投资健康资本的资源（时间和金钱）是不同的，这使得他们在面对健康风险和需求时是不平等的。这种情况在一个公平的社会中是不可接受的。这就是为什么要通过实施必要的政策以确保每个人都能获得其必需的医疗保健，例如为最低收入群体提供医疗保险或"即时性的（at the point-of-use）"免费服务（包括急诊和某些社会性服务）。

> **要点：**
> 1. 个人在健康风险和需求面前是不平等的；
> 2. 目前，已经一些有保障公平的措施/服务（针对特定群体的保险和即时性免费服务）。

1.4 需求与结果的不确定性

作为一种商品，医疗保健的特殊性之一在于其需求并不是长期稳定的，而是不可预测的（unpredictable，Arrow 1963）。事实上，与健康结局事件的发生与否（occurrence）或严重性（gravity）相关的不确定性可能会严重影响医疗保健服务，并造成严重的人员和经济损失。以 2014 年暴发的埃博拉病毒流行为例，这一事件在非洲不仅造成了巨大的人员伤亡，同时也相应地花费了大量的资金预算与这种流行性疾病作斗争。

值得注意的是，人们在接受医疗保健服务时，其预期结果往往也会存在不确定性。例如，对于接受癌症治疗的患者来说，总是存在不能康复的风险，况且那些诊断性检查也并不具有 100% 的特异性和敏感性。

这表明，与健康有关的产品和服务不仅是有风险的（risky），而且可能还非常昂贵（costly）。

1.5 医生的预期行为

另一个不确定性的来源是医生和患者之间的关系。患者仅凭自身并不能完全判断一种医疗保健服务或产品的质量和所需的数量。与食品等其他常见的商品相比，消费者不太能够准确预知医疗保健产品或服务的消费结果，并且也更不易从他们既往的经验中学习。因此，医学知识是医患关系的重要组成部分——信息不对称（information asymmetry）的程度越严重，患者接受医疗保健服务的结果则越不确定。

这使得医疗保健被认为是一种"信托商品（trust good）"，即产品的质量对于患者来说是未知的，而患者对产品的感知与其对医生的信任程度有关。同时，医疗保健也可以被认为是一种"经验性商品（experience good）"，即当患者难以估计产品的质量或费用时，其既往就医所获得的经验将有助于更好地估计这些信息。这在一定程度上减少了关于医疗保健服务或产品的质量和价格的不确定性，因此，针对医生或医药产品的信誉或评价将会在患者未来的就医决定中扮演重要的角色。

需要指出的是，这种信息不对称可能会导致医生在行为上出现一些偏差（discrepancies）。由于患者无法充分评估医生诊疗行为的准确性，后者所秉持的首要目标（例如患者的福祉、医生的无私奉献精神等）也可能被其个人动机所改变。这会对医疗保健服务产生严重的影响。

然而，患者所获得的医学知识往往会改变这种信息不对称，并影响其自身的行为。当患者对特定的医学主题有了更为深入的了解时，其与医生的关系也可以被重新定义。

> 要点：
> 1. 医护人员和患者之间的关系会因医疗质量和数量上的信息不对称而产生偏差；
> 2. 医患关系也可能受到医生个人动机的影响；
> 3. 医疗保健服务或产品可被视为一种信托商品和经验性商品。

1.6 供给情况

医疗保健服务在供给方面的特殊性在于其受到医护人员的执业注册/许可的限制（licensing restrictions）。的确，医生在提供医疗保健服务前必须获得执业许可，而接受医学教育所需的成本（在某些国家）以及个人学习所需的时间和精力限制了执业人员的总体规模。但是，这种准入限制可以减少医患关系的不确定性所带来的风险。事实上，开展医学教育将有助于保证医疗保健服务的伦理性（ethic）、道义性（deontology）和质量，从而提升其服务效果。

供给方面的限制性还受到医生开展医疗保健服务所需的、高成本的物质条件，以及在这一竞争性市场中已有的医疗保健服务质量的影响。

> 要点：
> 1. 医护人员的执业注册/许可限制和设施条件的高成本限制了医疗保健服务的供给；
> 2. 医疗保健服务的供给也受到医护人员总体数量的限制，而后者与医学教育的成本和学习的专业性相关。

1.7 讨论

这些具体特征清楚地表明，医疗保健服务和产品构成了一个非最优市场，即这一市场并不能自发实现有效的资源配置。这种市场不完全受需求和供给的调节，而是通过三个基本要素实现其宏观经济学的均衡：需求、供给和筹资。因此，医疗保健市场需要由一些公立或非营利性的机构来予以管理和干预。

与健康事件的发生或严重程度相关的不确定性引发了公众对医疗保险的需求。然而，由于医疗保险公司为了获取利润，会制定出一种针对被保险者的"挑选策略（picking strategy）"——即只覆盖健康的社会公众或理赔风险最低的人。因此，如果将医疗保险完全交由私营机构负责，则全民可及的医疗服务模式将被改变（altered）。因此，公共健康监管部门对其进行管理和干预是必然的（primordial）；监管者必须坚持进行干预，才能促进社会保障事业的发展和全民医疗保健服务的供给。

然而，即使（公立或私营）支付者是按照确定的价格来报销或理赔医疗保健费用的，患者的相关医疗健康结局仍然存在着不确定性。因此，如果监管部门想要通过干预来管理市场，就必须减少支付者和医疗保健服务提供者之间的信息不对称。这一点可以通过控制医疗保健服务的质量和费用来实现，例如在保险公司、医疗保健服务提供者和外部监管者之间签订协议。

但是，对医疗保健服务的质量进行控制往往会限制服务的供给量，而后者受到的限制越多，其价格上涨的幅度往往就越大。同时，医疗保健领域的技术创新为患者带来了昂贵的新产品和新服务，这给医疗保障筹资带来的压力也越来越大。此外，人口老龄化使得公众的健康需求总量日益增加，而只有增加医疗保健支出才能够满足这一需求。这种趋势干扰了这一资源有限的市场环境，对医疗保健支出的优先事项确定也产生了影响。这些都决定了为什么医疗保健商品的市场准入秩序在当前的医药领域中正发挥着关键性的作用。

> **要点：**
> 1. 医疗保健服务和产品构成了一个不完全受供需调节的非最优市场：需求——供给——筹资；
> 2. 医疗保健服务和产品需要国家的干预；
> 3. 监管部门在医疗保健体系中扮演着关键的角色，因为它减少了这一体系内生的不确定性；
> 4. 日益增长的医疗保健需求和有限的资源使得确定优先事项是必要的，而市场准入正是其解决之道。

参考文献

1. Dr. Paul Cibrie. *Charte de la médecine libérale* 1927. Le Congres des Syndicats Medicaux, Paris.
2. Pareto V. *Manuel d'économie politique* 1906. 2nd edn (1927). Translated by A.S. Schwier as Manual of Political Economy. New York: Augustus M. Kelley, 1971. (Citation found in The New Palgrave Dictionary of Economics and the Law by Newman in 1998).
3. Arrow KJ. Uncertainty and the welfare economics of health care. *The American Economic Review* 1963;53:941–973.
4. Grossman M. On the concept of health as a capital and the demand for health. *Journal of Political Economy* 1972;80(2):223–255.
5. Buchanan J. and Stubblebine C. Externality. *Economica* 1962;29(116):371–384. doi:10.2307/2551386.

2 公共卫生领域的决策

2.1 公共卫生的定义

公共卫生（public health）是指以预防疾病、延长寿命和促进公众健康为目标所设立的一系列公共或私营事业。它以公众为中心，旨在为其提供健康的生活状态[1]。公共卫生是一个复杂的领域，它不仅涉及治疗个人层面的疾病，而且涉及整个医疗保健体系。

个人和群体的健康受到诸多因素的影响，其决定因素包括[2]：

- 社会环境（social environment）：包括个人的收入和社会地位等，收入高低与身体健康水平可能呈正相关；
- 受教育水平（education）：较低的个人受教育水平可能会导致其健康水平较低；
- 物理环境（physical environment）：水、空气、工作场所、家居和道路都会影响健康，室内污染、吸烟、二手烟和通风不良都会导致严重的健康问题；
- 社交网络（support networks）：包括家庭、朋友和社区联系等，更多的社交支持可以增进个人的健康；
- 性别（gender）：男性和女性会分别受到不同类型疾病的影响；
- 个人行为（personal behavior）：包括运动、吸烟、饮酒和饮食均衡性等。

案例——空气污染对公众健康的影响

空气污染是由交通、工业生产和燃烧化石燃料（如煤炭或石油）等多种因素所共同造成的严重问题。恶劣的空气质量会直接影响人类健康，主要累及呼吸系统和心血管系统，并可能导致公众罹患慢性疾病。空气污染物对健康影响的不良后果从呼吸困难、气喘和咳嗽直至呼吸系统疾病的严重恶化和肺癌。

所以，我们应该做出一些决策来减少空气污染，并减少它对健康的影响，例如鼓励人们改变交通出行方式，使用无污染汽车和公共交通工具来代替柴油汽车，或者采用步行和骑自行车的方式，以减少污染并促进体育运动。但更重要的是，这些措施可能会对若干行业产生影响，例如汽车行业的营业额降低和国家的燃油税收入减少，但反过来也可以促进公共交通事业的长期发展。

此外，空气污染是没有边界的——这是一个无国界的环境健康问题：一个国家排放的污染可能会对地球另一端的国家产生影响。减少和控制空气污染的管理决策决不能只限于某一个国家，必须与邻国等其他国家携手进行。

因此，在公共卫生方面做出决策是复杂的，因为这不但涉及公共卫生部门，而且还会涉及许多其他部门——这是一种跨部门的决策。同时，由于许多疾病并不受国界的限制，不同国家之间的合作也很重要。

2.2 公共卫生领域的决策

2.2.1 公共卫生领域的组织机构

在公共卫生领域中有以下几类关键角色：决策者、支付者以及向公众提供医疗保健服务的部门。其具体的组织架构因国家而异，总体而言，国家卫生部门（ministry of health）一般在国家层面发挥着最重要的作用，其他医疗和非医疗健康组织或部门可在其日常业务范围内提供相关的支持性服务（表2.1）[3]。

表2.1 部分欧洲国家的公共卫生领域的组织机构

国家	国家层面	地方层面	支持性机构
瑞典	卫生和社会事务部（Ministry of Health and Social Affairs；Socialdepartementet）	郡议会（county councils；landsting）（独立的区域政府组织）	国家公共卫生研究院（National Institute for Public Health；Folkhäsoinformaticn） 国家公共卫生委员会（National Public Health Committee） 国家目标委员会（Commission on National Targets） 国家卫生和社会福利委员会（National Board of Health and Social Welfare；Socialstyrelsen）
芬兰	社会事务和卫生部（National Public Health Committee，MOSAH；Sosiaalija terveysministeriö）	市级卫生委员会	国家公共卫生研究院（National Public Health Institute；Kansanterveyslaitos，KTL） 芬兰健康促进中心（Finnish Centre for Health Promotion；Terveycen Edistämisen Keskus，Tekry） 国家研究和发展中心（National Research and Development Centre；Sosiaalija terveysalan tutkimusja kehittämiskeskus，STAKES） 国家公共卫生联席委员会（Intersectoral National Public Health Committee）
丹麦	卫生部（Ministry of Health；Sundheds-og Ældreministeriet）	市政府	临床流行病学研究院（Institute for Clinical Epidemiology；Statens Institut for Folkesundhed，SIF） 国家公共卫生委员会（2011）[The National Board of Public Health（2011）] 健康促进政策委员会（The Council on Health Promotion Policy） 丹麦吸烟与健康委员会（The Danish Council on Smoking and Health）
荷兰	卫生、福利和体育部（Ministry of Health，Welfare and Sport；Ministerie van Volksgezondheid，Welzijn en Sport）	市政府	公共卫生委员会（Council for Public Health；Gezondheidsraad） 国家健康促进和疾病预防研究院（National Institute for Health Promotion and Disease Prevention；Nationaal Instituut voor Gezondheidsbevordering en Ziektepreventie，NIGZ）

（续表）

国家	国家层面	地方层面	支持性机构
			国家公共卫生和环境问题研究院（National Institute for Public Health and Environmental Issues; Rijksinstituut voor Volksgezondheid en Milieu, RIVM）
法国	多个政府部门	地区性公共卫生项目（public health programs）	国家卫生和医学研究院（National Institute for Health and Medical Research; Institut National de la Santé et de la Recherche Médicale, Inserm） 公共卫生高级委员会（High Committee of Public Health; Haut Conseil de Santé Publique, HCSP） 国家预防和健康教育研究院（National Institute for Prevention and Health Education; Institut National de Prévention et d'Education pour la Santé, INPES） 国家药品和医疗产品安全管理局（National Agency for the Safety of Medicines and Health Products; Agence Nationale de Sécurité du Médicament et des Produits de Santé, ANSM） 法国血液制品管理局（French Blood Agency; Etablissement Francais du Sang, EFS） 法国健康教育委员会（French Committee for Health Education; Comité Français d'Education pour la Santé, CFES） 国家监督署（National Surveillance Agency）
德国	联邦卫生部（Federal Ministry of Health; Bundesministerium für Gesundheit）	联邦州（federal states; länder）	联邦药品和医疗产品研究院（Federal Institute for Pharmaceuticals and Medical Products; Bundesinstitut für Arzneimittel und Medizinprodukte, BfArM） 传染病和非传染性疾病研究院（Institute for Communicable and Noncommunicable Diseases, 即罗伯特·科赫研究所, Robert Koch Institute; Robert Koch-Institut, RKI） 联邦健康教育中心（Federal Centre for Health Education; Bundeszentrale für gesundheitliche Aufklärung, BZgA） 德国医学档案情报研究所（German Institute for Medical Documentation and Information; Deutsches Institut für Medizinische Dokumentation und Information, DIMDI） 卫生体系发展评估咨询委员会（Advisory Council on the Assessment of Developments in the Health Care Sector; Sachverständigenrat zur Begutachtung der Entwicklung im Gesundheitswesen）

资料来源：Allin, S. et al., Making Decisions on Public Health: A Review of Eight Countries, European Observatory on Health Systems and Policies, London, 2004.

例如在荷兰，卫生、福利和体育部（Ministry of Health，Welfare and Sport；Ministerie van Volksgezondheid，Welzijn en Sport）负责国家层面的决策，各个市政府负责本地层面的决策，此外还有公共卫生委员会（Council for Public Health；Gezondheidsraad）、国家健康促进和疾病预防研究院（National Institute for Health Promotion and Disease Prevention；Nationaal Instituut voor Gezondheidsbevordering en Ziektepreventie，NIGZ）和国家公共卫生和环境问题研究院（National Institute for Public Health and Environmental Issues；Rijksinstituut voor Volksgezondheid en Milieu，RIVM）等支持性机构。

在德国，国家层面的联邦卫生部（Federal Ministry of Health；Bundesministerium für Gesundheit）发挥的作用则相对较小，公共卫生服务的决策主要由各个联邦州（federal states；Länder）负责，并由联邦药品和医疗产品研究院（Federal Institute for Pharmaceuticals and Medical Products；Bundesinstitut für Arzneimittel und Medizinprodukte，BfArM）、传染病和非传染性疾病研究院（罗伯特·科赫研究所，Robert Koch Institute；Robert Koch-Institut，RKI）、联邦健康教育中心（Federal Centre for Health Education；Bundeszentrale für gesundheitliche Aufklärung，BZgA）和德国医学档案情报研究所（German Institute for Medical Documentation and Information；Deutsches Institut für Medizinische Dokumentation und Information，DIMDI）等机构支撑。德国卫生体系发展评估咨询委员会（Advisory Council on the Assessment of Developments in the Health Care Sector；Sachverständigenrat zur Begutachtung der Entwicklung im Gesundheitswesen）则负责针对医疗保健及其经济性趋势的监测与改革提供指导，并负责针对如何将疾病预防和促进健康纳入社会健康保障制度等问题撰写报告[3]。

2.2.2 医疗保健和公共卫生的资金来源

医疗保健和公共卫生的资金来源包括以下几种类型[4]：

（1）普遍性税收（英国）；

（2）地方性税收，由地方议会负责对医疗保健服务的提供者进行管理（丹麦）；

（3）由雇主和雇员共同缴纳社会医疗保险，并由多个具有自主权的、非竞争性的第三方支付者（保险公司）支付（法国）；

（4）由雇主和雇员共同缴纳社会医疗保险，并由多个具有自主权的、竞争性的第三方支付者（保险公司）支付（德国）；

（5）由个人缴纳强制性社会医疗保险（针对基本医疗），并由多个竞争性的第三方支付者（保险公司）和政府提供的"福利计划（benefit package）"支付（瑞士）；

（6）主要由雇主缴纳自愿性医疗保险，雇主和雇员均可享受税收补贴（美国）；

（7）由雇主和雇员共同缴纳针对灾难性疾病和长期照护的强制性社会医疗保险，以及针对急诊医疗服务的社会医疗保险（荷兰）。

2.2.3 确定优先事项和决策的标准

无论是在国际、国家层面还是在地方层面，确定医疗保健体系中任何一方面的优先事项都是一种挑战（表2.2）[3]。

本书的第12章～第20章将详细介绍相关国家的决策路径。整体上，优先事项的确定一般包括以下两种决策方式[5]：

（1）**技术性分析**（technical analyses）：这种方式基于流行病学、临床医学、财务等其他方面的数据，并取决于数据的可得性。优先事项的确定往往以可衡量的单位（measurable unit）为基础，例如某种疾病（的疾病负担）或某种干预措施（的费用和使用情况）。

（2）**解释性评估**（interpretive assessment）：这种方式主要基于有权参与决策的人所形成的共识。

决策者既可以分别不同程度地依靠这两种方式，也可以同时选择这两种方式。例如在法国，确定优先事项的依据包括疾病负担、社会的价值观和优先考虑因素、是否有证据显示该疾病/健康状况在国内存在公平性问题，以及当前对于相关该疾病/健康状况的病生

表 2.2 部分欧洲国家的公共卫生领域决策标准

国家	决策标准
法国	● 疾病/健康问题的负担沉重； ● 符合社会的价值观和优先考虑因素； ● 有证据表明该疾病/健康问题在法国国内存在公平性问题，或公平性情况不及其他国家； ● 对该疾病/健康问题病生理机制的了解程度。
德国	国家层面的优先事项确定职权非常有限，尚不清楚是否有正式决策机制，相关决策职责通常由各州和联邦政府共同承担。确定优先事项的过程涉及许多利益相关者，例如 2003 年发布的国家卫生目标文件（National Health Target Document；Nationales Gesundheitsziel Dokument——Gesundheitsziele.de）就是由 70 多个利益相关团体和 200 多名专家共同起草的，具体方法包括评估其他国家的优先事项确定标准，编制相关危险因素/疾病领域的发病率和死亡率资料表，以及为进行政治性谈判起草清单。
荷兰	● 加强公共卫生基础设施建设； ● 减少健康不平等； ● 推广健康的生活方式（healthy lifestyles）； ● 确保所有居民都有最佳的获得健康的机会； ● 促进健康生活（healthy living）； ● 促进医疗服务部门和公共卫生部门之间的合作； ● 促进国家和地方层面的公共医疗卫生政策一致化； ● 增强地方政府和市级卫生部门的管理和决策权力。
瑞典	● 流行病学、人口学和居民调查数据是地方层面的决策基础； ● 国家公共卫生和社会福利委员会发布的报告用于支持国家层面的决策； ● 基于由人类尊严、需求和团结以及成本-效果等组成的**伦理学框架**确定优先事项。
芬兰	● 根据本地需求评估（local needs assessments）与针对现有项目的评价指导决策； ● 在地方和国家层面上，决策和确定优先事项都具有广泛性（inclusive）和跨部门性（intersectoral）。
丹麦	基于疾病负担和可预防范围的证据做出决策。 主要的优先事项包括： ● 提高预期寿命和生活质量； ● 提高健康公平性； ● 实现目标的策略； ● 立法（例如禁止烟草广告、禁止向未成年人出售含酒精的饮料）； ● 信息宣传（例如膳食营养建议、促进体育锻炼和安全性行为）。

资料来源：Allin, S. et al., Making Decisions on Public Health: A Review of Eight Countries, European Observatory on Health Systems and Policies, London, 2004.

理机制的了解程度。当医疗产品经济学委员会（Comité Economique des Produits de Santé；Economic Committee of Health Products，CEPS）与制药企业进行谈判时，既会考虑进行卫生经济学技术评估[6]，同时也会将效率分析（efficiency analyses）、预算影响分析、附加治疗价值、产业性问题和鼓励研发创新等其他因素作为决策过程中的补充依据。

相比之下，在英国，经济性评估在评价和决策过程中则发挥着更加重要的作用，并可以用来预判国家卫生和保健评价研究院（National Institute for Health and Care Excellence，NICE）的大部分决策结果。NICE主要负责回答的问题为："当前有限的预算范围内，是否应该在国家卫生服务体系（National Health Service，NHS）中使用某项产品或技术？"但是，NICE并没有明确规定是否必须提供额外的资源以便使用某项干预措施。

2.2.4 健康不平等现象

公共卫生领域的一个重要的优先事项是消除健康不平等（health inequalities）。

例如，荷兰实施了基于搜索的（search-based）健康不平等解决策略[7]。这一策略是由一个独立委员会制定的，旨在将社会经济方面的无残疾预期寿命（disability-free life expectancy）不平等水平降低25%（到2020年）。同时，英国也将消除健康不平等作为卫生政策的一个关键目标[8]，而相关政策领域的证据和专家意见构成了制订行动计划的基础。

此外，世界卫生组织欧洲区域办事处（World Health Organization Regional Office for Europe，WHO/Europe）发表了一份报告，针对与健康问题相关的社会决定因素，以及欧洲地区的WHO成员国针对健康不平等所采取的内部和跨国性措施进行了总结（http://www.instituteofhealthequity.org/projects/whoeuropean-review）。

2.2.5 公共卫生政策的监测和评价

监测和评价是制定公共卫生政策的重要步骤，可以为了解某项政策的性价比以及政策修订提供信息支持。在财政和人力资源相对有限的情况下，开展评价有助于制定出更加有效的政策。

现有的一些政策（例如儿童疫苗接种和烟草控制）已经得到了评价，而一些新实施的政策项目则尚未得到评价。如果某项政策干预未能获得成功，开展监测和评价将有助于分析该项政策的失败是由于内在性缺陷（概念或理论性问题）还是由于未被很好地执行（实施性问题）[9]。针对公共卫生干预措施的证据评估维度不仅包括其可靠性，还应包括证据的完整性和可转化性。

总体而言，公共卫生政策的监测和评价领域仍需要更多的关注和研究[10]。

2.3 报销方面的决策

决定是否为新药、干预措施和服务提供报销是决策者最重要的职责之一。在这里，我们把重点放在那些以公共资金作为主要经费来源的医疗保健体系中，无论其资金来源于税收还是收缴社会保险。

针对报销的决策是复杂的，其中包含多个方面的问题，但其中的核心问题是：医疗保健的资金来源总是有限的。因此，用于报销的支出必须是合理化的，而且必须在其中确定出优先事项。这种优先事项的确定是针对多个层面的，从资源的分配到干预措施的价值评估。在资源有限的情况下，决策者应以公平（fairness）和公正（justice）为原则。

更重要的是，公共卫生决策的标准需要反映特定社会中大多数人所共同认可的价值观。这是一个核心概念，因为这些价值观可能会因社会（国家）的不同而不同。例如，一些社会的公众认为，用于医疗保健的资源应该由所有公民根据他们的个人需求而共享，与个人的收入、年龄、当前健康状况下的预期寿命、生产力以及所患疾病的罕见程度等因素均无关，即所谓"公平地（equitably）"获得医疗保健服务。

相比之下，另一些社会的公众则认为，无论每个人的医疗需求如何，都应该平等地（equally 或 fairly）分配医疗保健方面的资金。因此，那些需要昂贵的医疗保健服务的人是不应从公共资金中获得报销的，因为他们不能比普通公民获得更多的资源。这意味着，如果患者罹患了某种必须使用昂贵的手段才能治疗的疾病，那他将不得不自掏腰包，或者寻求其他支付来源。这则是所谓"平等地（equally）"获得医疗保健服务。

由此可见，优先事项的确定与特定社会群体所共有的价值观有关。在第 2.4 节中，我们将描述如何探究这种价值观的方法。

诺曼·丹尼尔斯（Norman Daniels）[1]指出[11]："当我们有意不去满足某些合理的需求时，最好能够有正当的理由来为此类行为进行辩护。"因此，在确定优先事项时，需要进行社会价值的判断[12]，其中包括以下内容：

1. 具有针对决策合理性的问责制（accountability for reasonableness）；
2. 透明性（transparency）；
3. 可参与性（participation）。

2.3.1　针对决策合理性的问责制

丹尼尔斯和詹姆斯·萨宾（James Sabin）[2]制定了一套关于针对决策合理性的问责制和构建合法的决策过程所需条件的伦理学理论框架[13]：

- 决策的透明性；
- 决策标准的关联性（relevance）；
- 决策的可修订性（revisability）；
- 决策的透明化得以保障；
- 可修订性和关联性的状态。

决策标准的关联性是指用于决策的标准得到了社会的支持，但这并不意味着必须永远遵从多数人的观点。决策标准的透明化意味着其标准的权重是明确的，并具有一套明晰的程序。决策的可修订性则意味着当获得了新的证据，或者社会偏好和价值观发生变化时，决策者应该修订原有的报销决策。

珍妮弗·吉布森（Jennifer Gibson）[3]等研发了一套模型，以帮助决策者确定优先事项

---

① 美国哈佛大学政治哲学教授、伦理学教授。——译者注
② 美国哈佛大学群体医学和精神医学教授。——译者注
③ 加拿大多伦多大学生命伦理学教授。——译者注

（图 2.1）[14]，并有助于将针对合理性的问责制付诸实践。该模型整合了关于决策方法的经验性事实和伦理学价值观，包含了决策的决定因素（安全性、有效性和成本-效果）与做出决策的理由；同时，该模型也指出，专家和利益相关者的参与可以提高决策的合理性。此外，设立申诉机制可以提高决策者的应对能力。

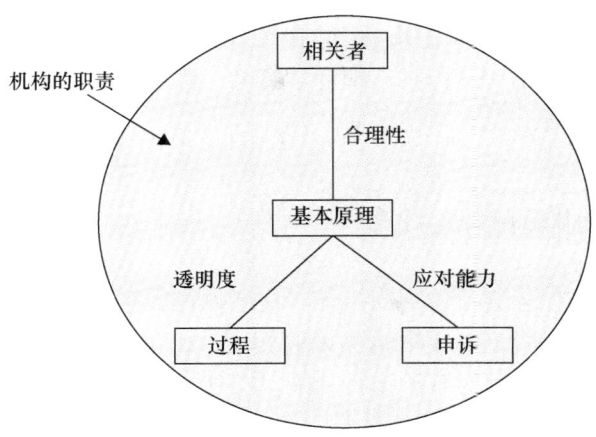

图 2.1 优先事项确定的模型（From Gibson, J.L. et al., BMC Health Serv Res, 2, 14, 2002.）

2.3.2 透明性

理论上，确定优先事项意味着将给予某一对象高于另一对象的重视程度。在公共卫生领域，这意味着一些合理的需求将不可避免地无法同时得到满足，这是其争议性之所在。因此，强烈推荐采用具有透明性的决策方式确定优先事项。透明性的内容包括决策的原因和标准应该是明确且具有相关性的[15]，这将有助于获得患者和临床医生对决策公平性的认可；如果决策过程中允许与既往的决策进行比较，那么决策的透明性程度将进一步提升。同时，透明性程度的提高也有赖于优化针对决策合理性的问责制与提升决策的可参与性。

决策过程的透明化有助于将资源滥用、政治性偏倚和临床决策失误的可能性降到最低，使决策更加公平与公正。为了确保透明性的价值能够得到体现，决策的"视野（vision）"应该是公开的，以确保决策并不是"闭门权力游戏的结果（result of power plays behind closed doors）"[16]。

2.3.3 可参与性

在民主管理的原则下，公民有平等参与治理的权利。让社会公众、患者和医疗专业人员参与优先事项的确定有助于改进决策、提升其对决策者的信任度和信心并提升决策的透明性。医疗保健服务和产品的潜在使用者可以将其观点传递给负责开展评估的决策者，前者可以基于其自身对药品或医疗保健服务的直接体验为后者进行决策提供重要信息。另一方面，有人认为应该采取社会公众这一更为广泛的视角，而不是仅仅从患者的视角出发[17]。不过，这种可参与性应该是有平衡的，因为参与的人数过多会使决策过程变得更加繁杂[18]。

在不同的国家和地区，社会公众可以通过不同的机制和形式参与决策，包括调查、公众咨询（public consultation）、社区论坛（community forums）、公民陪审团（citizens' juries）和商议性投票（deliberative polls）等。玛吉·莫特（Maggie Mort）[①]和斯蒂芬·哈里森（Stephen Harrison）[②]为这些机制定义了两个维度：信息（information）和商议（deliberation）[19]。

- "焦点小组（focus group）"是参与者交流信息和商讨问题的一种形式；
- 公众咨询则是非商议性的，即参与者负责回答问题而不是进行讨论。

当然，这些参与机制在实际应用中可能存在一定的难度。例如，如何从公众中选出具有代表性的样本？这个样本应该既具有统计学意义，但又不能太大，以致无法有效地进行商议。同时，还应该注意避免选择性偏倚。

2.4 如何将社会偏好纳入决策

如前所述，决策应以社会价值观为指导。在诸如英国等集体出资性质的医疗保健体系中，成本-效果一直是其用于指导报销决策的标准；由于英国NHS体系由总额明确的可分配预算所构成，因此有必要对资源进行分配。在这个体系中，医疗保健服务的供给效率是供需双方的主要关注点，因此以经济学评价为基础的卫生技术评估（health technology assessment，HTA）可以使分配合理化[20]。

但是，在实际情况中，使用成本-效果作为标准会面临一些重要的问题[21]。测算质量调整生命年（quality adjusted life year，QALY）的基础是对不同疾病的QALY赋予一致的价值。然而，社会公众可能会赋予某些健康问题或某些类型的患者所获得的QALY更高的价值[22]。此外，某些被社会所关注的因素可能超出QALY所能衡量的健康状态范畴，例如劳动生产力的提高、幸福感和健康不平等的减少等。有鉴于此，医疗保健部门开始在考虑成本-效果的同时纳入其他标准以及社会偏好因素。

为了阐明公众对于特定干预措施的偏好，可以采用"多准则决策分析（multi-criteria decision analysis，MCDA）"这一工具。南希·德夫林（Nancy Devlin）[③]等将MCDA定义为一种包含多种技术性/非技术性方法在内的综合性方法，可以实现基于多个方面标准的决策。MCDA可以明确各项标准对决策影响的相对重要程度，提升决策的透明性和可复制性[23]。MCDA也可以用于构建决策过程并使其更具一贯性，但这需要使用标准权重和标准评分方法，例如离散选择实验（discrete choice experiment，DCE）。

例如，比利时的国家HTA机构开展了一项以一般人群为基础的DCE研究，其结论认为，就目前治疗条件下的生活质量而言，应将疾病的严重程度与通过医疗保健干预措施改善生活质量的机会作为医疗资源分配决策的最重要标准[24]。与决策者相比，公众对预期寿命变化的重视程度是相对较低的。

目前，MCDA已具备一套结构化的方法学过程，其中前两个步骤是：①构建问题和获取证据，以确定可选方案；②通过与所有的利益相关者进行会商，开展回顾性文献

---

① 英国兰卡斯特大学社会学教授。——译者注
② 英国曼彻斯特大学管理学教授。——译者注
③ 澳大利亚墨尔本大学卫生政策学教授。——译者注

分析，并根据问题、目标、限制性因素和不确定性因素来制定标准。第三个步骤是构建MCDA模型，使用透明化的数学方法来衡量标准的整体性能。最后一个步骤则是进行统计学分析和敏感性分析（图2.2）[25]。

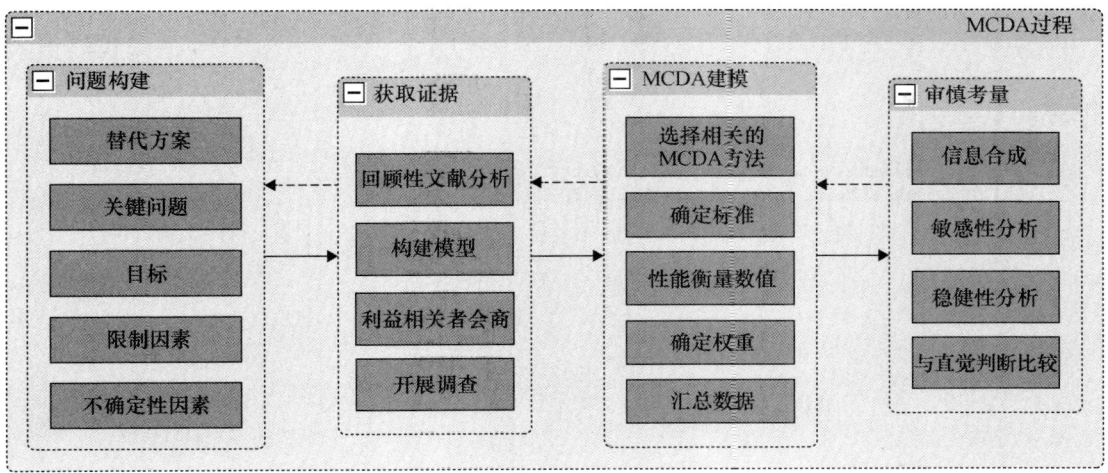

图2.2　MCDA分析过程（From Thokala P. Multiple criteria decision analysis for health technology assessment, Report by the decision support unit, School of Health and Related Research, University of Sheffield, Sheffield, UK, February 2011.）

参考文献

1. Report of the Premier's Advisory Council on Health (Donald Mazankowski, Chair). A Framework for Reform, 2001.
2. Health Impact Assessment (HIA). The determinants of health, WHO. Available from http://www.who.int/hia/evidence/doh/en/ (accessed September 28, 2016).
3. Allin S, McKee M, Mossialos E, Holland W. *Making Decisions on Public Health: A Review of Eight Countries*, London: European Observatory on Health Systems and Policies, 2004.
4. Health Policy Consensus Group. Options for Health care Funding. Retrieved from The Institute for the Study of Civil Society, London, UK. Available from http://www.civitas.org.uk/pdf/hpcgSystems.pdf (accessed September 28, 2016).
5. WHO Report. Approaches to priority setting, Chapter 3, background paper. Available from http://www.who.int/medicines/areas/priority_medicines/Ch3_Approaches.pdf (accessed September 28, 2016).
6. Massetti M. et al. A comparison of HAS & NICE guidelines for the economic evaluation of health technologies in the context of their respective national health care systems and cultural environments. *J Market Access Health Pol*. 2015;(S.1)3. Available from http://www.jmahp.net/index.php/jmahp/article/view/24966 (accessed September 28, 2016).
7. Mackenbach JP, Stronks K. A strategy for tackling health inequalities in the Netherlands. *Br Med J*. 2002;325:1029–1032.
8. Marmot M. Social determinants of health inequalities. *Lancet*. 2005;365:1099–1104.
9. Rychetnik L, Frommer M, Hawe P, Shiell A. Criteria for evaluating evidence on public health interventions. *J Epidemiol Community Health* 2002;56(2):119–127.
10. Framework for Program Evaluation in Public Health, CDC. Available from http://www.cdc.gov/mmwr/preview/mmwrhtml/rr4811a1.htm (accessed September 28, 2016).
11. Daniels N. Rationing fairly: Programmatic considerations. *Bioethics*. 1993;7:224–233. doi:10.1111/j.1467-8519.1993.tb00288.
12. Clark S, Weale A. Social values in health priority setting: A conceptual framework. *J Health Organ Manag*. 2012;26(3):293–316.
13. Daniels N, Sabin J. Limits to health care: Fair procedures, democratic deliberation, and the legitimacy problem for insurers. *Philos Public Aff*. 1997;26(4):303–350.
14. Gibson JL, Martin DK, Singer PA. Priority setting for new technologies in medicine: A transdisciplinary study. *BMC Health Serv Res* 2002;2(1):14.
15. Butler J. *The Ethics of Health Care Rationing: Principles and Practices*, London: Cassell, 1999.
16. Daniels N. Benchmarks of fairness for health care reform: A policy tool for developing countries. *Bull World Health Organ*. 2000;78(6):740–750.
17. Coote A. Direct public and patient involvement in rationing. In New B. (Ed.), *Rationing Talk and Action in Health Care*. London, UK: BMJ Publishing Group, 1997, pp. 158–164.
18. Martin D, Abelson J, Singer P. Participation in health care priority-setting through the eyes of participants. *J Health Serv Res and Pol*. 2002;7(4):222–229.
19. Mort M, Harrison S. Health care users, the public and the consultation industry. In Ling T. (Ed.), *Reforming Health Care by Consent: Involving Those Who Matter*. Oxford: Radcliffe Medical Press, 1999.
20. Oswald M. It's time for rational rationing. *Br J Gen Pract*. 2013;63(612):e508–e509.
21. Birch S, Gafni A. Cost effectiveness/utility analysis. Do current decision rules lead us to where we want to be? *J Health Econ*. 2002;11(3):279–296.

22. Shah K. Severity of illness and priority setting in health care: A review of the literature. *Health Pol.* 2009;93:77–84.
23. Devlin N, Sussex J. *Incorporating Multiple Criteria in HTA. Methods and Processes*. London: Office of Health Economics, 2011.
24. Cleemput I, Devriese S, Kohn L, Devos C, van Til J, Groothuis-Oudshoorn K, Vandekerckhove P, Van de Voorde C. Incorporating societal preferences in reimbursement decisions—Relative importance of decision criteria according to Belgian citizens. Health Services Research (HSR), Brussels: Belgian Health Care Knowledge Centre (KCE). 2014. KCE Reports 234. D/2014/10.273/9.
25. Thokala P. Multiple criteria decision analysis for health technology assessment, Report by the decision support unit, School of Health and Related Research, University of Sheffield, Sheffield, UK, February 2011.

推荐阅读

Clark S, Weale A. Social values in health priority setting: A conceptual framework. *J Health Organ Manag.* 2012;26(3):293–316.

3
市场准入的定义和概念

3.1 "市场准入"概念的由来

3.1.1 商品的市场准入

"市场准入（market access，MA）"这一概念最初由世界贸易组织（World Trade Organization，WTO）提出，用于界定一个国家的国内产品和进口产品之间的竞争关系。WTO 是基于 1994 年《马拉喀什协定（*Marrakesh Agreements*）》建立的，其主要目标是促进各个成员国在国际贸易领域中多边关系的市场化、透明化、互惠化和非歧视化。正如我们在第 1 章中所讨论的，健康是一种特殊的商品，我们将在下文中介绍药品市场准入的有关内容。

WTO 将"市场准入"定义为：成员国家或地区针对特定商品进入其市场时所设定的一系列条件、关税和非关税措施，也就是政府关于贸易壁垒（trade barrier）的总体政策，特别是针对进口替代（以促进本地生产）和自由竞争等方面的问题。这些贸易壁垒被用于鼓励和保护国内产业免受外国竞争，从而对消费和进口依赖进行管理。但是，当每个国家都在单独设定进入自己市场的规则时，最终结果是跨国贸易受到限制，并且导致国外竞争产品被禁入。在全球贸易体系的背景下，这显然会对每个国家的出口产生负面影响，因此 WTO 成员一直在试图改善市场准入的自由化程度。

各国设立的贸易壁垒主要有以下两种：

3.1.1.1 关税措施

关税措施（tariff measures）是指对进入某个国家或地区的商品征税。每个 WTO 成员国家或地区的商品关税减让表（schedule of concessions）中都做出了对关税的承诺，即对商品的关税不会高于关税减让表中列出的税率，且这些税率是具有**约束力**（binding）的。

例如，就农产品而言，相关的关税减让和承诺涉及限制关税配额（tariff rate quotas）、出口补贴（export subsidies）和以其他形式对本地产品的支持。

3.1.1.2 非关税贸易壁垒

非关税贸易壁垒（nontariff trade barrier，NTB）是指除进口税（关税）之外的其他任何用于限制进口的措施。它包括多种形式，例如直接和间接的价格影响因素（price influencer），并根据具体的 WTO 协议进行处理。

典型的直接价格影响因素包括出口补贴（export subsidy）或退税（drawback）、操纵货币汇率、采用不准确的进口评估方法、海关高收费、设置烦琐的手续以及设定最低进口价格（minimum import price）等。

间接价格影响因素则更多与技术性法规（technical regulation）和审批许可（licensing）有关。一些国家设置了不合理的标准和检查程序，以阻止或限制进口。

虽然各个国家和地区的关税措施的数量在过去几年中稳步下降，但技术性法规等非关税贸易壁垒以及安全或卫生方面的监管措施一直在增加。为了解决公共卫生、安全和环境问题，世界各国政府开始设置越来越多的监管要求。此外，进口禁令（import prohibitions）、对销售网络（distribution network）或有效营销方式（effective means of marketing）的限制，或者要求特定国家的产品须接受审批（homologation）等也属于非关税贸易壁垒。

技术性法规是最常见的非关税贸易壁垒之一，并且由于欧盟和其他国家的法规之间存在差距，这一措施可能是非常有效的。相关的准入审批程序与技术性法规密切相关，并可能会被设定很高的要求。例如，欧洲国家制订了节能和低碳排放车辆的标准，以确保本地制造企业的市场份额；作为回应，这些制造企业承诺将减少碳排放。

贸易壁垒的分类见表3.1。

3.1.2 市场准入在医疗保健领域的应用

市场准入的概念可以很容易地应用到医疗保健领域。例如，机动车的认证或许可相当于药品为了进入新市场而必须获得的上市许可。上文提到的其他类型的贸易壁垒也适用于医疗保健市场。

3.1.2.1 针对药品的关税措施

由于大多数发展中国家需要从境外进口药品，他们会对这些产品征收进口关税、增值税和其他国内税种，以获得税收收入并保护本国制药企业免受竞争。在那些实行全国性医疗保险制度的国家，这些措施对患者用药可及性的影响很小，甚至没有影响。大多数发达国家则对药品实行低税率或不征税。但是，关税壁垒会对其他没有实行全国性医疗保险制度、本地药品生产能力有限的国家产生直接影响，因为这些费用负担将由患者或私营医疗保险直接承担。

表 3.1 贸易壁垒的分类

壁垒的类型	分类
关税措施	• 反映在关税和其他进口费用中的进口政策 • 反映在进口配额、进口许可和海关作业中的进口政策
非关税贸易壁垒	• 标准、检测、"贴标（labeling）"和各种类型的认证/许可 • 政府直接采购 • 对本地出口企业的补贴 • 版权和专利保护不充分 • 对特许经营、许可和技术转让的限制 • 对外国直接投资的限制

尼日利亚、巴基斯坦和印度都拥有重要的本国工业，同时也都属于进口关税较高的国家，这些关税和其他税费旨在保护依赖高进口壁垒生存的本地制造企业。然而，减少或取消药品关税和其他税费已成为全球性的趋势，可以促进贸易、竞争并降低药品价格。

3.1.2.2 针对药品的非关税贸易壁垒

当前，药品领域的非关税贸易壁垒正在大幅增加。

制药行业是监管最严格的行业之一，从上市许可（marketing authorization）、有效性和安全性的监管、药品质量标准、价格和报销，到进口和销售法规等都有复杂的监管措施。大多数国家的政府已制定了强制性的监管程序，以确保在其市场上销售的药品是安全和有效的。因此，药品贸易往往受到当地药品监管部门的严格管理，尽管其初衷是为了确保社会能够获得安全有效的药品，但它们也可能是为了保护当地的医疗保健产业。

针对药品注册（drug registration）的监管要求还可能包括不一定合法的、特定的本地化临床研究。越来越多的国家要求在其国内进行或重复开展新药的临床试验。

例如，在俄罗斯，早期临床试验以及关键性研究（pivotal trials）需要在当地重复开展，这可能需要长达5年的时间；越南则要求外国制药企业对那些在原产国销售尚未满5年的药品进行现场试验（on-site trials），但却并不要求本地制药企业也这样做。另外，药品获得上市许可前需要在俄罗斯国内开展基于该国人群的药代动力学研究或生物等效性研究。这一要求使俄罗斯的临床研究产业在国际制药工业界的资助下获得了发展。

此外，许多国家规定，制药企业必须遵循当地的药品生产质量管理规范（good manufacturing practices，GMP）。在不相互承认其他国家GMP的情况下，这些监管要求成为了一种限制药品高效市场准入的、繁重且耗时的程序。

例如，土耳其制定了一项特殊的GMP。该法规与国际标准不同，仅在土耳其国内有效，并且仅适用于本国企业。为了在土耳其获得上市许可，药品需要符合这一土耳其本地GMP的要求。只有当市场上没有符合土耳其GMP的产品时，其他产品才有可能获得批准。这一法规保护了当地仿制药生产企业免受外国竞争。类似地，在突尼斯，当地的仿制药企业不需要开展生物等效性研究，但对于外国仿制药企业而言则是强制性的要求。

一些国家通过制定不同的法规，针对当地企业和境外企业实行双重标准，例如沙特阿拉伯。

有些国家还会故意延迟批准国外药品上市，以最大限度地减少其与本国产品的竞争和（或）延迟国家医疗保险对新药的覆盖。南非药品管理委员会（Medicines Control Council，MCC）要求所有新药在进入该国市场之前必须获得当地药品监管部门的批准，即使它们已经获得了美国食品药品管理局（Food and Drug Administration，FDA）等信誉良好的国外药品监管机构的批准。这导致那些已经被美国、欧洲和日本批准上市的药品为了在南非获得上市许可还需要平均多花费39个月的时间。

有一个有趣的例子可以说明不同国家如何利用各种贸易壁垒并使其充分发挥作用。在2005年之前，印度还不是WTO的成员国，在该国并没有建立专利保护制度，仿制药可以在未经专利持有人同意的情况下在印度市场上生产和销售；作为回应，其他WTO成员为了保护本国产业，对那些在印度境外获得专利的印度产仿制药征收高额的关税。结果，为了维持本国产业，印度最终别无选择，只能加入WTO并尊重专利规则，以便从其药品获得开放的市场条件中受益。

此外，能否在实行公立医疗保险制度的国家获得正面的报销待遇也已成为制药企业需要面对的最复杂的障碍。

3.1.2.3 医疗保健市场的特殊性

尽管在市场经济中，医疗保健产品和其他产品有许多相似之处，但医疗保健市场是对传统经济范式形成挑战的一个独特领域。

首先，健康是一种不能被交易或借用的"非市场性商品（nonmarket good）"，但药品是旨在改善消费者健康的"市场性商品（market good）"，换句话说，它是用于获取健康的。因此，药品可以作为健康的替代品被公众寻求和购买，而健康本身则不可以。

然而，与其他遵循供需关系模型（supply and demand model）的产品不同，处方药的价格通常是由支付者与制药企业之间的谈判来确定的，或者单纯由后者自主决定。因此，药品的价格并不一定能准确地反映其需求、供应或生产的成本。另一个特征是药品消费的"内在不确定性（inherent uncertainty）"。在传统的市场环境中，产品的效用是显而易见的，并且往往可以在消费之后立即显现获益。然而，对于药品而言，消费者通常不会在使用后立即获得健康效益，而且能否取得获益往往存在不确定性——药品对健康的影响因人而异。

由于不同利益相关者之间的独特关系，医疗保健市场也很特别。在传统的市场经济中，消费者（consumer）既是购买者（buyer）也是支付者（payer），三种角色的目标是相同的——在购买商品时要获得效用的提升。但在医疗保健市场中，支付者、购买者和消费者是三个不同的利益相关者，他们有着不同的观点和目标。其中，支付者是公立或私营医疗保险体系，或者是政府，他们的目标是为患者获取药品所带来的健康效益，尽管其成本需在事先设定的预算范围之内。购买者则是开具药品处方的医生，他们的目标是改善患者的健康状态并在提供照护时使自身的收入最大化。最后，消费者则是那些以最大限度地增进自身健康为目标，但却无权自行获得处方药的患者。

> 如果一个人打算购买汽车，他/她会去挑选车辆、为其付款并驾驶它。此时，是这个人自己在汽车的价格和属性之间进行权衡。
>
> 相反，对于药品来说，开具哪种药品是由医生决定的，患者是使用者，而付款则是医疗保险机构或公司的事情。

此外，消费者和购买者之间存在着显著的信息不对称。消费者由于缺乏对药品的了解，通常只能信任医生而别无选择。但是，随着互联网的引入和科学知识的普及，患者对各种疾病、医疗程序和治疗方法越来越了解，这种信息鸿沟正在急剧地缩小。

另一方面，医疗保健市场是处于高度监管之下的。针对每种申请上市的药品进行上市许可审批已经是一种普遍的要求。此外，为了保护患者、防止可能出现的药品滥用（abuse）和"过度处方（over-prescribing）"，医生们越来越需要遵循由受委托的专家撰写并经卫生管理者所批准的指南（guideline），因此他们不能完全自由地开出他们想处方的药品。同时，由于每种新药被批准的适应证越来越精确，医生并不总是能够根据自己的经验和判断来开药。

即使患者往往不能自主选择药品,理论上他们也可以通过更换他们的就诊医生以获得最适合他们的治疗。然而,在医疗保健市场中很少遵循自由竞争规则。根据国家和卫生体系的要求,患者可能无法自由地选择医生或医院。此外,受限于医保支付者所安排的"定点"合作伙伴关系,即使患者对所提供的服务明显并不满意,他们可能也无法自由更换他们的医疗保健服务提供者。

消费者很少能参与支付者针对药品报销的决策过程,他们无法决定哪种治疗方法可以被报销,即使那些药品与他们直接相关。然而,促进患者以间接方式参与该过程可能已经成为一种趋势。例如在英国,相关患者组织的代表会被邀请参加国家卫生和保健评价研究院(NICE)的技术评估委员会会议。这一事例并非仅存在于NICE,而是存在于大多数卫生技术评估(HTA)机构之中。

此外,政府可以通过直接采购,为全国几乎所有潜在的消费者购买某些药品。

综上所述,医疗保健市场与其他市场有四个明显的区别:

- **价格不是由供求关系决定的。**

在经典的市场经济背景下,价格由供求关系决定,单一实体同时承担着购买者、支付者和消费者的角色。然而,在医疗保健市场中,价格由支付者通过谈判确定,或者仅由制药企业决定。购买者是开药的医生,支付者是医疗保险的提供者,消费者是患者。这三方对于如何提供医药服务的意见不一定是一致的。

- **支付者致力于为社会"购买健康"。**

支付者的目标是为患者提供健康,当其报销药品时,他们是在为患者获得健康提供资金。他们只能购买药品和医疗服务等健康的替代品,但这些替代品在改善健康方面的实际效果仍是不确定的。

- **健康是因人而异的。**

与食品、房地产或技术不同,健康不能在人与人之间分享或交易。内科治疗或手术的结果还取决于患者的个体特征。由于缺乏适宜的方法,医生可能无法事先完全掌握患者的个体特征。但是,一系列的科学技术正在快速发展中,并不断地改变我们对疾病和治疗的理解与掌握程度。

- **健康具有外部性。**

除了对购买它们的消费者外,药品还能够对公众的健康产生积极的影响,接种疫苗和抗生素尤其如此。个体层面的传染病治疗和预防可以保护整个群体免受潜在流行疾病的影响。

- 当某个亚组人群的医疗保健服务可及性受限时,可能会对整个人群的健康状况产生巨大影响;
- 当某个亚组人群的健康状况不佳时,可能会影响其他健康状态良好的人群。

健康的外部性也是需要建立全国性卫生服务体系的主要原因之一。

以下这一反复被报道的事例可以说明该问题:尽管美国的人均医疗保健支出是世界最高的,但由于人们获得医疗保健服务的可及性相差很大,其公众的整体健康状况并不是全世界最好的。

近年来,医疗保健市场的一些重要特征又发生了重大变化(表3.2),而这些变化对未来的影响仍有待观察。

表 3.2 医疗保健领域中市场准入模式的变化趋势

目前情况	趋势
处方者和患者之间针对疾病和可能的干预措施存在信息不对称	互联网的广泛应用使患者对其健康状况和可能的治疗措施变得越来越了解
患者很少或不能参与报销决策过程	患者组织在政治上变得更加活跃,并且游说政府去资助那些可以改善他们病情的治疗方法(通常是昂贵的)
在公立医疗保健体系中可以自由选择医生/医院进行就诊	越来越多的患者需要事先选定一名全科医生和(或)初级医疗保健单位和医院,否则他们可能无法从医疗保险公司获得报销或报销水平较低
医生没有义务遵循由专科医师协会发布的指南	医生必须遵循由国家级 HTA 机构发布的指南,并且选择治疗措施的自由度可能较低

3.2 市场准入的核心概念

3.2.1 什么是价值?

从支付者的视角来看,市场准入与"性价比(value for money)"这一概念有关。因此,市场准入研究的主要目标是确定和衡量卫生服务的价值。

价值是存在于多个学科领域中的复杂概念,包括:

- 哲学;
- 数学;
- 社会学;
- 会计学;
- 经济学。

价值在每个学术领域中都有不同的含义。

在哲学领域,价值可以被定义为一种道德或美学判断的重要性,它涉及个人或社会的行为、道德、伦理、政治、精神或美学标准。

在数学领域,价值通常可以被定义为具有显著变化的变量的确定:数字的近似值是在应用中差异小到足以被忽略的数字,数字的绝对值则代表数字的价值,无论其是正数还是负数。

在西方社会学领域,价值是一种宪法哲学(constitutional philosophy)的道德原则,它的等级取决于个人或社会的特征。

在谈到价值时,这个词背后隐藏的概念的巨大变化和差异是产生混淆的根源。

"价值"这一术语在经济学和会计学领域中也被广泛使用(见表 3.3)。

在经济学领域,价值的概念可来源于两种不同理论(Menger,2007)。一种是基于客观的理论,或称为"内在价值理论(intrinsic theory of value)",其中物品、商品或服务的价值与其生产成本——即原材料成本和人力成本——相对应。

另一种是基于主观的理论,与医疗保健市场中的价值更加一致。这种价值理论主张这

表3.3 "价值（value）"一词在经济学和会计学领域中的各种应用

马克思主义理论的价值 （marxist theory value）	完税价格 （customs value）	净价值 （net value）
股东价值 （shareholder value）	交换价值 （exchange value）	剩余价值 （residual value）
现值 （present value）	税外价值 （out of tax value）	风险价值 （value at risk）
净现值 （net present value）	内在价值 （out of tax value）	投机价值 （speculative value）
附加价值 （added value）	清算价值 （liquidation value）	计入所有税金的价值 （all taxes included value）
交易价值 （traded value）	市场价值 （market value）	购置价值 （acquisition value）
总值 （gross value）	安全价值 （security value）	使用价值 （use value）
账面价值 （book value）	销售价值 （sales value）	工作价值 （work value）

样一种观念，即一种商品的价值既不是由商品的任何内在属性决定的，也不是由生产商品所需的劳动量决定的，而是由个人为实现其所期望的结果而对一种商品的重视程度所决定的。相应的价格不是主观价值的衡量标准，它只是买方和卖方之间的一种沟通方式。

就医疗保健和市场准入而言，价值的后一个定义（即主观价值理论）是最相关的，并且是应该被选用的：在市场准入中，药品或医疗保健服务的价值取决于支付者对社会医疗需求以及产品能够在何种程度上满足这种需求的主观认知。

虽然这种由支付者所做出的价值评估判断是主观的，但它是基于临床试验、流行病学数据和成本-效果分析（cost-effectiveness analysis，CEA）等科学证据的。大多数机构化的支付者会正式地要求制药企业和医疗保健服务提供者提交研究证据，以证明某药品在临床结局和（或）实现这些结局所需的成本等方面的价值。药品能否获得正面的报销决策和市场准入，取决于制药企业提交相关证据的能力。这就需要对价值的循证概念（evidence-based concept）有彻底的了解。

支付者在评估药品时所需的证据种类因不同国家而异，且涵盖的指标范围非常广泛，例如临床和经济价值的证据，以及伦理学、公平性和（或）政治性方面的具体信息。尽管如此，支付者的评估重点始终聚焦于该药品是否具有性价比。

由制药企业为支付者生产和提供的证据集（set of evidence）构成了所谓的"价值主张（value proposition）"，这一术语经常被用于卫生经济学领域。从企业界的视角来看，价值主张的制定是市场准入活动的最终目标。

然而，从支付者的视角来看，其目标是在考虑所有证据的基础上将药品的价值与适宜的价格对应起来。这是目前存在于各个医疗保健服务参与者之间的、最受争议的问题之一，通常被称为"基于价值的定价（value-based pricing）"。

有时，基于价值的定价会与基于成本-效果的决策（cost effectiveness-based decision）

相混淆。虽然通过成本-效果分析模型对效率进行考察是支付者开展的价值评估中的一部分，并可以帮助支付者确定适宜的价格，但是"基于价值的定价"这一概念则更为广泛，它可以扩展到临床、伦理学和政治等多个方面的考察与评估。市场准入协议（market access agreement，MAA）和卫生经济学模型属于解决这一问题的方法。我们将在下文中具体讨论基于价值的定价。

3.2.2 什么是可及？

正确区分"可及（access）"、"可及性（accessibility）"和"市场准入"是至关重要的——这是三个经常被混淆的不同概念。

- 医疗保健或医疗服务的可及是指人们在获得医疗服务或医疗设施方面的认知和经验，包括地点、时间和方式的便利性。相应地，不可及（lack of access）可以指某种药品难以获得（unavailable）、无法得到（inaccessible）或无法负担（unaffordable）；
- 可及性是医疗服务或医疗设施结构的一个方面，它提高了人们与医疗保健从业者接触的能力，包括地点、时间和方式的便利。
- 市场准入则是指某种药品获得进入医疗保险体系的资格、获得报销价格和有利的处方决策建议的能力。

此外，在药品可及方面，医疗保健市场中的各个利益相关者有着不同的目标。虽然企业界的目标是最大限度地使药品变得可及，但支付者的目标则是将其限定于最有可能获益的患者人群中，以实现最优的临床效果和成本-效果。为了获得更大的目标人群，制药企业必须使支付者相信其生产的药品是具有价值和"医疗相关性（medical relevance）"的。

3.3　市场准入的定义

如果我们采用WTO的定义，药品获得市场准入应该是指在没有明显阻碍的情况下进入一个特定国家的整个市场，并在该市场中进行销售从而获得收入的能力。

对于药品而言，需要面对的阻碍因素包括：上市许可、定价和报销水平、物流（存储和供应条件）和药品监测（针对潜在和实际发生的药品不良反应进行随访）等。但在实际情况中，制药企业已经能够娴熟地解决除定价和报销之外的其他所有阻碍。因此，市场准入已经成为获得较的高定价和报销水平的阻碍的同义词。

然而，药品市场可能存在不同程度的"碎片化（fragmentation）"，从设立单一全国性保险机构的国家到多个私营医疗保险公司并存的国家，以及两者兼具的国家。在后两种情况下，市场准入指的是在各个领域中系统性地获得每家医疗保险公司给予最佳准入资格的能力。对于不同的医疗保健市场组织类型［例如集中的（centralized）、分散的（decentralized）或完全碎片化的（fully fragmented）］，市场准入的概念可能聚焦于不同的方面。

因此，市场准入的概念存在异质性且很难定义，它取决于我们面对的是一种私营的、公立的医疗保健体系还是一种混合型的医疗保健体系。一般来说，它是指一个企业在获得上市许可后将药品投放到市场中，并使所有患者都能获得或负担得起该药品的过程。

本书将使用以下定义：

药品的市场准入是指使一种药品通过医疗保险体系获得报销价格和有利的处方决策建议的能力。

它涵盖了一系列旨在以适当的价格为适当的患者提供适当的药品的活动。

同样，我们还可以从以下几个方面来定义市场准入：

- 目标（objectives）；
- 行动（actions）；
- 实地活动（field activities）；
- 范围（scope）；
- 过程（process）。

市场准入的理想结果是获得最优的药品价格，并最大限度地为已被药品监管部门批准的目标人群提供报销，且在处方和报销程序方面不受限制。然而，在实际情况中需要权衡以下方面：

- 价格和报销条件；
- 目标人群的选择；
- 具体的处方和报销程序。

因此，我们也可以将药品的市场准入看作为解决那些潜在的阻碍因素提供支持的一系列活动，这些阻碍因素包括药品的价格和报销未达到最优水平、药品处方范围存在限制，以及处方和报销程序较为复杂等。

> **案例：**
> 某种选择性5-羟色胺再摄取抑制剂（selective serotonin reuptake inhibitor，SSRI）类药品，在抑郁症、社交焦虑、惊恐障碍、强迫症、饮食失调和慢性疼痛等适应证方面获得了上市许可，但支付者只针对抑郁症和惊恐障碍患者人群给予全额报销资格。因此，该药品所获得的市场准入是有限的，因为并不是所有的潜在可获益人群都能获得报销。
>
> 此外，支付者可以进一步限制该药品的市场准入，将其处方范围限定于更加有限的患者（例如限定其作为一线药物治疗不佳时的二线治疗选择，或仅针对病情较为严重的患者），或者仅限由专科医生开具处方，或者实施复杂的报销程序。这将会给医生和医院药师带来管理负担，并可能会进一步阻碍药品的市场准入。

药品市场准入活动的范围与定价、报销、卫生技术评估和处方集（formularies）管理是重叠的。其中处方集是指可被处方的、并由机构化的支付者提供报销的药品目录。

医疗保健市场上的不同参与者应该很好地理解市场准入的过程。在欧洲，这一过程如图 3.1 所示。

美国 FDA 或欧洲药品管理局（European Medicines Agency，EMA）等药品监管部门的上市许可主要是根据严格控制的随机对照试验（randomized controlled trial，RCT）结果

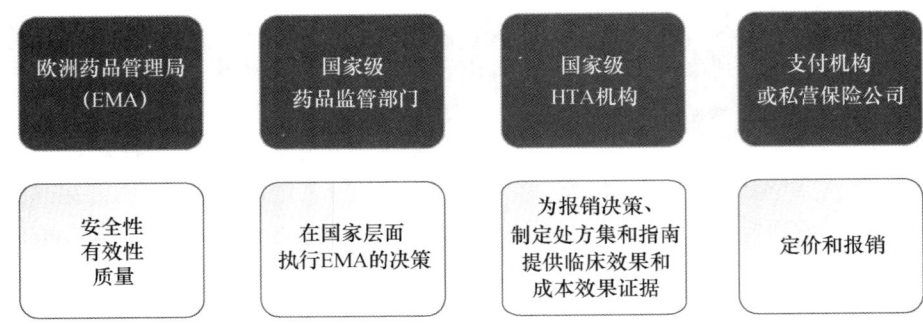

图 3.1 欧洲医疗保健市场中的各种参与者及其职能

所呈现的药品安全性、有效性和质量情况而决定的。对于欧盟而言，各成员国的国家级药品监管部门负责在其国内执行 EMA 的决定。一旦某药品被批准上市，HTA 机构就要负责评估其在真实世界中的疗效（即效果）、成本-效果、相对有效性、相关医疗需求、预算影响以及其他方面的证据，这些证据将被支付者用于定价和报销决策以及处方集和处方指南的制定。

值得注意的是，欧洲卫生技术评估网络（European network for Health Technology Assessment，EUnetHTA）开发了一套核心 HTA 模型（Core Model®），共包括健康问题和当前使用的技术、技术的描述和特征、安全性、临床效果、成本和经济学评估、伦理学分析、组织机构（organizational）、社会和法律等 9 个方面的内容。

支付者本身并没有条件具体开展这些评估，因此他们将上述工作委托给生产 HTA 证据的独立专家组。HTA 评估的目的是为支付者做出决策提供支撑，帮助他们设定适宜的定价和报销条件。

同时，如前文所述，我们不能将下列活动与市场准入相混淆：

- 市场准入不是获得监管部门的批准（注册、上市许可）；
- 市场准入不是医药代表与医生和药师的接触（销售行为）；
- 市场准入不是使药品出现在货架上（分销）；
- 市场准入不是选择正确的产品推广渠道［例如市场推广、直接面向消费者（direct-to-customer，DTC）模式］。

进一步而言，市场准入活动需要一套不同于研发和管理事务所需的技能（表 3.4）。

表 3.4 市场准入活动和药品监管部门事务所需技能的异同点

药品监管部门事务	市场准入活动
满足获得上市许可所需的要求	与支付者进行谈判
符合有效性、安全性和质量方面的标准	在价格和市场准入之间进行权衡，以获得最佳的投资回报
处理不确定性问题	处理不确定性问题
规则透明	规则相对不透明并处于快速变化中
全球性	国家层面到地方层面

这些技能是与机构化的支付者进行谈判的能力，而不是仅仅去满足那些预设的标准。因此，实现药品的完全报销通常意味着能够在高价格和最优价格之间进行权衡（make trade-offs）。此外，制药企业还需要使支付者确信，与药品的有效性和（或）实际使用中的成本-效果相关的不确定性水平（the level of uncertainty）是低到可以接受的。另外，与国家层面的药品监管事务不同，市场准入是贯穿于国家层面到地方层面的活动，因此需要采用因地制宜的策略（adaptive tactics）。同时，市场准入活动是与支付者打交道，药品监管事务则是与药品监管部门打交道，而二者的管理视角和要求是迥异的（表 3.5）。

同样地，市场准入和药品营销活动之间的相似性也可能会产生误导（表 3.6）。市场准入是一门循证的（evidence-based）的学科，需要生产和传播科学证据。机构化的支付者不仅对药品的价格高度敏感（highly price-sensitive），而且要为他们做出的决策负责（accountable）。另外，他们的行动受到多个利益相关者（multiple stakeholders）的影响，任何想要取得成功的市场准入策略都必须了解这些影响。此外，HTA 机构会要求企业提交可支持其做出正面决策建议的"相对优效性证据（evidence of relevant superiority for positive recommendation）"，否则他们不会建议支付者以相对较优的价格为某种干预措施提供报销。

3.3.1 市场准入与医疗保健体系的结构

如前所述，市场准入的策略取决于我们面对的是一个私营的、公立的医疗保健体系还是混合型的医疗保健体系。

3.3.1.1 公共资金支持的医疗保健体系

在欧洲，大多数国家的国家医疗保险来源于公共资金，政府通常需要根据议会的医疗保

表 3.5 药品监管部门和机构化的支付者的视角和需求差异

	药品监管部门	支付者
数据的内部效度 vs. 外部效度	高度重视内部效度（即标准明确的患者人群）	既重视内部效度，也重视外部效度
偏好的证据类型	最主要是随机对照试验（RCT）	RCT、Meta 分析、观察性研究、患者注册登记、数据库和建模研究
偏好的结局指标	与患者相关的结局指标、临床量表、生物学结局指标	生活质量、需治疗的病例数（number needed to treat）、出现一例不良反应需要处理的病例数（number needed to harm）、功能性结局指标等
评估的范围	药品与安慰剂相比的获益/风险比（benefit-risk ratio）	药品与替代治疗相比的相对效能（efficacy）和效果（effectiveness）

表 3.6 市场准入和市场营销的差异

市场营销	市场准入
以认知为基础	以循证为基础
无须对受众负责	对具有价格敏感性的受众负责
"意见领袖（opinion leaders）"是关键	受多个利益相关者的影响
"无罪推定（innocent until proved guilty）"	"有罪推定（guilty until proven innocent）"

健预算投票结果来确定总体公共卫生目标和相应的资金数额。企业进入市场的规则由一个或多个国家级机构负责制定,这些规则包括对产品进行评估所需的证据和作出报销决策所采用的标准。公共医疗保健的支付者代表全社会的利益,并努力在决策过程中融入全社会的视角。

3.3.1.2 混合型或私营的医疗保健体系

有些国家的医疗保险体系是分散式的,而且以私营医疗保险公司为主,例如美国。

在美国,没有统一的药品市场准入框架,公立和私营保险公司各自采用不同的准入路径。在这种情况下,私营医疗保险支付者与制药企业将进行独立谈判。这可以看作是两个都在寻求利润最大化的商业实体之间的谈判。然而,美国的公共支付者[例如医疗保险和医疗救助服务中心(Centers for Medicare and Medicaid Services,CMS)、儿童医疗保险计划(Children's Health Insurance Program,CHIP)]在医疗保健预算中所占的比例越来越大,几乎与私营医疗保险公司的预算不相上下。CMS采用的准入路径与许多欧洲国家、澳大利亚和加拿大是类似的,但在美国,并不强制要求开展正式的卫生经济学分析或HTA评估,除非是在非常罕见的情况下。此外,CMS不能将高成本作为给出负面报销决策的理由。

3.3.1.3 国家和地方层面的市场准入

在一些国家,随着决策权越来越多地从国家机构下放到地方部门,公共医疗保健领域中也出现了权力下放的趋势。在经济不景气的背景下,医疗保健支付者被迫收紧药品预算,地方层面的决策者也被要求针对在何种条件下为哪些疗法提供报销做出决策。但是,这些责任并不总是与地方部门的胜任能力相匹配。在许多国家,负责药品支出的地方部门很少就药品成本展开谈判或价值评估,而是将其主要注意力集中于控制医疗预算上。

这种趋势使采用分散式医疗保健体系的国家(例如西班牙、意大利、瑞典和德国)和集中式医疗保健体系的国家(例如法国或英国)之间的传统区别变得模糊。

例如,在英格兰,影响国家医疗保健体系的战略决策仍然由卫生部负责,而具体的执行权则交由大量的初级医疗保健信托机构(primary care trust,PCT)来负责。每个PCT负责为当地民众(规模为90 000至1 259 000人)提供并资助医疗保健服务。这意味着,除了国家层面的机构,制药企业还必须直接与PCT打交道,以顺利进入英格兰的市场。

不幸的是,英格兰的这种医疗保健服务体系结构导致了在某些昂贵但可挽救生命的疗法的可及性方面出现了"地域不平等(geographic inequalities)"。一些PCT将它们纳入了本地的医疗保健体系,但另一些则将其排除在外,这种现象被批评人士讽刺为"有邮编的彩票(postcode lottery)"。尽管NICE负责全国的医疗保健体系,但在其决策范围之外,PCT仍有纳入其他创新性疗法的空间。即使是在法国这样一个有着高度集中化政治历史的国家,最近的改革也将大量的预算和决策权下放给了22个地方性卫生部门。

随着监管责任的扩大,地方部门越来越多地采用各种管理和政策工具。这些政策可以直接针对企业界、社区医疗或患者,其形式包括本地市场许可、处方指南、药品处方集和处方激励,或者药品销售量限制、患者自付比例限制以及对医生和医药代表之间关系进行监管等。在某种程度上,这为制药企业制造了"双重关卡(double hurdles)",因为企业需要将其在国家层面获得的有利决策结果复制到地方层面,但国家和地方层面的支付者有着不同的关注点、预算规模和复杂程度。

地方部门和机构的权力增加使制药企业必须充分了解国家和地方层面的不同要求。此外，在一个结构分散化的国家中，不同地方的医疗保健预算规模、整体财富水平、公共卫生优先事项以及人口学和流行病学特征之间可能存在着巨大的差异，这都需要制药企业予以战略性的关注。在理想情况下，企业应该针对每个地区采取"量身定制的（tailor-made）"战略。然而，由于各个地方对数据分析和支持的要求可能非常具体，这种本地化适应所需的成本可能很高。

其中，不同地区的支付者可能采用不同的HTA方法。有些地方可能仅仅需要对新产品进行预算影响分析（budget impact analysis，BIA），而另一些地方则需要基于根据当地流行病学数据、成本和临床实践情况得出的成本-效果数据。例如在意大利的21个大区中，有16个采用国家药品处方集，同时有8个地区则采用某种本地化的HTA方法。因此，面对地方层面的市场准入，不能采用某种"放之四海而皆准（one size fits all）"的办法，制药企业必须了解他们所希望获得准入的区域的特点。

3.4 市场准入的文化特异性

市场准入策略的制定应具有"文化敏感性（culturally-sensitive）"，即使是面对那些表面上采用相同的方法支持其药品报销决策的国家。例如，那些采用了正式HTA程序的国家在具体目标、过程和HTA对市场准入的影响等方面仍然有很大的不同（表3.7）。

此外，由于不同国家的市场准入环境不同，需要编排相应的计划，以便为制定成功的策略做好准备（表3.8）。

表3.7 不同国家市场准入中HTA评估的目标、过程和影响方面的文化特异性

	法国	德国	英国
目标	确保以适宜的价格获得所有新药	在不影响安全性和有效性的前提下节约药品支出	实现资源的合理分配
过程	驱动原则：与次优的替代方案相比具有公共卫生相关的获益 方法：单个双盲RCT的效应量大小	驱动原则：效果相当则价格相当[例如药品类群（jumbo groups）] 方法：以Meta分析得出的效率边界（efficiency frontier）作为支撑	驱动原则：医疗保健产出效率的最大化 方法：30 000英镑/QALY的成本-效用阈值
影响	市场准入的守门人	报销水平	针对处方集列名的决策建议

表3.8 不同国家市场准入环境的构成

	英国	德国	法国	意大利	瑞典	西班牙	加拿大	澳大利亚
定价政策			√[a]	√[a]	√[a]	√	√	√[a]
报销委员会			√[a]	√[a]	√[a]		√	√[a]
国家级HTA机构	√						√	√
区域性处方集		√		√		√		
地方性处方集	√	√				√	√	

[a] 定价和报销之间存在联系。

例如，欧洲北部的国家和南部的国家之间在这方面存在着"地理上的分野（geographical dichotomy）"，北欧国家普遍较为集中化，不愿意进行价格谈判（图 3.2）。

欧洲北部国家（英国、北欧国家、荷兰）
处方者：遵循国家医疗保险部门的指南和推荐意见，并愿意接受成本限制措施。
支付者：采用成本-效果证据支持决策，并可能针对药品使用限定患者人群。

欧洲南部国家（法国、意大利、西班牙）
处方者：国家医疗保险部门难以管理他们的行为。
支付者：采用有效性证据支持决策，并倾向于与制药企业进行谈判以降低药品价格，而不是将药品使用限定在某一患者人群中。

图 3.2　欧洲不同区域国家的处方者和支付者的文化特异性

3.5　支付者视角下的市场准入

3.5.1　支付者使用市场准入工具控制药品支出

医疗保健支出的持续增长，尤其是药品支出的持续增长，给医疗保险支付者带来的压力越来越大。对于支付者来说，市场准入工具是控制药品支出的有力方法。以下观点表明，人们对创新性治疗方法的成本日益感到担忧：

在过去的 10 年中，结直肠癌的中位生存期几乎延长了 1 倍，但同时伴随着药品成本增加了 340 倍，而且这还仅仅是在最初 8 周的治疗中。

——黛博拉·施拉格（Deborah·Schrag）博士
纪念斯隆-凯特琳癌症中心（Memorial Sloan-Kettering Cancer Center）
2004 年 7 月 22 日

（贝伐珠单抗的）价值和价格之间存在惊人的差异，这是不可持续的。制药行业将面临政府的价格管制，但这将是具有毁灭性的……整个行业会蒙上一层阴影，而市场将予以纠正。

——罗伊·瓦格洛斯（Roy Vagelos）博士
默克公司（Merck & Co.）前首席执行官，国际医学出版业者协会
（International Society for Medical Publication Professionals）年会
2008 年 4 月 30 日

除了企业的商誉（goodwill）和对负面宣传的容忍之外，市场结构本身没有提供任何的价格控制机制……肿瘤药的定价是一个重要的长期威胁（overhang）。

——斯蒂文·哈尔（Steven·Harr）博士
摩根士丹利（Morgan Stanley）研究报告
2005 年 6 月和 2006 年 10 月

尽管越来越多的药品有与之相对应的、更便宜的仿制药，但药品市场的规模仍在增长。为了应对这种增长，自20世纪90年代末以来，支付者采取了各种各样的成本控制措施。然而，他们并未能有效地控制支出。在过去的10年中，经济合作与发展组织（Organization for Economic Co-operation and Development，OECD）国家（不包括美国）的医疗保健支出占国内生产总值（gross domestic product，GDP）的比例几乎翻了一番。因此，除非采取适当的行动，否则未来人口结构的变化和可预期的创新产品上市将产生具有破坏性的压力。制药行业的增长比医疗保健行业的增长将更为显著，在许多发达国家，这一幅度高达20%。

最常见的药品支出管制措施是价格管制（price control），即机构化的支付者通过与上市许可持有人进行谈判来决定药品的适宜价格。似乎只有两个发达国家还在"享受"着自由（不受控制的）定价过程：美国和英国。但是，后者已经建立了一套用于间接调节价格的管制程序，即如果认为某药品的定价过高，则会通过做出负面或限制性的报销决策来减少其进入市场的机会。英国公平贸易办公室（Office of Fair Trading）建议，该国采取的自由定价模式应该被另一种受管制的定价模式所取代。虽然以价值为基础的定价倡议失败了，但大幅降价成为控制药品价格的新方法。这些折扣通常是保密的，并且其降幅往往超过了药品上市定价的50%。

其他的药品成本控制措施还包括全面降价（general price cuts）或对营业收入和利润征收特别税。

支付者的行动目标包括：
- 根据医疗保健目标和现有资源水平，定义和分配可接受的医疗保健预算；
- 实施透明的规则，为药品设定公平的价格；
- 确保高价药仅在授权的条件下使用。

在20世纪90年代，欧洲的药品价格监管通常基于医疗保健部门对所谓"适宜价格"的主观认知；但为了消除围绕患者用药可及性的政治性压力并鼓励制药行业开展创新，政府部门实施了更加明确和客观的定价规则。这促成了以下两个关键性进步：
- 欧洲国家建立了以治疗类别为基础的参考定价（reference pricing）机制；
- 欧洲国家、澳大利亚和加拿大建立了国家层面的HTA机构，负责评估支持新药和其他卫生技术获益的证据。

美国也出现了同样的趋势，《美国复苏和再投资法案》（American Recovery and Reinvestment Act，ARRA）为比较效果研究（comparative effectiveness research）拨款11亿美元，联邦比较效果研究协调委员会（Federal Coordinating Council for Comparative Effectiveness Research，FCCCER）则致力于通过开展大规模实效性试验、建设患者数据库和研发新的定量分析方法来为医疗保健决策者提供支持。然而，与许多欧洲国家不同的是，这些研究的结果不能直接被支付者用来拒绝某项新技术的准入；尽管如此，负责评估新药并提出决策建议的医院药事管理和药物治疗学咨询委员会（pharmacy and therapeutic advisory committees）可以利用这些研究来指导他们的决策。此外，美国管理医疗学会（Academy of Managed Care）发布的"药品档案（pharmacy dossiers）"就是一种HTA决策建议。值得注意的是，按照美国法律的规定，制药企业没有义务为上述档案的准备披露全部信息，因为"这些数据可能被扭曲或选择性地用于药品的成本-效果分析"。

HTA是一种评估新的卫生技术相较于市场上已有产品的结局指标的过程，它以系统、透明、公正和稳健的方式总结了与卫生技术使用相关的医学、社会、经济学和伦理学信息。为了生成这种复杂的证据，支付者将HTA委托给专家进行评估。如上所述，大多数发达国家的政府已经建立了具有所需专业水平的HTA机构，这些机构可以作为独立的利益相关者，而不受经济或政治考虑的影响。

下面的案例可以表明，国家级HTA机构以及相应的药品报销决策可能对药品在该国的可及性产生重大的影响。

> **案例：**
> 虽然从理论上说，一个国家的GDP水平可以很好地预测其医疗保健支出和患者的药品可及性水平，但是，该国的市场准入环境可能对这种相关性产生影响。
>
> 例如，治疗多发性硬化症的干扰素和glatiramer acetate等较为昂贵的药品在大多数西欧国家都能获得完全报销。然而，在英国，这些药品在一开始（2000年）并没有得到英国HTA机构的推荐；2002年，在一项复杂的风险分担计划（risk-sharing scheme）的基础之上获得了报销资格，且处方权仅限于专科医生。因此，只有12%的英国多发性硬化症患者获得了上述药品的治疗。

尽管已经采取了这些行动和措施，机构化的支付者仍在持续努力控制药品支出。几位隶属于英国NHS体系的专家在其论述中对于越来越多地使用循证医学的后果表达了他们的看法："有些人担心循证医学会被医疗保健服务支付者和管理者所'绑架'，以降低医疗成本。这不仅是对循证医学的误解，也是对循证医学在财务方面的影响的根本性误解。通过循证医学实践，能够识别和应用最有效的干预措施，并最大限度地提高患者的生活质量和寿命。这非但不会降低医疗成本，反而可能会使总成本增加"（Sackett et al., 1996）。

3.5.2 如何识别支付者？

在医疗保健领域，支付者通常是为医疗保健产品和服务提供报销或资金的机构化实体。也可以说，任何对价格敏感的受众（price-sensitive audience）都是支付者。但有一个例外，参与"药品价格运动（medicine price campaigns）"的社会活动人士（social activists）也可以被视为对价格敏感的受众，但他们并不是支付者，因为他们并不为医疗保健服务的费用提供资助或报销。在医疗保健市场中，支付者一直是市场准入的"守门人（gatekeepers）"。

此外，支付者还具有以下4个特征：
- 直接/间接的动机来源（incentivized）；
- 是否为决策者；
- 是否为处方者；
- 是否代表本机构行事（acting for their own organization）。

在大多数欧洲国家，每个国家都有一个主要的支付者，对应各个国家的公立医疗保险或基金。有时，在地方层面上还有其他的支付者，即像美国一样可以有国家层面的支付者和分散的私营支付者。更重要的是，每个支付者都可以有不同的目标、视角和工作程序。

根据国家和权力级别的不同，支付者可以是以下几类实体：
- 国家定价委员会（national pricing committees）成员（例如法国、意大利和西班牙等）以及国家医疗保险机构的其他主要工作人员；
- HTA 委员会成员单位：国家级（例如英国和德国等）或地方层面的 HTA 机构（例如西班牙和瑞典等）；
- 英国和德国的全科医生（general practitioners），在这两个国家，医生根据处方表现而获得相应奖励——他们的薪酬与处方的成本控制行为是挂钩的；
- 私营医疗保险公司（与国家层面的保险公司类似，但面临的政治性压力较小）；
- 药师［特别是英国的首席药师（chief pharmacists）］；
- 与支付者相互合作的医院管理者和医院员工；
- 缴纳医疗保险的雇主。

支付者不应被视为同质化的一类受众，而应被视为复杂的、差别化的不同受众类型。在同一个国家中，一个支付者所能接受的观点可能完全不被另一个支付者所接受。因此，提交给支付者的信息和证据应该是量身定制的，或者至少应该是为目标支付者所准备的。

3.5.3 支付者如何评估价值？

支付者关心药品的价值，以便控制药品支出并将资金投在能够产生最佳健康结果的药品上。在这项工作中，他们需要评估药品潜在健康获益的不确定性程度，以及与报销相关的潜在成本。

评估一种药品的价值大致分为以下四个步骤，但并非所有支付者都是一致的：

1. 基于临床试验的相对有效性（comparative efficacy）评价（与同一适应证的替代药品进行比较）

    这一步骤的目的是比较临床试验中的两种药品，并衡量其中一种药品相对于另一种药品的有效性。临床试验设计、纳入／排除标准、随机化过程等方面的问题均可能降低这种比较的质量和可靠性，并使支付者对实际的获益效应量大小（effect size）产生质疑；

2. 基于真实世界数据的比较效果研究

    临床试验中所观察到的增量获益在转化为真实世界的获益（效果）时会面临三个方面的潜在障碍。实际上，支付者必须解决这三个方面的不确定因素，才能判断产品的价值：

    - 临床试验中增量获益的效应量大小：如果临床试验结果可能存在偏倚（bias），那么实际上在真实世界中是否可以获得在临床试验中所观察到的增量获益效应量仍然是不确定的；
    - 跨区域的可转化性（transferability across jurisdictions）也是一个需要解决的重要方面，因为不同的医疗保健体系可能以不同的方式对待和管理患者，这使得将获益从一个区域转化到另一个区域的难度增加；
    - 此外，从临床试验环境到真实世界的可转化性也是一个重要的挑战。在临床试验中，患者是被严格地筛选出来的（highly selected），且患者的管理需要遵守研究方案，而后者与真实世界中的做法可能并不一致。

想要评估药品的效果，就必须要至少定性地（qualitatively）解决这三个具体的不确定性因素，在理想情况下还应定量地（quantitatively）解决。然而，部分国家在这一个步骤就停下了脚步。

如果一种药品在这两个步骤之后仍没有显示出明显的获益，则认为它的效果与对照药品相当或更低，在这种情况下不能给予其溢价；如果显示出具有获益，则可以通过对新药的增量获益和增量成本进行比较，进一步地评估其经济学价值。

3. 成本-效果（cost-effectiveness）

这种方法将效果获益与成本结局进行比较［例如，每获得 1 个生命年（life year）所需的成本，每获得 1 个质量调整生命年（QALY）所需的成本，每成功治疗 1 例患者所需的成本，每避免 1 例复发所需的成本，等等］。

近年来，每获得 1 个 QALY 所需的成本似乎越来越多地被大多数 HTA 机构所采用。由于每当引入新的干预措施时，可用的资源都是有限的，而新的干预措施将取代其他可用的干预措施［即"机会成本（opportunity cost）"］。因此，评价这个新的机会是否至少和它所取代的机会具有一致的成本-效果是很重要的。虽然由于干预的效果在其上市时往往是未知的，且在相当程度上仍然是理论上的数字，但通常认为，应该针对新药与现有药品相比每获得 1 个 QALY 所对应的增量成本-效果比（incremental cost-effectiveness ratio，ICER）设定一个阈值（threshold）。

4. 预算影响（budget impact）

这个步骤用于判断以当前的预算规模是否能够负担得起这种干预措施，如果负担不起，那么还需要多少额外的预算，或者还应该采取什么行动使其能够负担得起。一些国家并不考虑预算影响，它们认为在 CEA（第 3 步）之后考虑预算影响是多余的，因为 ICER 阈值可以反映或根据可负担性进行调整。这一点仍存在争议。

在价值评估之后，支付者希望能够估算出药品的适宜价格。总体而言，全球制药行业使用的定价方法包括以下几种：

- 基于价值的定价（value-based pricing）

  该方法将药品的售价建立在消费者的价值认知上，而不是产品的实际成本、市场价格、竞品价格或历史价格上；

- 成本加成定价（cost plus pricing）

  该方法首先计算药品的成本，然后在其基础上增加反映利润的额外数额；

- 支付意愿定价（willingness to pay pricing）

  支付意愿是指一个人愿意为一件商品付出、牺牲或交换的最大金额（maximum amount）；

- 基准定价法（price benchmarking）

  通过观察其他企业药品的质量/价值，企业可以根据其对于自家产品在竞争关系中的定位，使用价格基准来确定其价格（http：//www.priceintelligently.com/price-benchmarking）。

- 混合定价模式（mixed-model pricing）

  目前，西方国家普遍使用的是一种混合定价模式，这种方法将基于价值的定价方法与基准定价法相结合。对于机构化的医疗保健支付者来说，基于价值的定价方法目前被认为是最有前景的模式。

例如，在英国，支付者越来越有兴趣用这种模式取代自由定价：

做出定价和指南的方面决策将不可避免地引起争议，但拒绝或限制新技术可及性的责任将更适合在不能为有效但不具有成本-效果的技术提供支付的 NHS 体系与不愿意接受将药品的价格定得使其具有成本-效果的制药企业之间进行分担（Claxton et al.，2008）。

然而，使用基于价值的定价方法将面临以下两个问题：

- 如何将认知的药品价值与其实际产生的价值对应起来？这是至关重要的，因为在定价时，通常只有临床试验证据是可用的，后续的建模分析通常带有较多的不确定性。将药品上市后的实际价值和上市时的"认知价值（perceived value）"或"预期价值（expected value）"进行对比的评估是很少的。
- 价值是具有主观性的，它取决于消费者如何评价价值。除了每获得 1 个 QALY 相关的 ICER 阈值之外，没有其他价值与价格联系起来的规则。然而，由于使用 ICER 作为药品定价的唯一标准存在着多种限制，一些国家并不要求提交 QALY 等卫生经济学证据。

原则上，上述模型假设药品的价格是其相对于标准治疗的效果的函数。如果药品带来了显著的附加价值，制药企业将获得比对照药品更高的价格。当支付者负担不起更高的价格时，可以与其他支付者（患者或补充保险）进行分担。

预算影响分析的重要性

在美国，支付者会为某些抗肿瘤药支付 8 万美元，这些药品可以使患者的预期寿命延长 1.2 个月。以此类推，患者生存 1 年的花费为 80 万美元；在美国，每年有 55 万人死于癌症。如果能研发出一种使患者的寿命延长 1 年的新药，那么购买这种药品将需要花费 4400 亿美元。显然，即使是最富裕的国家也负担不起这样的开支，更何况其他国家。所以定价的方式必须改变，这既可以在与企业合作的情况下发生，也可以在没有事先讨论的情况下，通过政治性压力强加给企业。

因此，除了评估一种新药的价值（增量的健康获益）之外，我们还必须关注为这种新药提供资金的支付者的负担能力。

3.5.4　HTA 评估是如何转化为定价和支付条件的？

如果 HTA 评估做出了负面推荐，这会以各种方式转化为市场准入水平的降低。HTA 评估对价格的影响可以通过支付者直接降价、量价协议（price-volume agreements）和共同支付（copayments）等方式实现（例如德国）；对报销的影响则可以通过降低最高报销比例实现（例如法国）。

另外，支付者还可以对药品的处方范围加以限制。在加拿大和英国，"部分限制（partial restriction）"是指在上市许可的适应证范围内进一步限定某种患者群体或适应证，而"完全限制（full restriction）"则是指某种药品将不会被纳入处方集或指南之中。同时，支付者或专科医院针对特定药品实行的"处方权限预授（preauthorization of prescription）"也是一种确保药品只能严格按照支付者的规定处方给特定患者群体的方法。此外，制药企业和支付者之间可以签订市场准入协议，允许在患者水平上给予复杂的折扣或返利，或者允许在出现更加强有力的证据证明药品的有效性或安全性之前给予暂时性溢价，而不公布其实际价格。本书第6章将专门讨论市场准入协议。

3.6 企业视角下的市场准入

3.6.1 "一种新范式"

传统上，一种新药在获得上市许可之后就足以实现其市场准入。在这一环节中需要证明该药品是有效和安全的，并具有良好的质量［即所谓"三道关卡（three hurdles）"］。然而，随着世界各地的医疗成本不断上升，一系列单独或联合应用的新标准构成了对制药企业的一种新的阻碍，这通常被称为"第四道关卡（the fourth hurdle）"，其中包括增量获益、成本-效果和预算影响。

市场准入活动涵盖了以下三个交叉的领域：
- 定价和报销：获得最优的价格和全额的报销；
- HTA：获得HTA机构的正面决策意见；
- 处方集：列入国家层面（特定疾病的NHS处方集）、地方层面（行政区、省、州等）和医院层面的各类处方集。

因此，企业必须构建结构化的组织、管理方法和工作程序来应对这些挑战。实现这些新目标的具体行动应被纳入产品的研发计划和全生命周期管理之中。

在企业的视角下，市场准入可以有以下定义：
- 市场准入是指一家企业在获得药品监管部门的上市许可之后，将某种药品投放市场，使患者能够获得或负担得起这种药品的过程；
- 市场准入意味着消除所有阻碍，使药品获得最优的定价并可以不受限制地向上市适应证中定义的目标人群提供药品。

因此，市场准入在制药企业中具有非常高的经济意义和高度的战略和政治重要性。它已经成为药品取得商业成功的基本元素，并且是所有商业案例的驱动因素。不幸的是，企业中的市场准入专家很少能够参与到决策当中。在企业的决策过程中，市场准入领域的专业人员的早期参与能够确保制定出可行的业务计划并实现回报和（或）潜在外包项目的优化。那些没有实现其产品的市场准入的企业已经或即将承受令人痛苦的失败。

许多大型制药企业越来越关注这一需要多学科专业知识的新领域。

3.6.2 制药企业的组织结构

在既往的研究中，我们回顾了制药企业为了应对市场准入的挑战是如何构建其组织结构的（Creativ-Ceutical专项研究），并将各种组织结构归纳为四种模式：二元模式（dual model）、碎片化模式（fragmented model）、整合模式（integrated model）和分散模式

（decentralized model）。我们发现了一个有趣的趋势，当产品未能获得市场准入时，企业的组织结构经常会发生深刻的变化。遗憾的是，当这些变化发生时，一些重要的问题既没有被提出，也没有被解决：

- 二元模式是指企业内部的市场准入活动主要由两个部分组成。一个经常被称为卫生经济学和结果研究（health economics and outcomes research，HEOR）或价值证据开发（value evidence development），主要关注于证据生成，并向医学部门或研发部门汇报。另一个通常被称为市场准入，更侧重于如何利用证据获得市场准入、定价和报销，并向商业业务部门或市场部门报告。这两个部分既可以分别组成两个部门，也可以再细分成多个不同的部门。其中，HEOR 部门可细分为卫生经济学（health economics，HE）、结果研究（outcomes research，OR）、流行病学、计量经济学和 HTA 部门。市场准入部门也可细分为 P&R、市场准入和 HTA 部门。不同企业对于上述部门活动的描述会有很大的差异，并且其结构会随着企业内部"权力平衡（power-balance）"的改变而不断地变化。这种模式的优点是可以使证据生成部门中各个研究部门实现良好的整合，但缺点是经常会导致 P&R 部门和证据生成部门之间出现意见分歧。
- 整合模式是指所有与市场准入相关的部门全部被整合在同一条"汇报线（reporting line）"中。证据生成部门和 P&R 部门的领导者是相同的，他们可以在企业内部的不同地方向后者汇报。在这种模式中，证据生成部门和 P&R 部门可以被整合在一起，使其为实现同一个目标而共同努力，但其缺点是往往会使研发和营销团队的视野产生差距，有时可能难以进行管理。
- 碎片化模式是指企业内部有流行病学、定量分析、HE、OR、P&R 和市场准入等处于多条汇报线上的多个部门，使得相互之间的协作变得复杂而难以管理。在碎片化模式下，企业趋于生产更多的证据和资料来支持市场准入，但其中的"结果假设（outcome assumptions）"往往不完全一致。
- 分散模式是指市场准入相关的各个部门在企业内部独立运作，在"全球（global）"层面上几乎没有任何协作。尽管这种模式已趋于消失，但它仍然是存在的，尤其是在那些没有经历过市场准入失败的企业。这些企业会将这一复杂的问题留给区域层面进行管理，因为他们认为市场准入具有某种重要的区域特异性。这种模式的优点是可以对当地的 HTA 机构和支付者的需求进行良好的管理，具有良好的灵活性，但其缺点是不同区域之间可能出现低效率的重复工作。

每个企业选择的组织结构模式必须符合其自身文化和发展历史，及其开展市场准入活动所具备的实力。每种模式都不是完美的，最重要的是要削弱和管理好其中的缺点。

3.6.3 市场准入活动的目标

制药企业的市场准入活动目标是针对已上市的适应证人群实现最优的价格和最高的报销水平，同时争取在处方权限和报销程序等方面不被设限。这就需要向支付者提交关于产品的价值主张。重要的是，由于市场准入活动贯穿了药品研发过程中的所有阶段，因此价值主张需要尽早确定下来。如前所述，企业要面对的支付者并不只有一个，因此企业面临的重要挑战是要确定一种能满足所有的利益相关者需求的价值主张，既考虑他们的不同观点，同时又能够保持一致性。

　　增加投资回报是每一家制药企业的最终目标。由于一种新药的收入取决于其价格和销售量，价格的任何增长都会转化为企业利润的增长，即价格的微小上涨都会对利润产生巨大的影响。一般来说，药品的价格每提高1%，其利润就会增加8%。所以，市场准入也成为药品销量的主要驱动力，甚至超过了市场营销。失败的市场准入常常会降低用药人群的广泛性，继而限制产品销量的提升空间。因此，市场准入已经成为药品商业项目的驱动力。

推荐阅读

Claxton K. et al. Value based pricing for NHS drugs: An opportunity not to be missed. *BMJ* 2008;336:251.

Creativ-Ceutical, Paris proprietary research.

Garattini L. et al. Pricing and reimbursement of in-patent drugs in seven European countries: A comparative analysis. *Health Pol.* 2007;82:330–339.

http://www.pharmalevers.com/market-access-quiz-.html.

Kristensen FB and Sigmund H (ed.) *Health Technology Assessment Handbook*. Copenhagen, Denmark: Danish Centre for Health Technology Assessment, National Board of Health, 2007.

Market access for Pharma: pulling in the same direction?—a UK perspective from Alan Crofts, http://www.thepharmaletter.com/file/79052/market-access-for-pharma-pulling-in-the-same-direction-a-uk-perspective-from-alan-crofts.html (accessed September 29, 2016).

Market Access—The Definition Depends on the Viewpoint, http://www.paramountcommunication.com/ubc/pdf/01_Market_Access_The_Definition.pdf (accessed September 29, 2016).

Menger C. *Principles of Economics*, Auburn, AL: Ludwig von Mises Institute, 2007.

New Approaches to Gaining Market Access for Pharmaceuticals: Pricing & Reimbursement, Policy Development, and the Role of HTAs. Business Insights, October 1, 2010, http://www.marketresearch.com (accessed September 29, 2016).

Sackett et al. Evidence based medicine: What it is and what it isn't. *BMJ* 1996;312:71.

Surveying, Assessing and Analysing the Pharmaceutical Sector in the 25 EU Member States. Commissioned by European Commission—DG Competition. 2006.

The Global Trade Negotiations Home Page, http://www.cid.harvard.edu/cidtrade/issues/marketaccess.html (accessed September 29, 2016).

4 卫生技术评估（HTA）的决策分析框架

4.1 引言

不断增加的预算限制和医疗保健服务需求，使资源分配的决策过程变得更加复杂。技术创新和医疗保健服务的进步被证明是医疗支出增长的关键驱动因素。在医疗费用增加和资源有限的背景下，卫生技术评估（health technology assessment，HTA）可作为一种为决策提供信息和促进决策过程合理化和透明化的工具。HTA方法通过评估新药在多个方面的价值，以期在有限的资源条件下最大限度地取得健康获益。

要解决这些问题，HTA必须是多维度的，既要分析新技术对健康的影响（潜在的获益和风险），也要评估该技术对医疗保健体系成本的短期和长期影响。因此，HTA需要采用循证医学以及其他有助于支持决策的方法学工具。

促进HTA发展的国际组织提出了HTA程序的15项关键性指导原则（Drummond et al.，2008），共涵盖以下4个方面：HTA项目的结构（structure of HTA programs）、HTA的评估方法（methods of HTA）、开展HTA的程序（processes for conducting HTA）和HTA在决策中的应用（use of HTA in decision-making）。

4.2 HTA的发展历史

HTA在欧洲各个国家间的发展是不同步的，并且仍处于不断发展之中。但是，HTA方法在评估新上市的医疗保健干预措施中的应用似乎已经很普遍了，目前已成为市场准入过程的强制性组成部分。雷纳尔多·巴蒂斯塔（Renaldo Battista）[①]和马修·霍奇（Matthew Hodge）[②]将HTA的发展模式分为三个阶段："出现（emergence）"、"巩固（consolidation）"和"扩展（expansion）"。

HTA的"出现"需要决策者表达出对相关医疗保健信息的需求，并且要求现有的专家和组织能够满足这种需求。在许多情况下，这种需求来源于一个或几个"HTA领军者

---

① 加拿大蒙特利尔大学卫生管理学教授，译者注。
② 加拿大麦克马斯特大学卫生管理学教授，译者注。

(HTA-champions)"[学者和(或)公务员]激发对于HTA的热情并通过组织研讨会或短期课程促进其发展的努力。同时也发现,政治环境较为宽松的国家对HTA的需求更多,以期提高医疗保健体系的效率(通过实施预算限制和实用主义政策等)。在HTA刚刚出现时,主要聚焦于个别卫生技术领域(例如购置成本或所需资金较高的新技术),而药品尚未被纳入评估范围。在这个阶段,HTA的时间和预算资源都是有限的,主要由致力于解决一小群对HTA有热情的决策者提出的个别需求和问题的小团队所代表。此时,HTA结果向管理者、临床医生、患者和社会公众的转化应用很少。

之后,HTA进入了"巩固"阶段,在此期间,决策者对HTA产生了更大的兴趣。更大的需求意味着需要为HTA确定优先事项。HTA的范围扩大到包括药品在内的更多卫生干预措施,并且对整个医疗服务过程的评估取代了对单个技术的评估。这一阶段有赖于从事HTA的科学团队与其他学术组织等机构拓展合作关系。HTA的目标受众也扩展到更多的决策者、管理者、临床医生、患者和社会公众。

一旦HTA扎根于国家的医疗保健体系中,它将成为官方政治话语的一部分。在"扩展"阶段,对HTA的需求将持续增加并且更加多样化,HTA的范围也将持续扩大:现有的干预措施和新技术都将被评估,HTA的资源投入增加,面向决策者、临床医生、患者和社会公众的知识转化将变得更加重要。

4.3 HTA程序和决策分析框架

4.3.1 国家HTA机构和主要评估指标

从定价和报销的角度来说,英国、法国、德国、瑞典和意大利都已经进入了HTA的扩展阶段。

法国在2004年组建了卫生高级权力机关(High Authority of Health;Haute Autorité de Santé,HAS),它整合了HTA的相关机构[透明委员会(Transparency Committee;Commission de la Transparence,CT)与医疗器械和卫生技术评估委员会(Medical Device and Health Technologies Assessment Committee;Commission Nationale d'évaluation des Dispositifs Médicaux et des Technologies de Santé)],这些机构负责对医疗干预措施的绝对和相对价值进行评估,并将结果告知决策部门[医疗产品经济学委员会(Economic Committee of Health Products,CEPS)、国家医疗保险联合会(National Union of the Medical Insurances;Union Nationale des Caisses d'Assurance Maladie,UNCAM)和卫生部(Ministry of Health;Ministre de la Santé)]。2012年,HAS内部建立了一个新的药物经济学评估委员会——经济学和公共卫生评估委员会(Economic and Public Health Evaluation Committee;Commission évaluation économique et de Santé Publique,CEESP),它被授权开展经济性评估,并向CEPS报告新纳入报销范围的干预措施的性价比。在HAS内部,CT负责对医疗干预措施的"实际医学获益(Actual Medical Benefit;Service Médical Rendu,SMR)"进行评估,并得出分级结果。SMR共分为5级:

- 具有显著(major)或重要(important)的医学获益:给予65%的法定医保报销[对于治疗严重和致残性疾病的不可替代药品(irreplaceable medicines for serious

and disabling conditions），则给予 100% 报销］；
- 具有中等（moderate）或较小（weak）的医学获益：给予 30% 的法定医保报销；
- 医学获益不足（insufficient）：不给予法定医保报销。

此外，医疗干预措施的增量或附加价值将被给予"增量实际医学获益"（Added Actual Medical Benefit；Amélioration du Service Médical Rendu，ASMR）分级结果。ASMR 共分为 5 级，从 AMSR 1 级［具有显著的增量治疗价值（major added therapeutic value）］到 AMSR 5 级［不具有增量治疗价值（no added therapeutic value）］。CEESP 负责对干预措施的成本-效果进行评估，并判断是否有在医疗保健体系中实施该干预措施的机会。这些药物经济学评估的结果及相关的不确定性分析将以"效率报告（efficiency notice）"的形式呈现。

1999 年，英国国家卫生和保健评价研究院（NICE）被政府授权针对如何实现国家卫生服务体系（NHS）预算分配的最优化提出决策建议。一直以来，NICE 基于临床和经济学数据开展单一技术评估（single technology appraisals）和多技术评估（multiple technology appraisals），为 NHS 提供新技术的相关信息。NICE 的决策在英格兰和北爱尔兰具有官方效力，而威尔士则有自己的 HTA 机构——全威尔士药品战略小组（All Wales Medicines Strategy Group，AWMSG），自 2009 年起负责对所有新药进行评估——而不是直接执行 NICE 的决策。

NICE 通过单一技术评估确定医疗干预措施的药物经济学价值，其药物经济学评估的主要标准是干预措施的增量成本-效果比（ICER），代表每获得 1 个 QALY 所需的成本，并与固定的阈值范围（20 000 英镑 /QALY ~ 30 000 英镑 /QALY）进行比较：
- ICER ＜ 20 000 英镑 /QALY：技术具有成本-效果；
- 20 000 英镑 /QALY ＜ ICER ＜ 30 000 英镑 /QALY：成本-效果的可接受性取决于其他因素；
- ICER ＞ 30 000 英镑 /QALY：需要提供更有力的证据支持。

在苏格兰，自 2002 年起由苏格兰药品联合会（Scottish Medicines Consortium，SMC）负责针对所有新上市的药品、剂型和适应证向苏格兰 NHS 提供决策建议。SMC 通过开展"新产品评估（New Products Assessments）"，以确定某种新药是否能够在苏格兰 NHS 的合理支出范围内为患者带来增量的健康获益，或者是否与现有对照药品的健康获益相当且 NHS 支出亦相当或更低。SMC 表示，他们没有设定 ICER 阈值或意愿支付阈值（willingness-to-pay threshold，WTP），但会考虑诸如罕见病药物、重大临床获益（substantial clinical benefits）或缺乏可替代治疗措施等"调节因素（modifier）"，使 SMC 可以接受具有较多不确定性或 ICER 较高的药品。但同时，SMC 也承认在决策中会适当参考 NICE 设定的 ICER 阈值。

在德国，已上市的药品将自动获得法定医疗保险（statutory health insurance；Gesetzliche Krankenversicherung，GKV）的报销资格。自 2011 年起，制药企业需要向联邦联合委员会（Federal Joint Committee；Gemeinsamer Bundesausschuss，G-BA）提交新上市药品的评估资料。然后，G-BA 授权医疗保健质量和效率研究院（Institute for Quality and Efficiency in Healthcare；Institut für Qualität und Wirtschaftlichkeit im Gesundheitswesen，IQWiG）审查企业提交的资料并评价新产品是否能带来增量获益或降低健康风险。增量获益共分为以下几个级别：

- 增量获益显著（major added benefit）：与适宜的替代方案相比具有显著的治疗改善，例如症状显著减轻、总生存期显著提高和（或）可避免严重的不良反应；
- 增量获益明显（significant added benefit）：与适宜的替代方案相比具有明显的治疗改善，例如症状明显减轻、总体生存率有所改善和（或）可避免严重的不良反应。
- 增量获益较小（small added benefit）：与适宜的替代方案相比治疗获益有限（但不是微小的），例如减少非严重的症状或可预防相关的不良反应。
- 增量获益无法量化（unquantifiable added benefit）：缺乏科学数据或相关性。
- 无增量获益（no added benefit）。
- 获益尚不及（inferior to）替代方案。

IQWiG 开展的评估评价了新药的"边际治疗价值（marginal therapeutic value）"。具有增量获益的药品必须接受 IQWiG 的药物经济学评估，以确定其成本-效果。这些干预措施的 ICER 将被用于建立"效率边界（efficiency frontier）"，并通过比较 ICER 与效率边界的相对位置判断新措施的成本-效果。

在瑞典，由牙科和药品福利局（Dental and Pharmaceutical Benefits Agency；Tandvårds-och läkemedelsförmånsverket，TLV）负责评估医疗保健产品的附加治疗价值及其性价比，其评估内容主要以药物经济学评价为基础。

在意大利，意大利药品管理局（Italian Medicines Agency；Agenzia Italiana del Farmaco，AIFA）是主要的药品监管部门，AIFA 下设的两个委员会——技术科学委员会（Technical Scientific Committee；Commissione Tecnico Scientifica，CTS）和定价与报销委员会（Pricing and Reimbursement Committee；Comitato Prezzi e Rimborso，CPR）——对新上市的产品进行评估。AIFA 的评估结果反映了基于治疗路径的产品创新性（分为重要、中等和轻度），并评估了对照措施的可及性、与对照措施相比所带来的获益以及其他描述性/对照性的临床和经济学数据。

在国家层面，HTA 在西班牙仍处于巩固阶段：国家的定价和报销决策程序是同步的。各种疗法的评估由中央卫生部的组成部门——药品和医疗器械总局（General Directorate for Pharmacy and Medical Devices；Dirección General de Farmacia y Productos Sanitarios，DGFPS）负责。DGFPS 对企业提交的资料进行审评，并做出定价和报销的决策建议。在西班牙，HTA 的程序并不透明。自 2008 年的金融危机以来，制药企业就一直对决策透明度和显著的价格限制措施颇有怨言。

我们将在第 12 章至第 20 章介绍更多国家和地区的详细信息。

4.3.2 受评估结果影响的决策

虽然各国 HTA 机构都会对相同的药品开展评估，但他们的评估方式是不同的，HTA 结果影响决策的路径也不相同。各国 HTA 机构的评估范围如下：
- 绝对治疗价值（absolute therapeutic value）：
  - 在法国，由 CT 负责开展相关的评估，SMR 分级结果决定了是否应给予某药品法定医疗保险报销资格，以及相应的报销比例。
  - 在西班牙，DGFPS 提供报销决策建议时会考虑药品的绝对治疗价值。

- 附加 / 边际治疗价值（additional/marginal therapeutic value）
  - 在法国，CT 负责将药品的附加治疗价值转化为 CEPS 与制造企业之间开展定价谈判所需的 ASMR 分级结果。
  - 在德国，IQWiG 评估形成的增量获益结果决定了企业是否可以与法定医疗保险机构商谈报销价格，以及与现有产品相比可以设置的溢价幅度。
  - 在瑞典，具有边际获益的干预措施（即没有其他明显更适宜的可用药品）可获得药品福利计划的报销。边际获益越高，价格越高。
  - 在意大利，药品的创新性将用于确定是否应将其纳入国家报销清单中以及确定相应的报销环境限制条件（例如是否住院和门诊患者均可报销，或仅限于住院患者报销）。之后，CPR 牵头组织企业与经济规划委员会（Committee for Economic Planning；Comitato Interministeriale per la Programmazione Economica，CIPE）进行定价谈判。
- 干预措施对医疗保健体系的预算影响是一个被广泛评估的指标。虽然有时 HTA 机构在做出决策建议时没有明确地考虑该指标，但在企业和决策者之间的谈判过程中会参考预算影响分析（BIA）的结果。
  - 在西班牙，HTA 机构做出定价和报销的决策建议时都会考虑 BIA 的结果。
- 成本-效果：
  - 在法国、瑞典和德国，CEA 的结果被用于卫生技术的定价谈判。
  - 在英格兰、威尔士和北爱尔兰，NICE 基于 CEA 的技术评估结果决定了是否推荐该技术。类似地，SMC 的新产品评估决定了是否要在苏格兰 NHS 体系中对该技术给予报销。
  - 在意大利，成本-效果数据在定价和报销决策时会被考虑。在西班牙 DGFPS 形成决策建议的过程中，CEA 预计将取代 BIA 的地位。
- 销售成本、预计利润、其他国家的价格以及替代干预措施的价格：
  - 在西班牙，HTA 机构做出定价决策建议时会考虑这些因素。
- 公平性也是 HTA 的标准之一（例如英国 NICE）。

4.3.3　EUnetHTA 的 HTA 核心模型（CORE MODEL®）

欧洲卫生技术评估网络（EUnetHTA）开发了一套核心 HTA 模型（Core Model®），共包括健康问题和当前使用的技术、技术的描述和特征、安全性、临床效果、成本和经济学评估、伦理学分析、组织机构、社会和法律 9 个方面（http：//www.eunethta.eu/hta-core-model）。

4.3.4　HTA 和定价的评估标准和程序

虽然欧洲各国 HTA 机构在总体上趋于遵守 HTA 学术组织制定的评估规范［例如 EUnetHTA 指南和迈克尔·德拉蒙德（Michael Drummond，[①]等总结的 HTA 关键原则］，但由于 HTA 在不同国家对决策的影响不同，各国的医疗保健体系的结构也不同，因此具

---

① 英国约克大学卫生经济学教授，译者注。

体的评估指标也有所差异。此外，评估范围的差异也决定了数据的种类、来源以及经济学评价的视角也有所区别。

4.3.4.1 HTA

尽管法国、德国、意大利、西班牙和瑞典的 HTA 机构都针对所有的原研创新药进行评估，然而在德国，仅供医院使用的药品（hospital-only medicines）不需接受 HTA 机构的评估。同时，意大利、西班牙和瑞典也针对仿制药开展评估，但并不要求其企业提交经济学研究证据。

在英国，NICE 开展新药 HTA 评估时只使用几项特定的标准，如患者的临床获益、公共卫生获益和对 NHS 的潜在预算影响（疫苗和抗艾滋病药品除外）。

在这里，我们将"正式的 HTA 程序（formal HTA process）"定义为具有以下特征：明确的期限和目标、透明的决策框架程序、公开的会议议程和决策结果、基于企业提交的证据评估。在法国、德国、瑞典和英国，HTA 具有正式的程序。相反，在意大利和西班牙，国家层面的 HTA 程序是非正式的，且没有公开发表任何决策报告。

当 HTA 先于价格谈判或报销决策进行时，这种评估是"事前的（ex-ante）"。在这种情况下，HTA 主要基于支付者的视角来支持价格谈判。法国、德国、意大利和西班牙在国家层面采用事前 HTA 程序。这些国家也被称为"价格提出者（price giver）"，因为最终的价格是由主导谈判的国家代表给出的。

德国、意大利（地方层面）、西班牙（地方层面）、瑞典和英国则采用"事后（expost）"评估。在这些国家，价格取决于企业的建议，决策者根据其适宜程度选择接受或者拒绝。这些国家也被称为"价格接受者（price taker）"，因为他们是相对被动地接受或拒绝来自企业的报价。

其中，德国的情况较为特殊，因为该国最初属于价格接受者，由企业设定药品的最初价格，并不需经过谈判就可被接受（即自由定价）；在实施了 HTA 评估程序之后，则会以此为基础开展价格谈判。

在法国，HTA 评估的决策标准主要基于创新药与次优对照组相比的有效性或安全性的绝对差异（absolute difference），以及创新药的成本-效果（只有不到 5% 的药品接受了 HTA 评估）。在德国，相关评估则基于相对有效性或安全性。其中，通过相对风险（relative risk）的 95% 置信区间上限来评估相对有效性。

在意大利和西班牙，药品的绝对和相对治疗价值以及预算影响是主要的 HTA 决策标准。

在瑞典，TLV 使用绝对和相对治疗价值以及成本-效果作为最终主要的 HTA 评估决策标准。

英国 NICE 的 HTA 评估决策则主要基于成本-效果分析（CEA）。

4.3.4.2 定价

在法国，以药品有效成分（active substance）或治疗学分类（therapeutic class）为基础的国家参考价格被用来确定报销药品的定价，包括对创新药使用国际参考定价。这一规则较少出现例外情况。但是，企业可以与定价委员会进行谈判要求获得保密性折扣（confidential discounts）。在法国，除了医院制剂之外，所有其他药品都需要接受价格谈判。

在德国，不同情况下的定价规则不同：

- 自由定价：对于符合"早期获益评估（early benefit assessment，EBA）"标准的药品，可在上市后的 12 个月之内自由定价。
- 对于不符合 EBA 标准的药品，根据按有效成分、药理学分类和治疗学分类下的国家参考价格进行定价。
- 价格谈判：符合 EBA 标准且具有已知的增量获益或没有价格参考对象，也没有条件创建参考价格组的药品。
- 国际参考定价：被认为是一种支持性的参考标准，特别是在进行"价格裁定（price arbitration）"的过程中。

在西班牙和意大利，除了进行价格谈判和使用国际参考价格作为支持性参考标准外，还使用以有效成分为基础的国家参考价格。

在英国，通过实施"药品价格管制计划（Pharmaceutical Price Regulation Scheme，PPRS）"，实行自由定价与间接利润控制（indirect profit control）相结合的定价模式。

除德国外，上述所有国家还使用准入管理协议（也被称为市场准入协议）来商定保密（不公开）的药品净价格。目录中的价格也被称为"标示价格（facial price）"，因为它是可见的，而实际价格则是保密的。

4.3.4.3　市场准入协议

市场准入协议（MAA）是支付者和制药企业之间的一种特定的协议，规定了药品进入市场的条款和条件。我们将在第 6 章中进行详细阐述。

MAA 可分为两类：财务性协议（例如量价协议、折扣或返利、价格上限和成本分担）和与新药的真实世界结局或使用相关的基于结果的协议（例如按绩效支付和按证据研究进展支付）。在这里，我们对不同种类的准入协议在几个欧洲国家中的推广程度进行了比较（表 4.1）。

4.3.5　价值评估框架

由于药品（特别其抗肿瘤药）的价格越来越高，对欧洲国家医疗保健体系的可持续性构成了挑战，并可能导致美国患者承担灾难性的自费医疗费用。由于性价比是一个抽

表 4.1　不同欧洲国家药品市场准入协议的常用类型

	量价协议	销量/剂量封顶协议	价格折扣协议	按绩效支付协议	按证据研究进展支付协议
法国	√√√√	√	√√√	×	√√
德国	√	×	√√√√	×	×
意大利	√√	√√√√	√√√	√√√√	×
西班牙	√√	√√	√√√	√√	√
瑞典	√	×	×	√√√√	
英国	×	√√	√√√√	×	√

注：× 代表非常少用/不适用。

象的概念，因此出现了一些更客观的药品价值评估手段。所谓的"价值评估框架（value assessment frameworks，VAF）"是一种新兴的方法，用于对药品相对于对照药品的附加价值进行评价。

VAF 的目标是为患者、医生和支付者提供决策支持。迄今为止，大多数发达国家都已经建立了正式的决策框架，通过 HTA 程序来评估药品价值。然而，在大多数国家的 HTA 机构中，确定临床获益和价值之间的相关性仍需审慎进行。只有德国制定了一套非常明确的框架，允许根据药品与对照组相比的增量获益来评价药品价值。VAF 旨在将评估过程中的主观性降至最低，并为评估提供了一种透明的、可重复的框架。

当前，VAF 主要包括以下几种：
- 肿瘤领域：
  - 美国临床肿瘤学会（American Society of Clinical Oncology，ASCO）开发的癌症治疗方案价值评估概念性框架（Conceptual Framework to Assess the Value of Cancer Treatment Options）。
  - 纪念斯隆·凯特琳癌症中心（Memorial Sloan Kettering Cancer Center）开发的 DrugAbacus 框架。
  - 美国国立综合癌症网络（National Comprehensive Cancer Network，NCCN）开发的 Evidence Blocks^{TM} 框架。
  - 欧洲肿瘤内科学会（European Society for Medical Oncology，ESMO）开发的临床获益量表（Magnitude of Clinical Benefit Scale，ESMO-MCBS）。
- 心血管疾病领域：
  - 美国心脏病学会（American College of Cardiology，ACC）和美国心脏协会（American Heart Association，AHA）联合发布的临床实践指南和绩效评估中的成本/价值评价方法学声明（Statement on Cost/Value Methodology in Clinical Practice Guidelines and Performance Measures）。
- 适用于所有疾病领域：
  - 美国临床和经济学评价研究所（Institute for Clinical and Economic Review，ICER）开发的价值框架（value framework）。

目前，ASCO 和 ESMO 框架的使用较为广泛，其次是 ICER 和 DrugAbacus 框架。虽然 VAF 仍是一个相对较新的概念，但它们有望进一步发展并越来越精准化。HTA 机构将能够使用客观的 VAF 评级或分数来支持其价值评估决策，而不是依赖于机构成员的主观判断。目前，各国 HTA 机构尚未广泛采用 VAF，但很有可能在不久的将来推广使用。

4.4 法国

4.4.1 SMR

在法国，SMR 分级的结果决定了药品是否能纳入法定医疗保险的覆盖范围，它基于绝对的（absolute）治疗有效性、安全性和公共卫生利益标准：
- 描述性获益/风险比评估：

- 获益评估指标：生存率、减少伤残以及考虑了局限性和偏倚之后的替代结局指标。数据来源类型可包括 RCT 和观察性研究。干预措施的公共卫生获益则属于另外的标准。
- 风险评估指标：包括干预措施引起的不良事件和增量发病率-死亡率（morbidity-mortality）。数据类型应包括所有可用的安全性数据。
- 疾病负担：流行病学、对患者和医疗保健体系的影响。
- 目标人群：通常基于上市许可的适应证；目标人群的规模、相关药品的使用剂量和治疗时间必须予以明确。
- 治疗的属性：预防性治疗、治愈性治疗或对症治疗。

SMR 分级完全是描述性的，且没有考虑对照组，其评估基于法定医疗保险的视角。

4.4.2 ASMR

ASMR 分级是评估干预措施在与 SMR（适应证和目标人群）相同的条件下所能带来的治疗创新，其目的是根据以下情况确定干预措施的增量获益：

- 选择适宜的对照组，对干预措施的描述性获益/风险比进行评估；
- 心理、社会和伦理方面的比较结果；
- 组织机构和专业方面的因素（例如是否有与被评估技术相关的其他干预措施，或其在更广泛的治疗策略中的地位）。

尽管上述过程是对比性的，但从法定医疗保险的视角来看，ASMR 分级仍是基于描述性结果的评估（即没有得出差异化的/增量的结果），并须考察到每一种可获得的、临床相关的对照组（包括药品、医疗器械和医疗程序等）。

对于新上市的、申请列入报销范围的医药产品，其生产企业需向 CT 提交资料，后者根据资料对该产品的绝对和附加价值给出结论。一旦企业提交了资料，CT 应在最多 180 天之内发布决策建议（根据欧盟的《透明指令》）。

决策建议的初步版本会被发送给生产企业，以便他们能够回答 CT 提出的问题、做出回应评论、或在需要时请求与 CT 举行听证会。

根据需要，ASMR 和 SMR 的分级结果应以每 5 年或更短的时间为周期进行复审。

4.4.3 性价比评估

为了确定医药干预措施的成本和有效性，CEESP 倾向于使用成本-效用分析（cost utility analysis，CUA）的结果；当不适宜进行 CUA 时，可使用 CEA，然后通过 ICER 判断产品是否具有经济性优势。由于健康结局的类型不同，CUA 的最终结果应以 QALY 的形式呈现，而 CEA 的结果应以生命年的形式呈现；其中，模型研究是偏好使用的方法。

- 结局指标包括 CUA 中的 QALY 和 CEA 中的生存结局。
- 通过建模，可以反映患者依从性和接受程度对有效性和安全性的影响，并且可以使用健康相关生活质量（health related quality of life，HRQoL）作为评价手段。
- 在 CUA 中，可以通过 HRQoL 反映患者的满意度和偏好。
- 研究中只考虑直接成本。使用医药干预措施带来的资源消耗与这些资源的生产成本相关。

- 应确定经济负担在不同支付者（法定医疗保险、私营保险和患者）之间的分配比例。
- 应考虑组织机构和专业方面的因素。
- 应基于敏感性分析形成 CEESP 决策建议的不确定性说明：包括概率敏感性分析（probabilistic sensitivity analysis, PSA），以及单因素/多因素确定性敏感性分析（univariate/multivariate deterministic sensitivity analyses）。方法学指南中提及的数据不确定性也应被考虑在内，以评估经济学评估结果和决策建议的不确定性。

CEESP 开展成本-效果评估的对象是可能对公立医疗保险支出带来显著影响的创新性卫生技术（ASMR Ⅰ-Ⅲ级）暨候选报销对象（下一年度销售收入预期将超过 2000 万欧元的产品）。CT 和 CEESP 的评估是同时进行的。

企业可以与 HAS 进行早期接触，以对经济学评估资料进行优化完善。HAS 在审阅资料后会与企业沟通，以便让后者回答相关问题、做出评论、提出意见以及提供补充数据等。

评估应将干预措施与所有相关的对照措施进行比较，并应基于"所有支付者（all-payers）"的视角，以确定干预措施产生的所有获益和成本，以及确定该措施所涉及的、包括患者、支付者和医疗服务提供者在内的所有对象。

4.5　英格兰、北爱尔兰与威尔士——HTA

在这些国家和地区，通过建模研究确定干预措施与对照措施相比较的 ICER 结果：
- 有效性和安全性是通过 HRQoL 的变化来体现的：用 QALY 反映治疗的效果和不良反应对于生存结局和 HRQoL 的影响。这些数据应来源于 RCT，有时也可被接受或需要非随机研究的数据。通过 Meta 分析整合原始研究的结果；如果需要，也可以使用网状 Meta 分析（network meta-analysis，NMA）。
- 患者依从性和接受程度对有效性和安全性的影响可反映在生存结局和 HRQoL 数据方面。
- 患者的满意度和偏好可反映在 HRQoL 数据方面。
- 研究中纳入的成本应符合 NHS 和处方专业服务（Prescribed Specialised Services，PSS）管理范围内的成本类型，并进行相应的测量。
- 应通过 PSA 评估不确定性，其结果呈现形式包括成本-效果平面上的"置信椭圆（confidence ellipses）"或散点图（scatter plots）、相对于 ICER 阈值的可接受性曲线以及相关表格。不确定性因素来自于数据或建模过程。

NICE 评估适用于以下情况：
- 该技术是否会带来显著的健康获益。
- 该技术是否会对其他与健康相关的政府政策产生重大影响（例如可减少健康不平等）。
- 该技术是否会对 NHS 的资源消耗产生重大影响；
- 在该技术的使用方面，不同医疗服务提供者或不同地区之间是否存在显著的、不恰当的差异；
- NICE 可通过发布国家级指南来增加其价值。

评估的证据由企业提供，他们可以针对决策建议草案的问题做出答复或评论。患者、医药专业人士以及社会公众都是评审过程及其委员会的参与者。

在评价过程中应采用 NHS 和 PSS 的视角，并考虑所有相关的对照措施。

4.6 苏格兰——新产品评估

SMC 开展新产品评估的方法与 NICE 的单一技术评估方法是非常相似的，但由于 SMC 认为 CUA 可能并不是最合适的经济学评估方法，因此要求提交的是 CEA 证据。

SMC 秘书处通过开展"水平扫描（horizon scanning）"工作，在上市许可的审批过程中识别新技术，并向企业征询具体数据，提出其他相关材料提交的要求，并提出关于后续时间安排的建议。

由 SMC 新药委员会（New Drug Committee，NDC）首先对提交的材料进行审查；之后，该委员会将其中的循证数据提交给 SMC 评估委员会，由后者对该问题采取更广泛的视角进行评审。

SMC 的评估过程非常透明，NHS 高级管理人员、公众代表和企业代表都可参与。制药企业可提出包含谈判折扣的患者可及计划（patient access schemes），以提高其产品的成本-效果。

4.7 德国——增量获益和成本-获益评估

该评估的主要评价标准是干预措施是否能带来额外的增量获益。其增量获益和风险的评估基于以下三个主要的患者相关结局：
- 死亡率（干预措施延长患者预期寿命的能力）。
- 发病率（患者健康状态的改善、病程的缩短、疾病负担和效果的差异性）。
- HRQoL。

患者、家属和医护人员在疾病和干预措施上投入的时间和精力，以及患者的治疗满意度等辅助性结局指标（supplementary outcomes）可以帮助更加准确地判断产品的效果，但其本身并不能作为增量获益的证据。

获益的评估应基于 RCT 和以其为基础的混合治疗比较（mixed treatment comparison，MTC），以证明结果的确定性。如需使用辅助性结局指标，则应予以验证。

每一项增量获益或更低风险的认定都需要根据证据来源的水平进行不确定性评估：
- 低偏倚风险的 RCT 研究具有较高的确定性。
- 高偏倚风险的 RCT 研究具有中等的确定性。
- 非 RCT 研究具有较低的确定性。

增量获益或风险降低的证据水平的结论取决于证据的数量和结果的确定性水平，并包括以下类型：
- 具有增量获益 / 更低风险的"证明（proof）"。
- 具有增量获益 / 更低风险的"指征（indication）"。

- 具有增量获益/更低风险的"迹象（suggestion）"。

具有增量获益的干预措施须接受 IQWiG 进行的药物经济学评估，其中干预措施的效果数据（获益和风险）来源于此前的增量获益评估。可以使用研究中的数据来对有效性和疾病过程中的事件进行建模。IQWiG 允许使用多种评估方法，包括 CEA、CUA 和成本-效益分析（cost-benefit analysis，CBA）等。

在 CEA 中，应使用生存指标或疾病调整生命年将获益量化（在 CUA 中还应权衡使用 HRQoL 数据，在 CBA 中应将获益货币化）。如有必要，也可使用其他效果结局指标。

评估中应纳入直接医疗成本和一些直接非医疗成本（如果适宜），对于间接成本则不予考虑。同时，由于生存延长所带来的干预成本应被考虑。

受 G-BA 或德国联邦卫生部的委托，IQWiG 可根据企业提交材料为新的医药干预措施开展早期获益评估（early benefit assessment）。

在评估过程中，IQWiG 邀请医疗/卫生专业人士和患者代表参与。此外，IQWiG 还会组织面向公众的在线听证会。

上述评估过程会纳入所有相关的对照措施，并采用法定医疗保险和患者视角（即医保和患者的共同支付）。

4.8 瑞典——边际获益与成本-效果评估

TLV 旨在评估干预措施的成本-效果（成本-效用）和边际治疗获益。评估治疗效果时，TLV 主要基于关键性 II 期、III 期临床试验，当缺乏直接比较研究时，可使用间接比较研究。最终，必须证明该干预措施与目前使用的药品相比具有额外的获益。

CEA 的开展应按照药品福利委员会（Pharmaceutical Benefits Board；Läkemedelsförmånsnämnden，LFN）制定的经济学评价总体指南进行。根据指南，应使用全社会视角对医药干预措施的成本和效果进行评价，并应选择最合适的对照组（应为瑞典最常用的措施，无论是药品、治疗方法或是不给予治疗）。同时，可使用建模方法将效能数据外推为效果数据，并应对国外数据进行转化校正，使其适用于瑞典的环境、资源消耗和成本情况。

TLV 负责在收到企业提交的申请后对新药进行评估，由其部门之一——LFN 决定新药的报销范围和价格。

如果企业不认可其决策，可以向常设行政法院（general administrative court；allmän förvaltningsdomstol）提起上诉。

在企业提交定价和报销申请后，双方可以举行一次会议，使企业和 TLV 都可以围绕申请提出他们可能关心的问题。

4.9 意大利——创新性和成本-效果评估

在开展评估过程之前，AIFA 根据干预措施的治疗目标对其进行分类：
- 用于治疗可能导致死亡、住院或永久残疾的严重疾病（如艾滋病、帕金森病和癌症的）产品。
- 用于治疗严重疾病的风险因素（如高血压、肥胖、骨质疏松等）的产品。
- 用于治疗非严重疾病的产品。

然后，根据以下"治疗算法（therapeutic algorithm）"评估其创新程度：

1. 该治疗领域中现有治疗方法的可获得性：
   a. 该药品针对的患者人群当前没有其他有效的治疗方法。
   b. 该药品针对难治性患者或对一线治疗无反应的患者（例如抗艾滋病药物、抗癌药物）。
   c. 该药品针对的患者人群当前存在其他可替代疗法。在这种情况下，需对其相对于现有治疗方法的创新程度进行评估。
      i. 与现有的可替代疗法相比具有更好的有效性、安全性或更有利的药代动力学特征。
      ii. 与现有的可替代疗法相比具有药理学方面的创新（新的作用机制），但没有进一步的改善。
      iii. 与现有的可替代疗法相比具有技术性创新（新的分子结构），但没有进一步的改善。

2. 新干预措施的增量获益及其证据水平：
   a. 临床结局指标或经验证的替代结局指标方面具有显著获益。
   b. 部分获益：即临床结局指标或经验证的替代结局指标方面具有改善，或有限的证据显示有显著获益。
   c. 仅能轻微或暂时改善疾病的某些症状。

上述数据将整合成为创新性的评价结果：重要（important）、中等（moderate）和轻度（mild）。

相关委员会在做出定价和报销决策时所考虑的信息包括：
- 企业提供的信息，包括上市注册、安全性数据和建议价格。
- 药品使用监测中心（Medicines Utilization Monitoring Centre；Osservatorio sull'impiego dei medicinali，OsMed）提供的采购和支出数据。
- 产品的治疗特性（包括与现有产品相比的相对价值）。
- 疾病特异性标准（疾病严重程度、潜在目标人群规模和特殊医疗需求）。
- 生产方式及其成本。
- 临床试验结果。
- CEA 结果。
- 与现有药品进行的获益/风险比较研究。
- 与对照产品相比的每日治疗费用/整体治疗费用。

药物经济学评价证据越来越多地由企业负责提供。考虑到成本-效果的证据可能影响定价谈判，那些能够提供优于现有治疗方法的治疗获益的创新产品尤其能从此类研究中受益。虽然已经有意大利药物经济学研究小组发布了经济学评价指南，但该国尚无官方指南发布。

意大利的评估过程并不是很透明：利益相关者的参与和咨询非常有限，决策过程的透明度也很有限；AIFA 总干事可以对决策过程产生很大的影响。这导致该机构内部等级森严，可参与性较低；同时，由于设定了很多成本控制方面的优先事项，针对企业视角的考虑较少。

4.10 西班牙——报销与定价决策建议

在西班牙，国家层面的定价和报销决策程序是同时进行的。一旦新产品获得上市许可，企业必须向 DGFPS 提交定价和报销申请。

这两个方面的决策所考察的信息是不同的：
- 基于下列内容提出关于报销的决策建议：
- 被评估产品的绝对治疗价值，并考虑所治疗疾病的严重程度、持续时间与后果、是否存在临床需求以及产品的治疗价值和社会价值。
- 产品的创新性决定了应如何在 BIA 或 CEA 中评估成本（即外部参考定价/内部参考定价）。

之后，该决策建议将被提交给国家药品合理使用委员会（National Commission for the Rational Use of Medicines；Comisión Nacional para el Uso Racional del Medicamento，CNURM）用于报销决策。

- 基于下列内容提出关于定价的决策建议：
- 在企业的视角下，产品的总成本（生产、流通、销售成本）。研究和开发成本也会被考虑在内。
- 企业的目标利润和未来 3 年的销售额预测，以及 BIA 或 CEA。
- 企业在公司母国和其他欧洲国家（特别是法国和意大利）提供给流通企业的该药品净价格，以及类似药品在西班牙和其他国家提供给流通企业的净价格。

之后，该决策建议将被提交给负责定价谈判的卫生部下设的医药产品部际定价委员会（Interministerial Commission for Pricing of Medicinal Products；Comisión Interministerial de los Medicamentos，CIPM）。在其谈判过程中也会考虑临床数据和创新性问题。

在西班牙，HTA 有望在未来几年得到进一步发展。各个地方性 HTA 机构与卡洛斯三世国家卫生研究院（National Institute for Health Carlos Ⅲ；Insitto de Salud Carlos Ⅲ，ISC Ⅲ）一同发展；所有这些机构应整合为一个国家级机构，但其权力和活动范围仍有待确定。

推荐阅读

Battista RN, Hodge MJ. The "natural history" of health technology assessment. *Int J Technol Assess Healthcare*. 2009;25(Suppl 1): 281–284.

Drummond MF, Schwartz JS, Jonsson B, Luce BR, Neumann PJ, Siebert U, et al. Key principles for the improved conduct of health technology assessments for resource allocation decisions. *Int J Technol Assess Healthcare*. 2008;24(3):244–258; discussion 362–368.

Goetghebeur MM, Wagner M, Khoury H, Levitt RJ, Erickson LJ, Rindress D. Bridging health technology assessment (HTA) and efficient health care decision making with multicriteria decision analysis (MCDA): Applying the EVIDEM framework to medicines appraisal. *Med Decis Making*. 2012;32(2):376–388.

http://www.inahta.org/hta-tools-resources/
http://www.ispor.org/HTARoadmaps/Default.asp
http://www.eunethta.eu/hta-core-model

5 早期 HTA 建议

5.1 获取早期 HTA 建议的途径

在药品研发过程的早期阶段，研发人员有机会获得来自药品监管部门和 HTA 机构的反馈建议，相关部门使用各种术语来进行描述这一做法，例如"早期对话（early dialogue）"或"科学建议（scientific advice）"；然而，这些具体的术语通常是某个特定组织所使用的，因此尚无一种共识性的名词。在本章中，我们使用普遍性的术语——"早期 HTA 建议（early HTA advice）"或相关组织和机构专用的具体术语来进行描述。

这些建议可以帮助制药企业确定 HTA 机构需要什么样的证据来评估药品的获益/风险关系（在上市许可过程中）以及在实际使用中是否物有所值（在 HTA 评估过程中）。企业可能会在药品研发过程的不同阶段寻求各种早期 HTA 建议（表 5.1），如下文所述。

5.1.1 HTA-EMA 平行科学建议

无论是否符合欧盟的"集中授权程序（centralized authorization procedure）"，制药企业都可以在药品研发的任何阶段向欧洲药品管理局（EMA）和国家级 HTA 机构申请平行的科学建议（parallel scientific advice）[1-2]。

在这个过程中，EMA 和 HTA 机构是平等的伙伴，企业可以灵活选择 HTA 机构，EMA 也可为双方的沟通提供帮助。如果有超过 5 个 HTA 机构被纳入考虑，则建议与 EMA 的科学顾问进行额外的讨论。

通常情况下，企业应尽早与 HTA 机构和 EMA 进行非正式讨论，说明有关程序、药品和时间安排的意向，以及确定哪些 HTA 机构将被纳入咨询范围。接下来将介绍关于如何寻求各种早期 HTA 建议的更多细节。

5.1.2 MultiHTA 建议

SEED 联盟（Shaping European Early Dialogues）是一个欧盟委员会项目，于 2013—2015 年由法国 HAS 领导[3]。该项目由 14 个国家级和区域性 HTA 机构组成[4]。SEED 联盟提出了一项建议，即建立一个永久性的早期对话模式，并从 2016 年开始实施这一程序。

5.1.3 EUnetHTA 相对效果的先导性评估

相对效果的先导性评估（pilot assessment of relative effectiveness）是欧洲卫生技术评

表 5.1 EMA 和 HTA 机构提供的早期 HTA 建议项目

建议类型（机构）	前提条件	时间框架	细节性过程（包括时间线和所需材料）	费用	特点
MultiHTA 建议（由法国 HAS 领导的国家级 HTA 机构联盟）	• 不针对仿制药和生物类似药 • 聚焦于药品研发的策略，而不是数据的预评估 • 建议是前瞻性的不接受针对进行中的关键临床试验（pivotal trials）的咨询 • 倾向于在 II 期临床试验时提供关于 III 期临床试验建议，即关于验证性试验和经济性的基础	110 天	（咨询会议召开的）4 个月前：发送合作意向书 会前第 90 天：申请者提交简报 会前第 75 天～会前 7 天：申请者和 HTA 机构通过电子邮件沟通，修改简报 会前第 7 天：HTA 机构发送书面确认 会议当天： 1. HTA 机构之间进行初步讨论 2. HTA 机构和企业进行面对面会谈 3. HTA 机构就结论进行确认 会后第 10 天：企业提交会议记录的初稿 会后第 20 天：相关 HTA 机构对各自的部分以及共识声明进行面修订	2016 年公布	• 早期建议仅限于 1 种适应证，但可以针对其中的一或多线治疗方案进行讨论 • 问题必须与报销相关，主要包括相对效果、经济性及其他与报销相关的问题 • 企业可以选择讨论的领域 • 建议没有法律约束力 • 建议是保密性的
HTA-EMA 平行科学建议（EMA 和被选进中的国家级 HTA 机构）	• 无论是否符合欧盟的集中授权程序，制药企业都可以在药物研发的任何阶段进行申请 • 可以包含上市后安全性和有效性研究，以及风险（最小化）管理措施等 • 可以在仅有非临床数据的很早期临床申请进行申请当有探索性临床数据时可以申请	45～80 天	企业应尽早与 HTA 机构和 EMA 进行非正式讨论，说明有关程序、药品和时间线以确定哪些 HTA 机构将参与咨询。 会前（第 0 天～第 59 天）： • EMA 和 HTA 机构评估企业提交的摘要资料汇编（含简报），EMA 向申请者发送问题清单 • 企业应在收到清单的 2 周之内发送面对面会议的演示文稿（presentation） • 随后，EMA 将安排 HTA 机构进行闭门预备电话会，确定二者之间的重要分歧（事先要求企业与企业沟通） 会议期间（第 60 天～第 62 天）： 所有利益相关者均参加面对面会议，时间约为 4 小时（EMA 提供场地） 会议成果产出（第 63 天～第 70 天）： • 企业应在会后 5 天之内向所有参会者发送会议记录	• EMA 在申请之初收取 63 000～84 000 欧元，并在后续收取 32 000～42 000 欧元 • 对于中小企业或罕见病药物，费用会有所减少 • HTA 机构也会收取一定的费用	• EMA 和 HTA 机构是平等的伙伴 • 企业可以灵活选择 HTA 机构，并由企业决定 • EMA 可为企业的沟通提供帮助 • 建议没有法律约束力 • 建议是保密性的

（续表）

建议类型（机构）	前提条件	时间框架	细节性过程（包括时间线和所需材料）	费用	特点
			• EMA 的最终建议书将仅包含人用药品委员会（Committee for Medicinal Products for Human Use, CHMP）的监管建议 • HTA 机构的建议形式包括在面对面会议上直接反馈，在企业提交的会议记录中进行标注或者以书面形式答复		
优先药物计划（EMA 和被选中的国家级 HTA 机构）	• 针对可以为当前没有治疗手段的患者提供新选择的药品，或与当前治疗手段相比有显著治疗优势的药品 • 药品必须显示出初步的临床证据，以证明它有可能为未满足医疗需求的患者带来益者，即从公共卫生和治疗创新的角度来看具有显著的获益 • EMA 倡导，可根据早期临床试验中是否有可信的非临床数据和耐受性数据，为微型、小型和中型企业以及来自学术部门的申请者提供优先资格	40 天	• 申请者应提前向 EMA 提交 1 份包含理由说明和当前可获得数据的总结的优先药物计划（priority medicine scheme, PRIME）电子化申请。 • EMA 根据网站上公布的时间表接受合格的申请（http://www.ema.europa.eu/ema/index.jsp%26mid%3DWC0b01ac058096f643） • 接受申请后，1 名科学建议工作组（Scientific Advice Working Party, SAWP）评审员和 1 名 EMA 科学官（scientific officer）将被任命，并按照时间表的安排启动工作 • 第 1 天：启动工作（SAWP 会议-1） • 第 30 天：在 SAWP 全体会议上讨论并做出建议（SAWP 会议-2） • 第 40 天：在 SAWP 全体会议上正式通过 CHMP 的最终建议 • 应注意，在 SAWP 会议后，CHMP 的最终建议通过前，针对先进治疗药物（advanced therapy medicinal products, ATMPs）的申请将提交给先进疗法委员会进行（Committee for Advanced Therapies, CAT）评审 • EMA 将向申请者发送包含原因的最终建议 • 目前尚无申诉机制	• EMA 在申请之初收取 63 000～84 000 欧元，并在后续收取 32 000～42 000 欧元 • 对于中小企业或罕见病药物，费用会有所减少 • HTA 机构也会收取一定的费用	建议可以包含以下内容： • 提供关于市场准入协议的关键决策要点问题的科学建议，必要时可以纳入多个利益相关者（HTA 机构和患者等） • 在合法合规的前提下，提早任命 CHMP/CAT 特派调查员（rapporteur） • 召开来自欧洲网络内的多学科启动会

（续表）

建议类型（机构）	前提条件	时间框架	细节性过程（包括时间线和所需材料）	费用	特点
适应性途径（EMA和被选中的国家级HTA机构）	• 针对未满足的医疗需求高，难以通过传统途径收集数据，以及开展大型临床试验会使受益的患者不必要地暴露在研究中的情况。如果未属于上述情况，应通过常规途径咨询EMA科学建议 • 不针对与HTA机构探讨药品研发的需求 • 必须有研发的选代过程（有条件扩展性上市） • 从监管角度出发，真实世界数据必须被考虑	最少约50天	• 作为试验性项目，时间线较为灵活 • 申请者向EMA提交包含研发选代过程、真实世界数据和HTA机构/患者沟通等主要内容的申请。当EMA回复后，申请者应提交终版的Powerpoint演示文稿 • 在14天左右的时间内，EMA会确定电话会议或面对面会议的时间，会议时间不会早于EMA收到终版演示文稿后的28天 • 电话会议时长为1.5～2.5h • 电话会后的1周内，企业应提交会议记录用于存档，EMA和HTA机构不会对其做出任何评注	不适用	• 电话会议不属于正式建议，不会就科学问题进行深入讨论（即在职权范围内） • 申请者可选择HTA机构 • 项目是保密性的
EUnetHTA相对效果的先导性评估（EUnetHTA和成员机构）	不再接受新的申请，于2016年被SEED项目取代				

注：HAS，法国卫生高级权力机关；HTA，卫生技术评估；EMA，欧洲药品管理局；EUnetHTA，欧洲卫生技术评估网络。

估网络（EUnetHTA）实施的一个项目，旨在考查联合"快速相对效果评估（joint rapid relative effectiveness assessments，Rapid REA）"的方法、程序和在国家或地方层面的实施情况，并考查国家级 HTA 机构的协作能力和提供与相对效果有关的、结构化的快速核心 HTA（rapid core HTA）信息的能力[5]。作为该项目的成果，EUnetHTA 于 2013 年 3 月发布了药品快速 REA 的方法学指南[6]。上述 SEED 联盟项目即以 EUnetHTA 试点项目的结果为基础。

5.1.4 适应性途径

适应性途径（adaptive pathway）是一项加速化的 EMA 科学咨询渠道，用于那些未满足需求较高的严重疾病的治疗方案[7]，它需要使用真实世界数据进行重复研究。这一项目提供了让包括药品监管部门、HTA 机构和患者代表在内的各个利益相关者都参与到研发路径中进行多次讨论的可能性。

5.1.5 优先药物计划

EMA 设立了"优先药物计划（priority medicine scheme，PRIME）"，以优化重大公共卫生利益相关药品的研发过程和加速化评估[8]。PRIME 通过加强早期对话，设立诸如科学建议等监管程序，优化可靠数据的生成并加速评估过程，以促使患者能够及时获得这些优先药物[9]。这类早期建议侧重于关键的研发里程碑，HTA 机构、支付者以及相关的患者组织等多个利益相关者都可以参与其中。

5.2 国家级的早期 HTA 建议项目

一些国家已经为药物的临床研发设立了早期 HTA 建议项目，如下所述。

5.2.1 法国

卫生高级权力机关（HAS）可为企业提供前瞻性的建议（可以用英语形式）。该建议是保密的，并且没有法律约束力，也不会收取任何费用。为了提前准备 HAS 会议，制药企业的申请应满足以下 3 项前提条件[10]：
- 药品正处于临床试验阶段（已有 II 期临床试验的结果，且 III 期临床试验尚未开始）。
- 属于新的治疗策略（例如新的作用机制）。
- 相关适应证存在未满足的医疗需求。

与申请相关的其他方面的问题如下所述。

5.2.1.1 需要关注的咨询问题

制药企业应聚焦于与药品研发有关的问题（例如对照药品的选择、给药方式、结局指标）进行咨询，也可以咨询该疾病在法国的治疗策略、结局指标的可靠性、生活质量的评估方式等问题。

对于与药物经济学研究相关的问题，企业应将重点放在研究方法的选择上，如分析类型、应纳入/排除的对照药品、建模视角、目标人群、时间范围，以及模型选择、成本类型等方面。

5.2.1.2 申请程序

有意向 HAS 申请咨询的制药企业应遵循以下步骤：
- 企业应向 HAS 提交证据，以证明产品符合咨询早期建议的标准。
- 如果符合标准，企业会收到 HAS 提出的会议日期建议。
- 随后，企业应向 HAS 发送摘要资料汇编（briefing package）的初稿，其中的简报（briefing book）应包含前期数据和Ⅲ期临床试验的计划（如果适用，也应包括药物经济学研究目标和设计）。
- 在此阶段，HAS 可能会要求企业提供问题或其他数据。
- 企业应至少在既定的会议日期的 2 周前，向 HAS 提交终版的摘要资料汇编。

作为会议的产出成果，企业应在 1 个月内将会议记录整理发送给 HAS。会议记录应包括对会议内容、疾病背景信息和目标人群的总结，企业寻求咨询建议的理由，企业提出的问题/立场，HAS 对问题的回答，以及评论和结论。最后，由 HAS 对会议记录进行验证。

HAS 的早期 HTA 建议时间表如下：

程序步骤	时间线
• 企业向 HAS 提交证据，以证明产品符合咨询早期建议的标准	—
• 如果符合标准，企业会收到 HAS 提出的会议日期建议	—
• 企业向 HAS 发送摘要资料包的初稿	—
• HAS（可能）会要求企业提供问题或其他数据	—
• 企业向 HAS 提交终版的摘要资料汇编	既定会议日期的 2 周前
• 企业向 HAS 提交会议记录	会议后的 1 个月内
• HAS 对会议记录进行验证	—

5.2.1.3 咨询材料汇编的内容

咨询材料汇编应包含以下内容：
- 疾病背景信息，包括当前的治疗和管理方案。
- 药品背景信息，包括产品定位和来自其他机构的潜在评估结果。
- Ⅰ期和Ⅱ期临床试验的有效性和安全性数据，以及相应的证据级别。
- 详细的Ⅲ期临床试验计划，或至少应提供研究方案的概要。
- 如果适用，应描述药物经济学研究在健康结果和成本方面的预期效果。
- 如果采用已有的模型进行药物经济学研究，则应提供发表该经济模型的出版物。
- 企业提出的问题与立场，至少应包括研究设计、对照组和结局指标相关的问题。

5.2.2 英国

国家卫生和保健评价研究院（NICE）可提供前瞻性和保密性的早期科学建议[11]。企业在任何时候都可以进行咨询，但是最佳的时机可能是在计划进行Ⅲ期临床试验之前的Ⅱ期临床试验期间。不过，NICE 可以提供咨询的机会（slots）有限。

NICE 会根据企业在简报中提出问题的数量和复杂程度收取不同额度的费用［最高约为 4.9 万英镑（含增值税）］。

NICE 还会与英国药品和医疗产品监管局（Medicines and Healthcare Products Regulatory Agency，MHRA）联合举办科学建议会议，但最终的建议文件仍由双方分别提供。

制药企业还可以选择申请临床实践研究数据链服务（Clinical Practice Research Datalink，CPRD）的相关咨询，以便了解当前可获得哪些干预性或观察性的真实世界数据。

与申请相关的其他方面的问题如下所述。

5.2.2.1 需要关注的咨询问题

制药企业应聚焦于研发策略，而不是申请针对准备提交给 NICE 的数据进行预先评估。企业也可以向 NICE 申请解读其 HTA 方法学指南及其与药品证据开发计划的相关性，或向 NICE 针对每个拟申请适应证的研究设计的考虑或偏好进行咨询，或者咨询其对于药物经济学研究的设计或偏好以及对现有模型的意见等。

5.2.2.2 申请程序

有意向 NICE 申请咨询的制药企业应遵循以下步骤：
- 企业应在希望收到最终建议报告的至少 25 周之前与 NICE 联系，申请咨询机会。
- NICE 会在简报提交的至少 1 个月之前发送一份的标准合同文本，以供双方同意并签署。
- 企业将简报提交给 NICE。
- NICE 对咨询项目的规模和总成本进行确认。
- NICE 会在收到简报后的 7 周内向企业发送需要澄清的问题。
- 企业应在 2 周内回复 NICE 提出的问题。
- 简报提交约 11 周之后，NICE 举行和企业的面对面会议（由 NICE 提供场地，时间为 3 小时）。

作为会议的产出成果，NICE 会在大约 7 周之后向企业发送一份书面建议报告（针对中等规模项目；对于大型项目则为 9 周之后）。NICE 要求，凡是向企业提出的需澄清问题均应在 15 个工作日内得到后者的答复。如果企业有进一步的问题，NICE 也应在 20 个工作日内予以答复。

NICE 提供的早期 HTA 建议时间表如下：

程序步骤	时间线
• 企业与 NICE 联系，申请咨询机会	在希望收到最终建议报告的至少 25 周前
• NICE 发送一份的标准合同文本，以供双方同意并签署	在简报提交的至少 1 个月前
• 企业将简报提交给 NICE	—
• NICE 对咨询项目的规模和总成本进行确认	在收到简报后的 7 周内
• NICE 向企业发送需要澄清的问题	在收到简报后的 7 周内
• 企业回复 NICE 提出的问题	在收到 NICE 对简报的评注的 2 周内
• 举行 NICE 和企业的面对面会议	企业提交简报约 11 周之后
• NICE 向企业发送书面建议报告	中等规模项目：会后 7 周；大型项目：会后 9 周
• 企业答复 NICE 向其提出的需澄清问题	15 个工作日内
• NICE 答复企业提出的进一步问题	20 个工作日内

5.2.2.3 咨询材料汇编的内容

咨询材料汇编应包含以下内容：
- 背景信息。
- 疾病和未满足的需求。
- 拟申请的适应证。
- 治疗指南或决策建议。
- 药品的价值定位。
- 药品的当前可获得数据。
  - 作用机制和药理学分类概述。
  - 建议的给药方案和给药途径。
  - 已完成的临床试验数据。
- 药品的证据开发计划。
  - 临床试验设计（目标人群、对照组、结局指标和随访时间）。
  - 如果适用，可以提供药物经济学评估的计划。
- 企业提出的问题和立场。
- 主要的参考文献。

企业在准备资料汇编时应注意，任何相关信息都应被标注为"商业机密（commercial-in-confidence）"，而不应被标注为"秘密（confidential）"；包括附录在内，整体文档不应超过50页，且不应包含临床前数据。

5.2.2.4 简明科学建议

此外，NICE还专门为中小企业提供另一种类型的建议——简明科学建议（light scientific advice）[12]。这类项目是标准科学建议的简化和快速版本，其主要特点包括：
- 为企业提出的关键问题提供解答。
- 时间为12周（如有需澄清的问题，则增加3周）。

其他方面的要求与上述标准科学建议相似。

5.2.3 德国

联邦联合委员会（G-BA）可以按照德国社会法典（German Social Code，SGB）第V部的第35a节的第7条为制药企业提供咨询建议，针对的内容包括[13]：
- 企业提交的文件和研究数据。
- 适宜对照组的选择。

此外，如果在咨询时该药品的Ⅲ期临床试验尚未开始，联邦药品和医疗产品研究院（BfArM）或保罗·埃利希研究所（Paul-Ehrlich-Institut，PEI）也会参与其中。

企业须使用特定的表格和附函（cover letter）来提交他们的申请[14]。整体咨询时间从4个月到5个月不等，费用在5000欧元到1万欧元。

5.3 企业咨询的策略

5.3.1 多学科方法

对于企业来说，咨询早期 HTA 建议的过程需要多部门协作，包括临床前开发、注册管理、市场准入、HTA 机构所在国家的内部代表、医学事务以及卫生经济和结果研究等部门。他们需要确定清晰的战略定位，积极参与并保持内部办调，以实现成果的最大化。

5.3.2 简报是早期 HTA 建议的基础

所有类型的早期 HTA 建议申请都需要企业提交简报，这也为企业提供了一个让有关部门了解某种疾病及其相关负担的独特机会。简报对于构建药品及其研发的全面背景信息是至关重要的，并用于支持咨询会议中的讨论，因此需要采用多学科方法进行准备。

简报需要包含准确而具体的问题（但范围不要太窄），以便使 HTA 机构或药品监管部门能够提供详细和清晰的解答。此外，邀请外部专家审查企业提出的所有问题和立场并且识别出其中的敏感问题也很重要。

5.3.3 如何正确地选择早期 HTA 建议

企业需要确定合适的咨询时机。一般来说，可以在药品研发的以下阶段进行：

- 药品研发的早期（非临床或概念验证性试验阶段）

在这一阶段，企业可能会寻求对整体临床试验设计的阐明或调整，但此时患者数据是有限的。企业可能会得到一个总体性的答复，但其中的建议可能不是那么具体。

- 药物研发的后期（Ⅲ期临床试验之前）

在这一阶段，企业可以获得关于临床试验设计和药物经济学问题的更精确解答。当Ⅲ期临床试验计划最终确定之后，相关建议仍然可以为调整Ⅲ期或Ⅳ期临床试验的设计或统计分析计划提供帮助。

如果药品的情况符合申请咨询建议的标准，那么咨询的时机主要取决于以下四个因素：

- 预期的研发过程类型：①传统的Ⅰ期至Ⅲ期临床试验的线性研发；②面向患者的"药品适应性途径（medicine adaptive pathway to patients，MAPP）"；③Ⅱ期、Ⅲ期临床试验合并研发。
- 目标疾病的情况。
- 药品的特征。
- 咨询建议的目的。

进行咨询所产生的风险与所选择的咨询建议类型和咨询的时机有关，前者包括：①药品监管部门与 HTA 机构的平行建议；② multiHTA 建议；③国家级建议。后者包括：①Ⅱa 期临床试验结束时；②Ⅱb 期临床试验结束时；③Ⅲ期临床试验结束时；④正式提交 HTA 评估申请之前。

尽管这些风险都是相互关联的，但是分析时可以分为两个方面：一方面是咨询的时机,另一方面是建议的类型。这种人为的分解方式使我们能够进行逐步分析,从而简化这一过程,因为后者(决定建议类型)显然会对咨询的时机产生反向的影响。

这是一个多维的决策过程,所有的维度都是相互关联、相互影响的。除了所选择的研发类型(传统型、MAPP、Ⅱ期或Ⅲ期临床试验合并)是独立且相互排斥的,其他所有的研发类型都可以相互联系并共存。因此,确保它们未被重复计算是很重要的。

总体而言,企业应该尽早寻求建议,以确保能够领会来自HTA机构的建议,并将它们整合到研发的所有阶段。如果咨询开展得太早,患者人群和适应证的选择可能会受到HTA机构要求的显著影响,因此Ⅱb期临床试验结束应是申请建议的合理时机。如果企业在患者人群和适应证方面存在实际问题或"错位(misalignment)",建议在Ⅱa期临床试验结束时申请咨询。

对于早期HTA建议来说,Ⅲ期临床试验结束时似乎太晚了,因为大多数问题可能已经在Ⅲ期试验中得到了解决。此时,由于已经收集了大量的证据,并且影响产品在研发过程中的定位的空间很小,HTA机构可能会觉得受到了限制并且无法影响企业的研发决策。然而,在Ⅲ期临床试验结束时咨询早期HTA建议可能支持Ⅲb期试验方案的设计。

当研发类型为Ⅱ期、Ⅲ期临床试验合并研发或者是MAPP时,则企业没有在Ⅱb期研究结束时进行咨询的可能性;因此,在这种情况下,概念验证性试验结束时是开展富有成效的对话的唯一合理时机,相关建议可以影响企业的决策过程,并在整个研发阶段优化产品的价值。

5.3.4 企业在咨询早期HTA建议时的风险

当一个企业在咨询早期HTA建议时,存在两个潜在的风险:①目标人群相关风险,即HTA机构和(或)药品监管部门可能会要求企业调整目标人群,甚至要求修改适应证;②研发计划相关风险,即药品监管部门可能要求企业大幅修改Ⅲ期临床试验方案甚至全部研发计划。即使相关建议在理论上并不具有法律约束力,企业也可能需要遵守这些要求,以便使药品在获批上市后能获得HTA机构提出的不设限制的决策建议。

由于这种遵从性可能导致研发成本和时间增加等问题,因此企业应该将这些情况视为风险。下面将进一步讨论这些风险。

5.3.4.1 目标人群相关风险

HTA机构可能会要求企业缩小目标人群的规模,因为在未来的HTA评估时,他们将主要从考虑给予报销的人群中收集证据,这样在评估药品相对于对照组的价值时会更加便利。此外,避免在报销决策时出现限制目标人群的情况,可以使其免受媒体对其决定的负面报道,以及患者和医生群体的不满。

一方面,HTA机构可能会考虑将某药品限定于二线治疗、三线治疗或联合使用,以及更严重的、预后不良的或存在安全风险的患者。另一方面,HTA机构也可能会愿意扩大目标人口的规模,以避免因将药品限定于一个未满足需求程度较高的小群体而导致价值差异增加;如果药品是针对更广泛的目标人群所研发的,则尽管其存在增量健康获益,但可能会由于人群的缩小而被稀释。

当研发指南不够清晰、不够详细或甚至没有指南时,或者没有既往产品为新药铺平道路时，抑或新药面临特定的需求时，风险都会增加。

这种风险在药品研发的整个阶段中并不是一成不变的，所处的研发阶段越晚，则风险越小，但从 HTA 建议中能够获得的益处也越少，即：推迟咨询可以降低风险，但也会降低获益。这需要进行权衡和考量。

在Ⅱa 期临床试验结束时进行咨询的风险非常高，因为它会影响目标人群的选择——此时Ⅱb 期临床试验尚未实施，仍有重新评估目标人群和适应证的空间。在这个阶段，做出任何决定都是可能的。此时，HTA 机构可能会更加自信地对目标人群或适应证进行干预。

在Ⅱb 期临床试验结束后，进行咨询的风险将显著降低。因为为了企业获得上市许可，通常需要在同一人群中进行两项研究，而Ⅲ期试验普遍被寄望于能够重现Ⅱb 期试验的结果。因此，即便有可能做出一些调整，其幅度也不会过大。如果目标人群发生了显著的改变，药品监管部门可能会要求企业重新进行Ⅱb 期临床试验。因此，此时针对适应证的目标人群发生重大变化的风险非常小。在这个阶段，HTA 机构可能会通过引入更宽泛的纳入标准和不那么严格的排除标准来扩大Ⅲ期试验的人群范围，例如老年人、疾病严重程度更高的、合并症更多的或联合用药更多的患者，以便使临床研究的对象更加接近于真实世界中接受治疗的人群。

在Ⅲ期临床试验结束时，企业不太可能申请 MultiHTA 类型的咨询建议，因为该类型咨询的前提假设是 HTA 机构可以影响Ⅲ期临床试验设计。但从理论上说，申请药品监管部门与 HTA 机构的平行建议仍是可行的。

如果在正式提交上市申请前进行咨询，则相关建议对目标人群和（或）适应证的预期影响为零。

5.3.4.2 研发计划相关风险

向 HTA 机构申请早期咨询可能会导致研发计划发生巨大变化。这种影响可能主要是针对Ⅲ期临床试验，但也可能会影响全部研发计划，引发本来并不会被药品监管部门要求的计划外研究。

HTA 机构可能要求企业开展更广泛的Ⅲ期临床试验，但也可能会要求扩展整个研发计划。这种风险在概念验证性试验结束时和Ⅱb 期试验阶段结束时是相似的，但在Ⅱb 期研究结束时相对较小。

这种风险可能会导致上市许可和（或）报销准入出现推迟。

此外，在咨询科学建议时，HTA 机构可能会要求针对Ⅲ期临床试验或整个研发计划做出整体性的重大改变。当然，随着研发阶段的不断推进，这种风险也会逐渐降低。

HTA 机构可能提出的要求包括：增加阳性对照组、增加第二个对照组、增加不同治疗方案的一个或多个队列、扩大或缩小纳入标准或排除标准、增加结局指标、调整首要或次要结局指标的统计分析方法、延长给药后的随访时间、对未入组患者进行注册登记，等等。

识别此类风险是有难度的，企业需要基于其自身的专业知识和经验，并且听取外部专家的意见。同时，收到这样的建议也可以被企业认为是设计一项Ⅲb 期临床试验以满足 HTA 机构期望的机会。

此外，企业选择Ⅲ期临床试验结束时寻求建议的一个可能的原因，是Ⅲ期研究显示出了意料之外的临床获益。随后，企业可能需要获取建议来优化这个获益的价值。相关的问题有以下三种：

- 如何为HTA评估设计一个可接受的研究，以优化对获益的评估。
- 什么样的观察性研究可以将获益所解决的问题的程度和范围进行量化。
- 如何将这种临床获益转化为成本-效果优势。

在此阶段，HTA机构提出的要求可能会影响该药品的报销，但不会影响上市许可。这可以被看作一种对HTA机构表达善意的方式，尽管其并不会影响药品注册上市的过程。

最后，如果企业选择在向HTA机构正式提交评估申请之前咨询建议，可以有助于增加HTA机构对当前情况的认识，了解HTA机构对证据呈现方式有哪些排斥因素，并解决这些问题或通过修改证据资料汇编予以化解。这也为企业通过数据库分析、绘制图表或横断面设计等方式收集信息，从而形成证据以解决在HTA评估过程中遇到的问题提供了机会。

5.4 结论

早期HTA建议的主要目标是针对药品的全球临床研发计划在HTA机构和EMA（当相关时）之间达成共识。来自HTA机构和药品监管部门的同步反馈可以帮助制药企业明确这些不同利益相关者之间的关键性共识和分歧。

参考文献

1. EMA website. Health-technology-assessment bodies. Available from: http://www.ema.europa.eu/ema/index.jsp?curl=pages/partners_and_networks/general/general_content_000476.jsp&mid=WC0b01ac0580236a57 (accessed September 29, 2016).
2. EMA Presentation. HTAs and EMA working together: 23 parallel scientific advice procedures later-wwhat have we learned? DIA 26th Annual EuroMeeting, Vienna 2014. Presented by Jan Regnstrom. Available from: http://www.epaccontrol.com/common/sitemedia/PrePost/PostPDFs/1035588.pdf (accessed September 29, 2016).
3. HAS website. Available from: http://www.has-sante.fr/portail/jcms/c_1700958/fr/seed-shaping-european-early-dialogues-for-health-technologies (accessed September 29, 2016).
4. HAS SEED Procedure. Available from: http://www.has-sante.fr/portail/upload/docs/application/pdf/2014-03/procedure_for_seed.pdf (accessed September 29, 2016).
5. EUnetHTA website-Joint Action WP5—Relative Effectiveness Assessment of Pharmaceuticals. Available from http://www.eunethta.eu/activities/JA-WP5/ja-wp5-relative-effectiveness-assessment-pharmaceuticals (accessed September 29, 2016).
6. EUnetHTA website- The final version of HTA Core Model® and the Methodological Guidelines for Rapid REA of Pharmaceuticals. Available from: http://www.eunethta.eu/news/final-version-hta-core-model-and-methodological-guidelines-rapid-rea-pharmaceuticals-now-availa (accessed September 29, 2016).
7. EMA website-Adaptive pathways. Available from: http://www.ema.europa.eu/ema/index.jsp?curl=pages/regulation/general/general_content_000601.jsp (accessed September 29, 2016).
8. EMA website-Priority medicines (PRIME) scheme. Available from: http://www.ema.europa.eu/ema/index.jsp?curl=pages/regulation/general/general_content_000660.jsp&mid. (accessed September 29, 2016).
9. EMA website- Priority Medicines Scheme. Available from: http://www.ema.europa.eu/ema/index.jsp?curl=pages/regulation/general/general_content_000660.jsp&mid=WC0b01ac058096f643 (accessed September 29, 2016).
10. HAS website. Available from: http://www.has-sante.fr/portail/jcms/c_1625763/fr/deposer-une-demande-de-rencontre-precoce (accessed September 29, 2016).
11. NICE website-Scientific advice-Available from: http://www.nice.org.uk/about/What-we-do/Scientific-advice (accessed September 29, 2016).
12. NICE website-Light Scientific Advice-Available from: https://www.nice.org.uk/about/what-we-do/scientific-advice/light-scientific-advice (accessed September 29, 2016).
13. G-BA website-The benefit assessment of pharmaceuticals in accordance with the German Social Code, Book Five (SGB V), section 35a-Available from: http://www.english.g-ba.de/benefit-assessment/information/#9 (accessed September 29, 2016).
14. Anlage I zum 5. Kapitel—Anforderungsformular für eine Beratung.

6 市场准入协议（MAA）

6.1 背景

药品的市场准入（market access，MA）定义了允许制药企业进入特定市场的规则，这些规则可以分为两类，即适用于所有产品的"通用规则（generic rules）"与旨在优化患者获得某个特定药品的"特定规则（specific rules）"。本章将讨论后一类规则，我们将其称之为企业和支付者之间的市场准入协议（market access agreement，MAA）。

尽管在过去几年中，各类 MAA 的实施越来越多，但是对于这些模式的定义、分类和最佳实践仍然存在混淆。从历史上看，企业和支付者之间就如何分担药品研发和商业化的风险达成了某种"非书面的（non-written）协议"，即由企业承担研发成本和研发失败的风险；当药品进入市场、支付者和企业之间确定了价格后，则由支付者承担上市后的风险。

目前，MAA 的实施已经改变了这种情况，因为其目的是使支付者的决策不确定性最小化，并将这种不确定性转移至企业。这主要是由于随着时间的推移，创新药的价格不断上涨，支付者已经开始关注高值药品效果的不确定性。

值得注意的是，近年来 MAA 的实例一直在增加。2010—2011 年，它们的数量几乎已达到 2009 年的两倍。在意大利和澳大利亚等国家，MAA 已处于日益增长的阶段，而新西兰、比利时、波兰和匈牙利[1]等其他国家也开始使用 MAA。

在本章中，我们将分别阐释 MAA 的含义、类型、不同国家实施的原因和模式，以及 MAA 的实施效果与其发展前景。

6.2 MAA 背后的基本原理

- 在预算紧张的情况下，医疗保健市场的支付者很难管理新产品的预期获益和实际获益之间的差距。
- 新分子实体的临床研发计划不足以支持在上市前评估其实际获益。
- MAA 有时是企业为了应对新产品上市后固有的效果不确定性而做出的变相折扣。

支付者预算的紧张与其报销资助高值药品的经历，促使其在评估新的昂贵药品的价值时变得越来越严格。在许多情况下，创新药的预期获益在其上市后并没有得到充分体现，这凸显了药品价格与其真正获益之间存在着重要差距。对支付者来说，这种"预期获益（expected benefit）"和"实际获益（actual benefit）"之间的差距是难以管理的，这导致它们要求（企业）为证明新药的价值提供更高水平的证据。

传统上，新分子实体的临床研发计划的目的是证明其具有安全性和临床获益。然而，他们很少从支付者的视角来预测附加价值。大多数情况下，即使这个增量价值可能的确存在，但它并不总是能够在上市前得到证明，况且增量获益的不确定性仍然存在。正是在这种情况下，支付者和企业之间达成了许多协议。

值得注意的是，大多数 MAA 实际上是一种双方均认可的、变相的价格折扣。因此，只要药品的价值存在不确定性，就可以在价格方面予以反映，或者有条件地予以报销，直至其获益被证实。这是很合理的做法。因此，我们可以考虑以下两种类型的协议：一种是不确定性直接体现在价格上，另一种是设定有条件的价格，直到获益得到证明。当然，上述两种协议的组合运用也是可行的。

6.3 MAA 的不同定义和分类

6.3.1 几种不同的定义

- MAA 的定义存在争议。它们通常也被称为风险分担协议，但常常被错误地等同于成本分担和按绩效支付（payment for performance，P4P）协议。
- 实际上，MAA 是财务性协议和 P4P 协议的混合体。
- 首先是热拉尔·德波弗维尔（Gérard de Pouvourville），然后是阿德里安·陶斯（Adrian Towse）和路易斯·加里森（Louis Garrison Jr）提出了 MAA 的定义，其中的重点是风险分担。根据他们的说法，这些协议允许交易双方共同承担新产品上市所固有的风险。他们提醒，在评价绩效时应注意临床试验中的效能和真实世界效果之间的区别。
- Adamski 等对这些 MAA 提出了更广泛的定义，重点是它们的成本控制能力，并对风险采取了更广泛的理解。
- 英国卫生部提出了一项"患者可及性计划（Patient Access Scheme，PAS）"方案，但该方案偶尔会导致与其指定相悖的限制性准入。
- 从广义上讲，所有的 MAA 都是医疗保健支付者与企业之间就药品价格和报销资格、HTA 决策建议和（或）处方集收录达成和解的结果。

到目前为止，关于 MAA 的确切定义一直存在混淆，并且没有对 MAA 的统一定义。事实上，在文献中可以找到许多定义以及不同的分类方式。

MAA 通常指风险分担协议（risk-sharing agreements），尽管其中大多数协议仍然缺乏风险分担。咨询顾问们称其为"创新型契约（innovative contracting）"，而英国卫生部则采用了一个新的名词，即"患者可及性计划（Patient Access Scheme，PAS）"。风险分担、成本分担（cost-sharing）和按绩效支付（payment for performance，P4P）通常被放在同一个被称为"风险分担协议"的篮子里，而实际上，它们之间存在一些结构性差异。

以下是一些经常被引用的定义：

- **风险分担协议**："双方之间的一份协议，双方同意进行一项存在不确定性的交易，而无论其最终价值如何。然而，一方（即企业）对其声称的产品有效性或效率有足够的信心，并准备根据其产品的实际表现接受奖励或惩罚[2]。"
- **成本分担协议**："医疗保健支付者和药品制造企业之间为减少药品支出而达成的一种商业协议，其中药品的费用（根据标示价格）由双方'分担'，要么是所有接受治疗的患者，要么是对治疗没有反应的患者。在后一种情况下，它属于P4P协议的一部分[3]。"
- **P4P协议**："基于绩效的协议可以被定义为支付者与药品、医疗器械或诊断产品制造企业之间的协议，其中的价格水平和（或）企业收入与产品在未来研究或真实世界中的绩效相关[4]。"

在实践中，许多MAA是财务性协议和P4P协议的组合。表6.1列出了这些混合类型协议在意大利的案例。

按照时间顺序，热拉尔·德波弗维尔（Gérard de Pouvourville）①首先在文献中将药品风险分担定义为"双方之间的一份协议，双方同意进行一项存在不确定性的交易，而无论其最终价值如何，都存在着不确定性。然而，一方（即企业）对其声称的有效性或效率有足够的信心，准备根据其产品的实际表现接受奖励或惩罚[2]。"例如，奖励可以是更高的定价或者某种许可的延长，而惩罚则可以是更低的定价，在申请给付不合理的情况下可补偿或不补偿超额利润。在这种情况下，人们可以称之为风险分担，因为支付者和企业等各方都支持降低由不确定性带来的财务影响。这种协议必须包括为评估产品在真实世界

表6.1 意大利抗肿瘤药MAA案例

成本分担协议	舒尼替尼，索坦（sunitinib, Sutent）/厄洛替尼，特罗凯（erlotinib, Tarceva）
前几个周期的价格给予50%折扣	方案解读：在舒尼替尼或厄洛替尼治疗的前3个月（2个周期）给予50%的国家医疗保健体系价格折扣
风险分担协议	达沙替尼，施达赛（dasatanib, Sprycel）
在随访之前，患者按全价接受治疗；如果患者出现病情进展，企业必须支付50%的治疗费用	方案解读：在第1个月/治疗周期后，病情恶化的患者可享受50%的价格折扣
按绩效支付	尼洛替尼，达希纳（nilotinib, Tasigna）
在随访之前，患者按全价接受治疗；如果患者出现病情进展，企业必须支付全部治疗费用	方案解读：第1个月按全价治疗；对无反应的患者给予100%的折扣

资料来源：C. Jommi, Central and Regional Policies Affecting Drugs Market Access in Italy, Bocconi University, Milan, Italy, 2010.

---

① 法国埃塞克高等商学院卫生经济学教授。——译者注

中的绩效所需观察程序的设计及其成本[2]。有趣的是，虽然作者将其定义的范围限制在风险分担上，而风险分担在这种协议中只占很小的比例。德波弗维尔明确地关注支付者的风险管理。

阿德里安·陶斯（Adrian Towse）[①]和路易斯·加里森（Louis Garrison Jr）[②]也称这种协议为"风险分担"，但更专注于产品绩效的不确定性，认为这种协议是"支付者与药品、医疗器械或诊断产品生产企业之间的协议，其中的价格水平和（或）企业收入与产品在未来研究或真实世界中所显现的绩效相关[4]。"他们还通过区分临床试验数据和真实世界证据明确区别了效能和效果。

雅各布·亚当斯基（Jakub Adamski）[③]等[5]提出了一个更广阔的视角，并将这些协议称为"风险分担安排（risk-sharing arrangements）"。他们提出了以下定义："支付者和制药企业为减少支付者针对新药和现有药品的预算影响、降低药品价值的不确定性和（或）限制预算而达成的协议。"在实践中，协议的核心在于根据"风险"是否发生来约定支付者和制药企业的范围和相互义务。风险的种类各不相同，可能包括药品支出超出了约定的阈值，或者新产品的健康获益低于其在临床试验中显示的水平。亚当斯基等明确地将此类协议的重点放在对成本的控制上，而风险更多地在于预算影响方面，而不是在干预措施的绩效方面。值得注意的是，亚当斯基本人和其他合作作者都是支付者成员，因此他们关注的是对预算的影响，而那些关注绩效不确定性的作者则多是学术人士。

因此，目前 MAA 尚无共识性的定义，它们可能被定义为医疗保健支付者和企业在药品价格和报销状态、HTA 决策建议和（或）处方集收载方面达成妥协的结果。有鉴于此，这个定义可覆盖到目前为止介绍的所有类型的协议。

在德波弗维尔的定义中，只针对成本控制的协议未被包括在内。在这些协议中，没有体现健康结局的不确定性。这些财务性协议通常也被称为风险分担协议，尽管大多数协议并不意味着分担风险。事实上，在大多数已确定的协议中，风险完全由企业承担，而不是由双方共同承担。PAS 是由英国卫生部提出的另一种 MAA 名词，其定义是"旨在提高成本-效果并方便患者获得特定药物或其他技术的创新型定价协议。"然而，一些 PAS 方案并未优化、反而是限制了患者的用药可及性。

6.3.2 MAA 的一种可能的定义

> ● 在本书中，MAA 被定义为"两方或多方之间就产品进入市场的条款和条件达成一致的协议。"这一定义同时涵盖了财务性协议和基于绩效的协议。

在本书中，我们使用 MAA 这一术语，因为它涵盖了所有类型的协议。MAA 的定义是"两方或多方之间就产品进入市场的条款和条件达成一致的协议"。它可以分为财

---

① 英国卫生经济办公室教授。——译者注
② 美国华盛顿大学卫生经济学教授。——译者注
③ 波兰卫生部官员。——译者注

务性协议和基于绩效的协议两种类型。后一种类型包括 P4P 协议和按证据研究进展支付（coverage with evidence development，CED）协议，将在下一节中进行介绍。

6.3.3　几种不同的分类方式

> - MAA 有多少种定义，就有多少种分类方式。它们涵盖了一系列广泛的标准，例如财务性和基于绩效/基于结局的模式，以及人群/患者层面的方案。
> - 乔什·卡尔森（Josh Carlson）等提出了一种彻底的、基于清单的分类方式。但是，它对于日常实践和协议分类操作来说过于复杂。

除了描述这些协议的各种术语外，专家们还提出了不同的分类方式。

亚当斯基等建议按照财务性模式和基于绩效/结局的模式分为两类。另一种是对人群或患者层面的协议加以区分，在后者的情况下不需要以对报销决策进行后续评估为基础来保障其支付是具有性价比的。

陶斯和加里森还在他们的分类方式中区分了基于结局和不基于结局的分类，以及区分了约定将证据转换为价格、收入和（或）使用的修订方式和约定证据再次审查时间以便重新协商的分类方式。

卡尔森等[6]根据已发布的 MAA 计划清单（按时间、执行和健康结局划分）对 MAA 进行了分类，并针对基于和不基于健康结局的协议之间做出了明确区分，而不考虑是否包含研究设计。这种分类方式实现了对协议子类型的标识，这对于审查所有可能适用于特定干预措施的潜在协议，以便为与支付者谈判做好准备是有益的，但是，对于协议的日常实践和分类操作来说过于复杂（图 6.1）。

6.3.4　简化版的分类方式

> - MAA 可分为两类：与交易的财务方面有关的财务性协议，和基于健康结局的协议，而后者相当于提供了预期的增量获益。
> - 其中两个主要的亚组可分为人群层面和患者个体层面的 MAA。

MAA 可分为财务性协议和基于结果的协议两类：
- "财务性协议是两个或两个以上的主体之间的商业协议。例如，量价协议、折扣/返利、价格封顶和成本分担[7]。"
- "基于结果的协议是保险或担保制度的一部分：支付者同意在产品可以实现预期的结局时按保险项下的价格给予报销。这就重组形成了两种 MAA：P4P 协议和有条件报销协议[7]。"

上述两种类型的 MAA 也可以被细分为两类：人群层面的 MAA 和患者个体层面的 MAA，如表 6.2 所示。

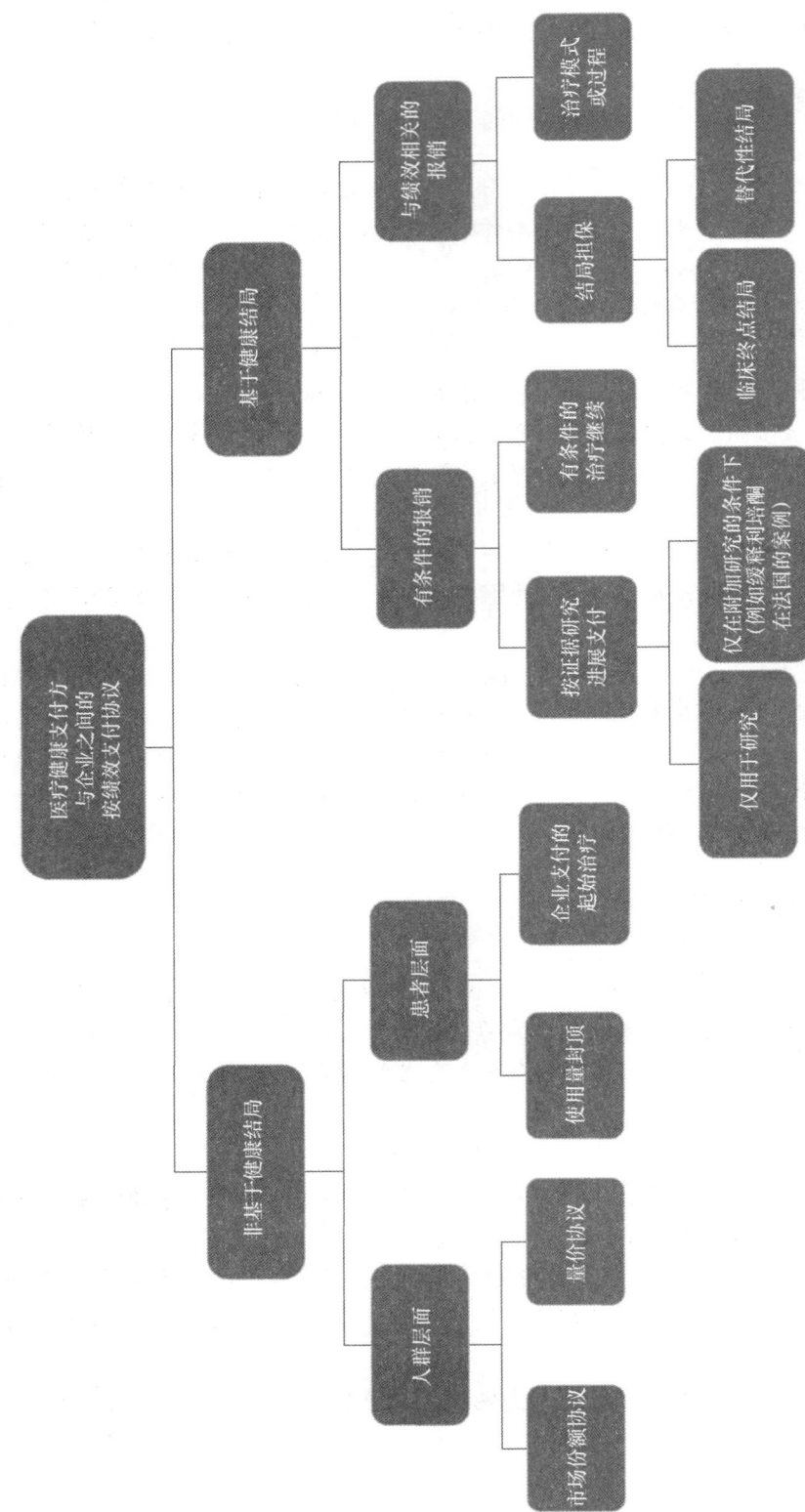

图 6.1 以健康结局绩效为基础的报销方案体系（改编自 J.J. Carlson et al., Health Policy, 96, 179-190, 2010.）

表 6.2　MAA 的分类方式

	人群层面	患者层面
财务性协议	量价协议	• 用量封顶 • 企业支付的初始治疗
基于结局的协议	按证据研究进展支付	• 按绩效支付

资料来源：S. Jaroslawski and M. Toumi，Market access agreements for pharmaceuticals in Europe：Diversity of approaches and underlying concepts，BMC Health Serv Res.，11，259，2011.

6.3.4.1　财务性协议

- 财务性协议只是一种隐性的价格折扣，不涉及任何形式的风险分担。

财务性协议是指两个或两个以上的主体之间的商业协议，其目的是控制成本，而不涉及任何风险分担。

为了维持药品较高的目录公布价格（即国际上的其他支付者在为本国新药定价时所参考的对象），制药企业与支付者签订的协议越来越复杂，这些协议隐藏了药品的实际购买价格。这可以通过实施量价机制和设定销售上限来实现。这些协议中的大多数都或多或少地属于一种复杂的价格折扣。

6.3.4.2　按绩效支付

- 在 P4P 协议中，支付与否取决于在患者个体层面观察到的结局。
- 有条件的治疗延续是 P4P 协议中的一种，在这种协议中，对个别患者的持续支付以实现短期治疗目标为条件。
- 前瞻性 P4P（prospective P4P，PP4P）是另一种类型的 P4P，只要患者从使用药品中受益，就可以定期予以支付。
- PP4P 降低了不确定性水平和预算影响，并可以加速创新卫生技术的实施，否则支付者将由于成本高而无法支付这些技术。
- 然而，PP4P 将全部风险归于支付者。一方面，药品刚上市时的附加价值信息较少且证据的产生需要时间，另一方面还需要深入地开展监测和较高的管理成本。

当支付者同意在产品达到预期结局的情况下按保险项下的价格给予报销时，就构成了一种基于结局的协议。在 P4P 协议中，支付与否是取决于患者具体情况的，这使得支付者为治疗无应答的患者付款的可能性最小化，并使企业获得反映药品真实价值的价格的可能性最大化。

对健康结局的分析是在患者个体基础上进行的，这一分析的持续时间可能是无限的。P4P 协议并不寻求收集新的或对照比较的证据，而是旨在证明针对患者个体的报销是合理的。

一种药品只有在被证明是创新的、具有较高的健康获益潜力、价格昂贵并且适合短期使用时，才有使用 P4P 协议的基础。在这种情况下，也有可能设定价格上限措施。

6.3.4.2.1 有条件的治疗延续

在 P4P 协议中,我们还可以区分出一种具体的类型,在这种类型的协议中,对患者个体的持续报销与否取决于药物治疗是否实现了短期治疗目标(例如肿瘤治疗响应或胆固醇水平降低)。这种形式的 P4P 协议被卡尔森等人称为"有条件的治疗延续(conditional treatment continuation)"[6]。

6.3.4.2.2 前瞻性按绩效支付

作者们还注意到了另一种类型的 P4P 协议,他们提议将其称为"前瞻性按绩效支付(prospective payment for performance,PP4P)"协议。最近,这种协议已经在两种不同的抗肿瘤药中应用,但由于受保密协议的保护,我们无法得知协议的具体情况。然而,描述这种协议的基本原理和利弊是很有趣的。

在这种模式下,只要患者获益,医疗保险将定期付款(例如按季度支付)。这种支付可能与肿瘤患者的无进展生存期有关,或者直到溃疡性结肠炎的下一次发作或复发,等等。

这种协议的优点包括:
- 减少为新技术提供报销时所存在的、固有的决策不确定性,将一次性的预付款改为以实现预设健康获益的等价期望价值为条件的一系列支付程序。
- 通过渐进式的报销程序,减少该技术对预算的初始和预期总影响。
- 使创新技术能够更快、更容易地被应用到医疗系统中。

但其缺点包括:
- 将不确定性/风险转移给支付者,后者要对尚未证明其真实世界效果的药品提供报销。支付者只能支付已证明有效的治疗费用,或针对新发现的效果证据支付费用;相反,在这种情况下,尽管在上市时没有具体的证据,但支付者将为其买单,而且只有在未来才能了解这种药品是否具有增量获益。
- 比较研究的缺乏将使评估某药品是否比真实世界中的对照产品做得更好变得很难。患者接受该药品治疗的资格标准应非常严格且有记录证明,否则一些患者(例如病情较轻的)可能会错误地使用这种新技术,而患者良好的基础状态会与新技术带来的增量获益相混杂。
- 由于在此类协议下,新证据不会在有限的时间内产生,而且只要该药品因受到专利保护而保持高价,或者直到更新的药品出现之前,该协议将可能一直存在。
- 会产生与监测患者对治疗的反应相关的大量潜在管理成本。

药品申请 P4P 协议的资质和条件应包括:
- 这是一种针对尚无有效治疗方法的疾病的新药,并显示具有尚未被证明的较高潜在获益。
- 理想情况下,该药品的治疗时间应较短,并能在治疗结束后为患者带来持久的健康获益。
- 该药品必须是一种高值药品,以补偿与长期结局监测相关的大量管理成本。
- 很可能需要实施限额支付,以避免出现没有时间限制的长期支付。

6.3.4.3 按证据研究进展支付

- 在 CED 协议中，支付者为药品提供有条件的支付，而证据是在经双方同意的条件下通过研究收集的。
- CED 协议在可见性方面各不相同；随着从正在进行的研究中获得的新证据的出现，它们会被价格谈判所取代。
- 本质上，CED 协议是一种临时性协议。它们为支付者提供成本效果保障，并有条件地向企业提供其产品的溢价。
- 在涉及第三方托管的 CED 协议中，如果产品未能显示出预期的健康获益水平，支付者可以要求退款。
- CED 协议的目标是尽量减少研究结果和药品在真实世界中的获益的不确定性。

按证据研究进展支付（coverage with evidence development，CED）协议是一种基于结局的有条件协议。它允许有条件资助那些具有良好前景、但更多结论性证据仍在收集过程中的创新药，以期在人群水平上解决临床效果或成本-效果的不确定性[8]。

CED 协议假设药品在一项双方都同意的研究中能够显示其健康获益，其阈值可以事先定义。在其他情况下，协议会根据未来不同的获益水平预先确定不同的定价。此外，如果药品的绩效没有达到预先设定的期望值，支付者可以要求企业退还在研究期间支付给企业的款项。英国法律专家称这类协议为"托管协议（escrow agreements）"。在托管协议中，支付者应付给企业的款项被存入冻结的银行账户，或交由公证人保管。如果在研究结束时药品的绩效得到了确认，则将冻结的款项交付企业；否则，它将返还给医疗保健支付者。

CED 协议在可见性方面各不相同。尽管 CED 协议的期限有限，但由于事先没有对临床改善的最低阈值和改善幅度与价格之间的关系进行定义，在协议实施时并不总是清楚未来价格调整的幅度。

CED 协议的目的是最大限度地降低支付者为不具有成本-效果的药品提供资金的可能性，并最大限度地提高企业获得反映药品真实价值的价格的可能性。CED 协议是一种临时协议，即当来自一组患者的证据研究完成时，该协议即终止。这种临时性允许对药品在真实世界中生产新的健康结局证据，并进一步确定诸如治疗时间、适当剂量和目标人群等因素。

CED 协议旨在减少以下两类不确定性：

- 临床试验中的效能是否可转化为真实世界中的获益。
- 提供相对于对照药品而非安慰剂的更多关于真实价值的结论性证据（例如临床研究）（表 6.3）。

表 6.3 市场准入协议（MAA）的分类

MAA 类别	财务性协议	按绩效支付（P4P）协议	按证据研究进展支付（CED）协议
协议特征	• 传统的商业协议	• 患者个体层面的长期风险分担协议（结局担保）	• 患者队列层面的新证据产生之前的临时性协议（风险分担或转移）

（续表）

MAA 类别	财务性协议	按绩效支付（P4P）协议	按证据研究进展支付（CED）协议
潜在内涵（支付者视角）	• 降低药品支出	• 避免为对药物治疗没有反应和不能预先（ex-ante）确定的患者产生低效的支出（通过将支付与药品的绩效无限地联系起来）	• 避免无效率的支出，直到药品有效性的不确定性降低为止［通过将最终报销和（或）定价决策与药品的绩效联系起来］
具体形式	• 量价协议 • 销售封顶 • 一致价格（每位患者，不论给予多少剂量） • 成本分担 • 返利 • 折扣	• P4P 协议 • 药品绩效不佳时要求返利 • （企业）支付药品未能预防的事件的管理费用 • （企业）支付副作用的管理费用	• 在新证据能减少不确定性的条件下暂时给予支付 证据可包括： • 真实世界效果 • 在某个患者亚组中疗效更好 • 实际日剂量 • 长期影响 • 提高患者的依从性 • 减少医疗保健资源的消耗 • 减少使用其他有严重副作用的药品

资料来源：S. Jaroslawski and M. Toumi，Market access agreements for pharmaceuticals in Europe：Diversity of approaches and underlying concepts，BMC Health Serv Res.，11，259，2011.

6.4　支付者和企业实施 MAA 的动机

> • 财务性协议和 P4P 协议是预算控制工具，而 CED 协议则是具体管理不确定性的工具。

MAA 的出现是作为对这两个问题的解决方案：有限的预算和围绕新产品实际获益的不确定性。

在现实中，一些 MAA 代表了预算约束管理的工具，另一些则代表了支付者管理药品增量获益不确定性的工具。

CED 协议是具体管理不确定性的工具，而财务性协议和 P4P 协议则用于控制预算和药品支出。

6.4.1　对成本日益敏感的环境

> • MAA 的发展是由支付者的预算限制驱动的。

对国家预算支付消耗越来越多的昂贵新技术给欧洲的医疗保健体系带来了巨大的压力，其中大部分都处于赤字状态。

日益增加的医疗保健预算费用压力促使管理者采取包括 MAA 在内的费用控制措施。

6.4.2 与药品绩效相关的不确定性

> - MAA 的发展还受到支付者对新产品价值证据方面的需求增长的推动。

在大多数发达国家，公共管理者和支付者越来越重视对药品进行上市后监测。医疗保健预算的压力当然推动了这一变化，但其重点不仅仅是预算影响和价格问题。与 20 世纪 90 年代流行的最初模式不同，公共管理者和支付者开始对新产品的效果提出了质疑：药品监管部门审批过程中所考察的临床效能是验证新产品价值的必要条件，但不是充分条件。

事实上，由于存在许多支付者和卫生管理者所愈发不能容忍的偏倚（例如试验环境、患者入选标准、对照组的选择、替代性结局指标、试验持续时间等）[2]，临床试验并没能体现出药品的效果。

6.4.3 "信任危机"

> - 支付者对制药企业缺乏信任，而 MAA 允许他们将药品的价格与其真实价值结合起来，并根据药品在真实世界中的绩效来做出决策。
> - MAA 同时满足了支付者控制支出的需要和企业实现高标价的需要。然而，尽管研究呈现的药品效果数据可以使支付者受益，但对企业可能是不利的。

由于与药品绩效相关的不确定性已经成为支付者关注的关键问题，因此有必要在当前的制药行业危机中恢复支付者对制药企业的信任。尽管这种风险似乎常常与药物警戒（安全性监测）有关，但在真实世界中与低于预期绩效有关的不确定性也很常见。在这种情况下，MAA 可以将药品的价格与其实际的增量价值联系起来，并允许支付者更便利地逆转或审核其定价和报销决策。

实际上，在做出实施 MAA 的决策时，支付者的主要目标是在为患者提供新药的同时控制支出，而企业的目标则是保持药品的"高标价（list prices）"，以优化其外部（国际）参考定价（详见第 7 章）。

但是，双方实施 MAA 还有其他一些理由，见表 6.4 所示。

促使支付者实施 MAA 的其他动机还包括随着时间的推移，收集关于药品及其获益的、宝贵的上市后数据和可能增加的未知信息对于另一种药品的管理可能是有用的[2]。

同时，MAA 的实施可能会伴随着一些风险[2]：
- 企业可能会生产出对竞争对手（即该治疗领域中的另一个推动者）有用的数据；
- 企业可能无法向支付者提供被要求作为 CED 协议一部分的证据，并无法在没有负面结局的情况下继续以溢价享有报销资格。

任何实施 MAA 的计划都应该对各个利益相关者的动机进行全面和透明的分析，在协议中应明确当任何一方不遵守协议条款时的应对措施。

表 6.4 支付者和企业实施市场准入协议（MAA）的动机

支付者	企业
• 在预算范围内为患者提供新药 • 控制支出 • 改善高值产品的增量成本-效果比（ICER），并使其处于固定的阈值之内 • 保障最需要某种干预措施的患者能够优先获得 • 遵照国家/地区关于特定健康结局的优先政策 • 受到患者组织、政府和媒体的压力 • 防止媒体做出负面报销决策的报道 • 使国家的创新性、可及的干预措施清单更加丰富（有利的宣传） • 减少关于药品真实世界获益或非临床获益（例如顺应性）的不确定性	• 优化国际参考定价 • 获取产品价值（保障盈利） • 减少额外临床试验带来的成本 • 实现患者用药可及性，并进一步探索药品的潜力 • 获取竞争优势（与同等或更低价格的对照药品相比） • 获知药品的非临床或真实世界价值 • 获取药品与对照措施相比的真实世界比较效果 • 避免在获得报销或 HTA 决策建议中出现失败，并在全球范围内获得给付（政策原因） • 改善企业形象 • "与各个支付者建立伙伴关系的机会" • 例如，罗氏（Roche）公司曾开展一系列面向临床医生和医院药师的、与抗肿瘤药注册登记（Onco-registry）和 MAA 相关的培训项目

6.5 MAA 政策的国际比较

6.5.1 MAA 在各国的情况

- MAA 在欧洲国家十分普遍，而不同国家的实施方式各有不同。

MAA 在不同国家的实施情况是不同的。
- 在 1998—2009 年期间，大多数的 CED 协议和 P4P 协议都是在美国以外的地方实施的[6]；
- MAA 在欧洲非常普遍，但在实施方面存在很大的差异，详见表 6.5。
- 量价协议被企业广泛采纳，因为它们可以帮助企业实现相对较高的销量，同时也被支付者用来作为控制目标人群中药品使用的杠杆，或作为控制预算影响的工具。
- 在实践中，财务性协议和 P4P 协议的组合得到了一致认可与实施。

财务性协议在法国、西班牙和意大利最为常见：
- 在法国，量价协议并不适用于药品的首批销售，而是以一种增量的方式，即当销量达到一定水平时，价格才会发生变化。在大多数国家，这些协议是从第一批销售开始执行的，这意味着在一段时间内实现的销售量将决定单价并且适用于总销售额。

表 6.5 市场准入协议（MAA）在不同欧洲国家之间的差异

MAA	法国	英国	德国	意大利	西班牙	荷兰
财务性协议						
销售封顶	√	√		√√	√	
量价协议	√√		√	√		√
一致价格	√	√		√	√	√
折扣	√	√	√	√	√	√
返利	√	√	√	√	√	√
成本分担			√	√		
按绩效支付（P4P）协议						
药品绩效不佳时要求返利			√	√	√	
P4P			√	√	√	
（企业）支付药品未能预防的事件的管理费用			√			
（企业）支付副作用的管理费用			√			
按证据研究进展支付（CED）协议						
真实世界效果	√	√	√			√
在某个患者亚组中疗效更好	√	√				√
长期影响	√	√	√			√
实际日剂量	√	√	√			√
提高患者的依从性	√	√				
减少医疗保健资源的消耗	√	√				
临床对照试验	√	√				

[a] Market characterised by fragmented private health insurance.

- 在意大利，MAA 的使用有所增加（图 6.2）。它们主要是在国家层面与意大利药品管理局（AIFA）谈判和决定的，而其管理主要在地方层面。但由于透明度和科学依据的缺乏，意大利的市场成为了一个无法预测的市场。

CED 协议通常在比利时、荷兰、瑞典和葡萄牙实施，主要针对高值药品。在经历了长期的排斥后，法国也开始越来越多地使用 CED 协议；在协议开始实施的 1.5～3 年后，应对首次报销或定价决策进行审核。

瑞典是实施 CED 协议最积极的国家。瑞典牙科和药品福利局（TLV）在成本-效果导向下运作，不为增量成本-效果比（ICER）过高或不确定的药品提供报销；

- 例如，TLV 针对左旋多巴/卡比多巴肠用凝胶（levodopa/carbidopa intestinal gel）实施了一项为期 5 年的 CED 协议，旨在降低该药品 ICER 的不确定性。
- 在协议开始时，TLV 就给出了该产品的定价，并根据企业开展研究的情况有条件地确定报销比例。然而，其上市后的研究是在没有得到 TLV 批准的情况下进行的，其结果也与 TLV 无关。因此，该药品并未按照商定的条件定价给予报销。随后，

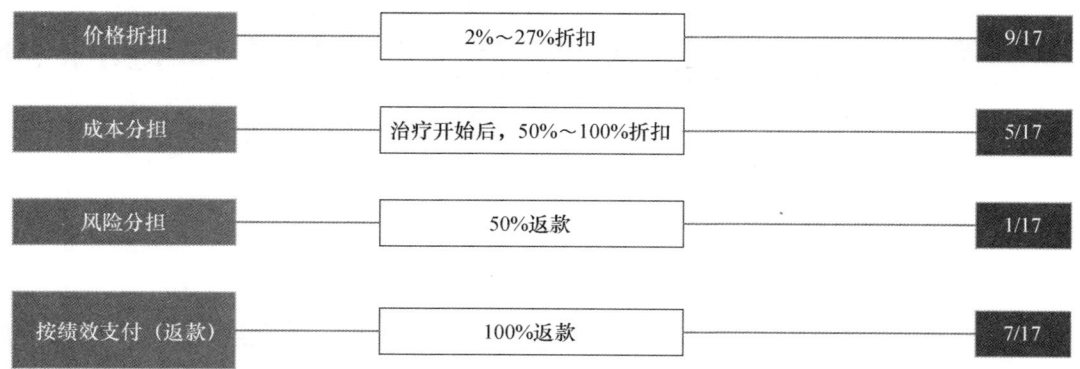

图 6.2 意大利使用的 MAA 类型（From C. Jommi, Central and Regional Policies Affecting Drugs Market Access in Italy, Bocconi University, Milan, Italy, 2010.）

企业与 TLV 进行了第二项研究，验证了左旋多巴/卡比多巴肠用凝胶的增量价值，并确认了可在条件价格下予以报销。

德国的 MAA 有以下特点：
- 主要在联邦州（地方）层面，与疾病基金（sickness funds；Krankenkasse）签订合约。
- 采用混合方法（量价协议、基于结局等）。
- 越来越多地被私营保险公司使用。

英国的 MAA 有以下特点：
- PAS 项目是规模最大、最正式的 MAA 计划。
- 该项目在国家层面运行的（NICE/NHS）。
- 重点是通过在 NICE 给出负面 HTA 决策建议后降低 ICER，来优化成本-效果（图 6.3）。

6.5.2　一些国家比另一些国家更排斥 MAA

- 丹麦、法国和西班牙对 MAA 的接受程度较低。

丹麦：
- 排斥准入协议所带来的管理负担。

法国：
- 主要依赖于资金返还协议（payback agreements）。
- 排斥风险分担的概念。
- 对基于结局的 MAA 兴趣较小。
- 缺乏透明度。
- CED 协议得到越来越多的实施。

西班牙：
- 主要使用量价协议、折扣和返利。

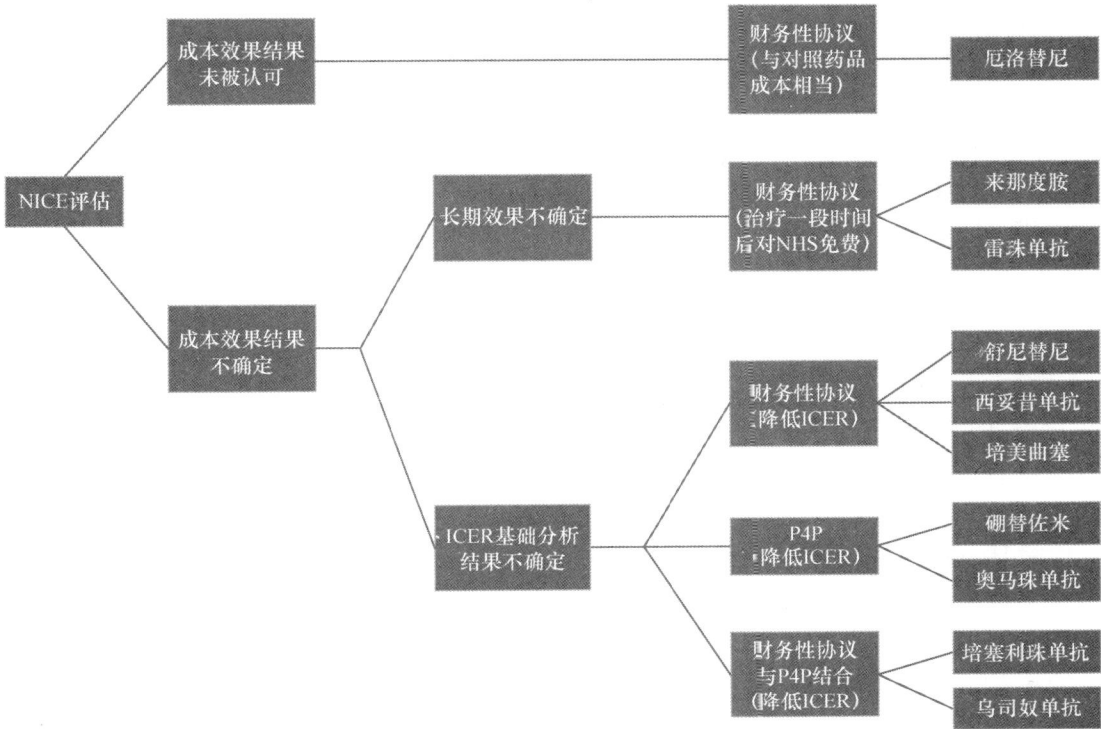

图6.3 英国患者可及性计划的分类［按照计划本身的设计和NICE对于成本效果证据的判断情况进行划分；S. Jaroslawski and M. Toumi，Design of patient access schemes in the UK：Influence of health technology assessment by the National Institute for Health and Clinical Excellence，Appl Health Econ Health Policy，9（4），209-215，2011.］

- 在一些医院试行了地方层面的风险分担协议，但详情是保密的。
- 加泰罗尼亚地方部门在肿瘤治疗领域实施了首个官方的风险分担协议。

6.5.3 MAA在欧洲地方层面的发展

- MAA可以在同一国家的不同地区以不同的方式实施，即具有不同程度的自主性。
- 行业内日益增加的预算压力和缺乏市场准入文化阻碍了药品在地方层面的市场准入。
- 目前，企业在把握不同地区市场准入的细微差别方面遇到了困难。
- 尽管在国家层面，MAA的重点是科学数据，但地方层面的支付者则更加关心预算影响。

MAA的类型和实施因国家而异，但也因同一国家内不同地区以及同一国家的中央医保和地方层面支付者而异。地方层面日益增加的预算压力成为药品进入市场的新的主要障碍。

企业团队缺乏市场准入文化与地方区域划分数量众多会导致地方市场准入管理不善。有一种趋势是将地方市场准入部门的管理结构从实用性的优先事项设置和划分（例如在意大利）转变为一种非常复杂的细分过程（例如在英国）。

在实践中，国家之间的权力平衡和地方自主程度有很大的不同。一般而言，中央/联邦政府负责规划愿景，而地方/区域部门将决定如何实施。

国家层面的支付者负责决策的事项包括：
- 定价和报销；
- 国家层面的 MAA；
- 决策建议。

地方层面的支付者负责管理的事项包括：
- 执行时间；
- 地方层面的 MAA；
- 处方限制；
- 本地的决策建议。

到目前为止，企业界还没有像针对国家机构那样，以一种合理和系统性的方式成功地解决地方层面的准入障碍，其原因包括：
- 地方市场复杂而分散；
- 需要设计因地制宜的解决方案；
- 准入规则不透明；
- 同一国家内部存在着不同的需求。

在国家层面，决策者的注意力集中在开展科学评价，而在地方层面，他们主要关心预算影响。这就解释了为什么财务性协议在意大利和西班牙的地方性市场准入中更为常见。

6.5.3.1 意大利的处方集受地方层面的影响

在意大利，由 AIFA 负责在全国范围内协商，制定抗肿瘤药的 MAA，相关企业由医院（临床医生和医院药师）通过"抗肿瘤药注册登记（Onco-registry）"进行管理。尽管不允许地方部门[①]就 MAA 进行谈判，但大多数地区通过地方性的处方集、招标和处方行为管理来实施市场准入。一些地区对医院施加压力，促使它们申请实施 MAA，并要求相关企业支付治疗无应答者的医疗费用。

在意大利，各个地区要对其医疗保健支出的赤字负责（图 6.4），并由各地决定其（区域性）医疗保健体系的总体结构［准市场机制（quasi-market mechanisms）、认证、成本控制行动，包括药品在内］，条件是它们要提供由中央政府决定的"基本水平的医疗保健服务"[9]。因此，这些地区对于药品对医疗体系的影响更为敏感，因为医院药品使用的预算是由它们负责的（占卫生预算的 2.4%）（图 6.5）。

在实践中，以每个限定日剂量（daily defined dose，DDD）/治疗周期的费用为基础的短期视角和对比分析占据了上风。

一项在意大利进行的研究[10]凸显了不同意大利地区（Italian region，IR）患者抗肿瘤

---

① 即意大利的大区（Regione）或自治省（Provincia autonoma）。——译者注

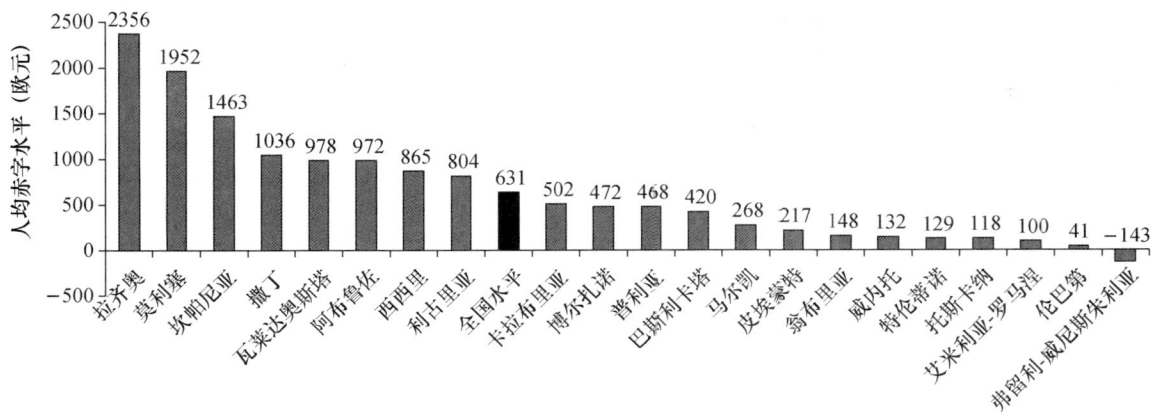

图6.4 意大利各大区医疗保健预算人均赤字水平（欧元；2001—2010年）

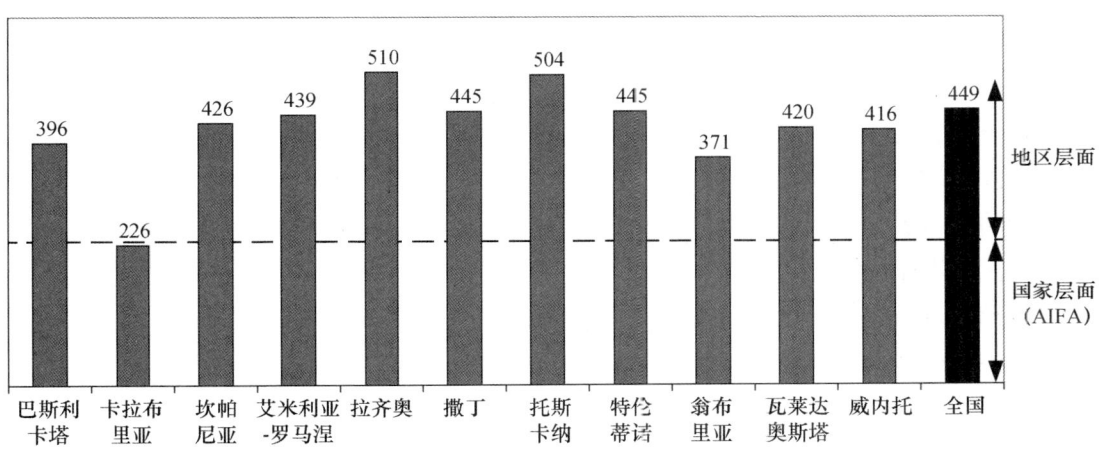

图6.5 新药进入意大利各大区市场的时间差异（C. Jommi, Central and Regional Policies Affecting Drugs Market Access in Italy, Bocconi University, Milan, Italy, 2010.）

药可及性的差异：

- 在研究涉及的14种抗肿瘤药中，各个IR患者可及的比例从50%至85%不等，准入的平均延迟时间为5.3个月。
- 并非所有被AIFA批准上市的抗肿瘤药都能在每个IR中使用。
- "经济性预测因素与区域准入时间之间的统计学显著相关性与药品支出的可持续性问题是一致的，特别是在肿瘤治疗方面，其中照护成本已经引起了一些关注[11]。"
- 与国家处方集相比，各个地区的处方集占据了更大的主导地位。这是意大利患者获取药物的又一个障碍。
- 这项研究的结果表明，患者获得那些同时具有上市许可和风险分担协议的抗肿瘤药要快得多。
- 意大利是最早引入抗肿瘤药风险分担协议的国家之一（自2006年起），而注册登记的监测结果也已公开发布（表6.6）[12]。

表 6.6　不同 IR 的患者抗肿瘤药可及性的差异

地区	可获得的抗肿瘤药品种数	患者可及的比例（%）[a]	患者全年持续可及的比例（%）[b]
坎帕尼亚（Campania）	12	85.7	85.7
弗留利-威尼斯朱利亚（Friuli-Venezia Giulia）	12	85.7	85.7
伦巴第（Lombardia）	12	85.7	78.6
马尔凯（Marche）	12	85.7	78.6
皮埃蒙特（Piemonte）	12	85.7	85.7
托斯卡纳（Toscana）	12	85.7	71.4
威内托（Veneto）	12	85.7	71.4
阿布鲁佐（Abruzzo）	11	78.6	71.4
拉齐奥（Lazio）	11	78.6	78.6
利古里亚（Liguria）	11	78.6	71.4
普利亚（Puglia）	11	78.6	78.6
卡拉布里亚（Calabria）	10	71.4	57.1
艾米利亚-罗马涅（Emilia Romagna）	10	71.4	71.4
西西里（Sicilia）	10	71.4	71.4
翁布里亚（Umbria）	10	71.4	64.3
巴斯利卡塔（Basilicata）	9	64.3	57.1
博尔扎诺自治省（Provincia autonoma di Bolzano）	9	64.3	42.9
特伦托自治省（Provincia autonoma di Trento）	8	57.1	42.9
撒丁（Sardegna）	8	57.1	50.0
莫利塞（Molise）	7	50.0	35.7
瓦莱达奥斯塔（Valle d'Aosta）	7	50.0	21.4

资料来源：C. Jommi, Central and Regional Policies Affecting Drugs Market Access in Italy, Bocconi University, Milan, Italy, 2010.

[a] 以在意大利上市的 14 种抗肿瘤药为基数计算；
[b] 购买日期是根据业务月份来定义的，其中的数量至少应相当于给定产品总体数量的 20%。

6.5.3.2　瑞典地方层面的 MAA

在瑞典，医疗保健服务由省议会出资，MAA 也在地方层面进行谈判，并具有以下特点：
- 国际知名度较低。
- 透明度较低。
- MAA 的增加意味着需要更多的谈判和管理。

例如，罗氏（Roche）公司的贝伐珠单抗（bevacizumab）：
- 斯德哥尔摩省议会在 2008 年 4 月批准：如果晚期癌症患者使用贝伐珠单抗的累计

剂量超过 10 000 mg，超出的药品费用应由企业承担。
- 该计划已进一步扩展，企业也向瑞典的其他地区提供了类似的协议方案。

此外，其他国家的地方性 MAA 也在不断发展：
- 西班牙的地方层面；
- 实施初级医疗保健信托机构（PCT）改革后的英国全科医生执业单位。

6.6 MAA 的最佳实践

> - 构建 MAA 的通用实施指南时需要确定 MAA 的合理性和实施过程，以及对这些协议进行评估。

各项 MAA 并不是遵循一套相同的程序，而且根据情况的不同（企业和支付者的潜在动机、药品类型、国别等），它们的实施方式也不同。但是，即使每份协议都是独特的，我们也可以在确定 MAA 的合理性和实施过程，以及对这些协议进行评估的基础上，为 MAA 构建一套通用的实施指南。

6.6.1 MAA 的合理性

何时应考虑实施 MAA？

> - MAA 与一种新药的市场准入策略相关。

表 6.7 总结了需要在一种新药的市场准入策略中考虑 MAA（P4P 协议或 CED 协议）的相关因素。右边一栏为支付者的观点，相应也阐述了企业应该提供什么证据。由于财务

表 6.7　MAA 的合理性：需要考虑的因素

有利于风险分担的因素	需要考虑的因素
1. 具有较高未满足需求的疾病	- 结局指标、副作用、给药方式
2. 严重的或威胁生命的疾病	- 死亡率、疾病负担
3. 患者人群存在不确定性	- 该治疗领域中患者的确定、类似的适应证以及超说明书使用的程度
4. 具有客观、可测量的结局指标，最好有相应的生物标记物	- 终点结局指标 vs. 替代性结局指标
5. 预期风险和获益存在不确定性的创新治疗方法	- 新的药品分类、新的治疗方式、新的结局指标
6. 治疗成本较高	- 潜在的患者人群数量（包含超说明书使用）
7. 预算影响较大	- 高值疗法
8. 对其可及性具有较高的政策性支持和（或）患者需求	- 政策优先程度 - 有序的患者团体

性协议通常是简单的折扣或返利，其管理负担较轻，因此未被包含在表中。

6.6.2 MAA 的实施过程

6.6.2.1 实施 MAA 的要求

- 合理的结果、可接受的成本、现实的时间范围、明确的资金安排、数据收集和分析的责任分配以及潜在的折扣是 MAA 具有可操作性的先决条件。
- MAA 的具体计划将取决于预期结果的性质和水平。
- 管理安排、未来的调整和退出计划也必须考虑在内。

MAA 的确定必须具备一些条件。"以绩效为基础的风险分担安排（performance-based risk sharing arrangements，PBRSA）"工作组确定了实施所需的条件[13]：

- 待监测的结局指标应该是临床可靠、可信、适当及可行的。
- **可接受的成本**（acceptable costs）：协议对医疗系统的成本应与潜在的获益成比例。
- **合理的时间范围**（realistic time horizon）：协议应有明确的目标日期。约翰·哈顿（John Hutton）[①]等认为，随着临床实践的变化和技术的进步，3 年以上的 MAA 将变得无关紧要[14]。
- 重要的是，能够在一个现实的时间范围内完成所有相关新数据的收集。
- 必须针对资金安排是企业的责任抑或是支付者的责任做出明确规定。
- 应明确数据收集和分析的职责如何分配。
- 应明确证据分析和审查的过程，以便对价格、收入或报销范围的决策做出修订。
- 应根据暂时性的结果，确定企业是否应在协议期间支付任何返利或折扣。

MAA 方案的设计将取决于以下方面：

- 预期结局的性质；
- 预期的结果水平。

一般来说，MAA 不应带来大量的管理负担，且必须考虑到可能影响协议的变化，例如治疗指南的变更。此外，还必须考虑"退出策略（exit strategy）"，例如，如果药品的效果较差，企业就应返还在整个协议期间支付者提供的资金[5]。

6.6.2.2 MAA 实施中的两个挑战

- 数据收集的成本和数据的可转化性，以及支付者的分析能力，被认为是实施 MAA 的重要挑战。

除了双方必须就 MAA 的方案设计达成一致外，MAA 的实施过程还存在一些实际困难：

- 特定协议中某些结局的可转化性可能存在问题，因为成本数据或生活质量（quality

---

① 英国约克大学经济学教授。——译者注

of life，QoL）数据可能比临床结局更加依赖于具体的国家和地区。
- 数据的收集需要使用合适的信息系统和仔细的抽样方式，以避免产生偏倚。
- 支付者需要具备专业的分析能力和良好的信息系统，以便设计协议并随着时间的推移对其进行监测。

6.6.3 MAA 的评估

> - 对 MAA 的评估应与它们本身的设计内容相一致，并应考虑到它们的实施和执行成本。
> - MAA 实施的成功与否取决于许多因素，例如结局的衡量、不确定性的降低以及对预算的遵守情况。
> - 总体而言，文献中关于 MAA 评估的信息很少。随着这些协议变得更加透明，这种情况将会发生改变。

从理论上讲，对 MAA 的评估应包括协议的实施情况、实施该协议所需的总成本以及健康结局。

PBRSA 工作组的报告[13]指出，评估应以判断协议是否成功的过程性指标为基础："在任何一项 PBRSA 方案的设计中，明确可以用来评估该协议是否成功的指标都是其中的重要部分。"工作组确定的过程性指标包括：

- 是否收集了预期的结局指标信息？
- 协议中关注的重点结局的相关参数估计的不确定性是否降低了？
- 协议的实施是否在预算范围之内？
- 是否保持了设计/评估的完整性？
- 对协议实施的监管是否有效？
- 是否使用进一步的证据来支持决策的过程？

"做出适宜的决策需要对已商定的结局进行调整以保证干预措施的成本-效果的能力[13]。"

到目前为止，对 MAA 的设计和结果进行评价的公开文献还较少：

- 一项系统评价发现[15]，纳入的针对英国多发性硬化症（multiple sclerosis，MS）的 MAA 的研究中，有 40% 报道了一些成本，其他研究仅围绕成本和获益进行了定性讨论，没有评估该协议的整体经济性影响。
- 其他一些研究报道了相关监测的早期结果[15-17]。他们报告说："基线特征和一个较小的、但有统计学意义的疾病进展与之前的关键研究报告相似。"然而，这两篇研究的结论是，现在就 MS 的病情缓解药物的成本-效果下结论还为时过早。

值得注意的是，并不是所有 MAA 方案的提议都能被支付者接受，尽管大多数都被接受了。支付者接受与否取决于其在临床效果、成本-效果方面的需求，以及（或者）企业在定价、准入渠道和收入方面的需求对其预算的影响[6]。在有足够详细资料可供评估的 MAA 方案中（53 个中的 46 个），72% 的药品获得了无限制进入市场的机会，另外的 28% 获得了有限制进入市场的机会（用于研究、用于具有成本-效果的亚组人群和优先批准）。

在未来，随着这些协议变得更加透明，有望获得更多关于 MAA 评估的文献数据。

6.7 MAA 对药品市场占有率的影响

> ● 患者和制药企业对 MAA 有不同的期望和获益。

企业选择实施 MAA 的主要理由是确保盈利，优化特定药品的销量和市场份额，同时避免对国际参考定价产生负面影响；而患者则期待这些协议能够有助于他们获得高价的创新药。

实施 MAA 并非对市场占有率没有影响，它可能产生正面的影响，也可能产生负面的影响，取决于临床或财务结局。

本节将结合实际案例介绍 MAA 对药品销售的直接和间接影响。

6.7.1 英国针对多发性硬化症治疗药物实施的 MAA

> ● 在英国，PAS 对多发性硬化症（multiple sclerosis，MS）患者的药品可及性产生了负面影响。

- 由于 PAS（详见 6.8.1 部分）的影响，在欧盟前 5 大市场中，用于 MS 治疗的病情缓解药物在英国的销售额是最低的（图 6.6）。

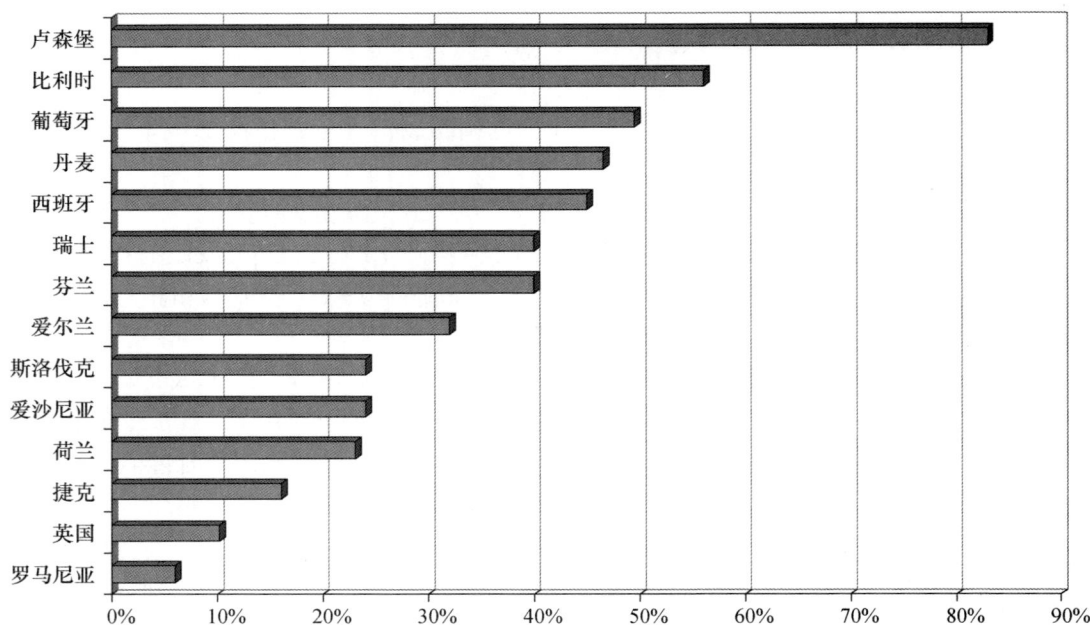

图 6.6 各国治疗中的多发性硬化症患者比例（C. Jommi，Central and Regional Policies Affecting Drugs Market Access in Italy，Bocconi University，Milan，Italy，2010.）

- 2004年，MS治疗药物的市场占有率增长非常缓慢；有20%的符合条件的患者仍在等待专科医生的诊治。仅有8%的MS患者接受了病情缓解药物的治疗。
- 2007年，有11.5%的英国MS患者接受了上述药品的治疗；而在西欧，这一比例为35%，在美国则为50%；
- 上述药品在英国实施的MAA并没有改善患者的可及性（表6.8）。

6.7.2 欧盟国家中贝伐珠单抗在转移性结直肠癌治疗□的市场占有率

> - 由于资金筹措办法和价值评估方法的差异，同一种药品在不同国家的使用率差别很大。

由于资金筹措办法和HTA评估方法的差异，贝伐珠单抗在不同欧盟国家的使用率差别很大（图6.7）。
- 在疾病相关分组（disease-related group，DRG）的基础上提供报销，以及在法国较低的价格导致贝伐珠单抗的使用率较高。
- 在德国，报销路径相同，但价格更高，导致贝伐珠单抗的使用率相对较低。

表6.8　MS病情改善药品的累计销售额（自上市至2008年）

国家	累计销售额（百万美元）
德国	635
法国	284
意大利	219
西班牙	174.5
英国	76.5

资料来源：Courtesy of IMS sales.

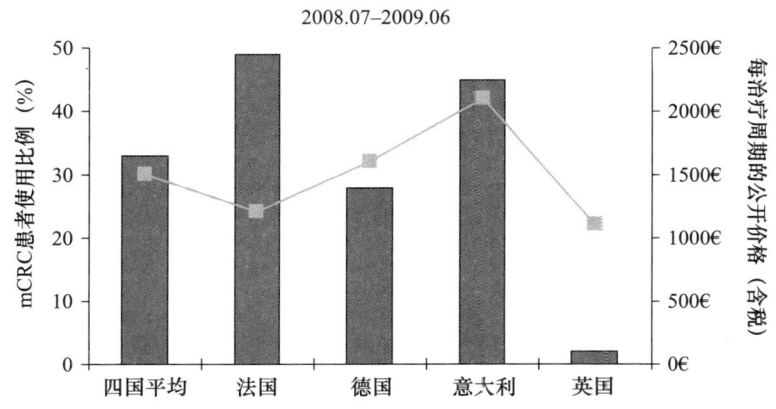

图6.7　贝伐珠单抗在不同欧盟成员国的使用率差异（M. Tcumi et al., Influence of health technology assessments on utilization of Bevacizumab in Europe, PCN140, ISPOR 15th Annual International Meeting, Atlanta, GA, 2010.）

- 在意大利，该药品的 MAA 为按绩效支付协议，使得其使用率和价格均较高（然而，该计划建议修改价格，可能要求企业给予 30% 的价格折扣）。
- 由于该药品在英国没有被 NICE 推荐，因此在该国几乎没有什么使用率。
- 如果没有风险分担机制，该药品在意大利的使用率增长会慢得多。
- 在法国，由于临时使用授权（autorisations temporaires d'utilisation，ATU，即预先给予上市使用许可）和 DRG 方面的资金不受限制，早期占有市场（先于 EMA 的上市许可）是可能的。以 ATU 和 DRG 资金支付为基础的早期准入（early access）是该药品在法国销量增加的原因，而不是 MAA。

6.7.3 德国针对依那西普的 MAA

> - 作为风险分担协议的一部分，惠氏制药公司（Wyeth Pharmaceuticals）同意为使用依那西普的患者提供依从性支持。这是一例成功的经验，已被其他制药企业和支付者所采纳。

2008 年，惠氏公司与德国第三大法定医疗保险基金（Taunus BKK）之间签订了一项针对类风湿性关节炎的使用依那西普（etanercept）的 MAA[18]。在协议中，企业同意为使用依那西普的提高患者依从性提供资金和支持，以期显著提高治疗的效果。的确，作为一种注射用药品，依那西普的用药效果很大程度上取决于患者的依从性。事实上，有三分之一的患者在前 3 个月内就停止了治疗，部分原因就是因为缺乏依从性。

该企业为患者提供电话热线支持服务、有资质的护士进行入户随访、促进患者就治疗进行定期交流，以及针对如何自我注射和维持治疗的重要性进行提示。这一方案使患者更能适应治疗，并在治疗中停留更长的时间，从而获得更有效的治疗。

自实施该 MAA 以来，依那西普表现出比其竞争对手更积极的销售趋势，惠氏已将该协议扩展到其他 100 多家德国疾病基金（医保），有些协议甚至取消了药品的患者共同支付，以进一步提高市场占有率。

6.8 具体案例研究

6.8.1 英国 CED 协议案例：用于治疗 MS 的 β-干扰素和格拉替雷（glatiramere）

> - 在外部压力下，NICE 通过自我协调实现了为 β-干扰素治疗 MS 提供报销。他们制定了一个为期 20 年的研究方案，旨在探究该产品围绕每个质量调整生命年（QALY）的成本方面的结局。
> - 这项 CED 协议中的研究结果被证明是不确定的，并且导致了患者用药可及性受限，所收集的数据数量也并不令人满意。
> - 该协议因采用了"有缺陷的、不足的、投机性的模式"与较长的时间范围，以及分配给它的资金不足而受到了大量的批评。

这项英国国家支付者与企业之间的协议是以药品的真实世界效果为基础的 CED 协议的一个早期案例[3]。该企业被要求证明其声称的药品对生活质量的影响及其效率（每获得 1 个 QALY 的 ICER）。

在初始评估中，NICE 根据临床和成本-效果拒绝为 β-干扰素（β-interferon）提供报销（当时间范围为 20 年时，ICER 为 £42 000/QALY～£98 000/QALY；当时间范围为 5 年时，ICER 最高为 £780 000/QALY 超过 5 年）[3]。

在政治和患者团体的压力下，2002 年政府与四家 MS 治疗药物生产企业达成协议，计划建立约由 10 000 名患者组成的、随访 10 年以上的队列，规定如果在 20 年的时间范围内，ICER 超过了 £35 000/QALY，则企业应降低药价或向支付者返利，即 NICE 只在 ICER 低于 £35 000/QALY 时才提供报销[5]。

研究中，使用 Kurtzke 扩展残疾状态量表（Kurtzke Expanded Disability Status Scale，EDSS）对患者进行随访，这与临床试验是一致的。

2009 年发表的初步评估报告强调了与研究方法有关的重要问题，并坚持认为在取得有意义的结果之前需要进行更长期的随访。这项 CED 协议在 7 年中都没有得出结果。

在这种情况下，所谓的 PAS 实际上限制了药品的可及性，导致该药品比 NICE 推荐的其他药品的使用率低得多。事实上，尽管这项 PAS 项目在 2002 年即已开始实施，但在 2010 年，英国在 14 个高收入国家的新型病情缓解药物的使用中仅排在第 13 名。

案例评估

英国的这项针对 β-干扰素的 MAA 因多种原因而饱受批评，支付者在制订未来的 MAA 方案时需要妥善考虑这些原因，其中包括[5]：

模型方面：
- 存在设计缺陷（很难根据 EDSS 评分的变化将生活质量和 MS 的自然史完整地反映到研究结果中）。
- 受到对未来价格折扣的假设的严重影响，例如没有考虑到硫唑嘌呤的成本。
- 几乎没有完全考虑到患者会因为副作用而提前停止治疗。

随访时间方面：
- 在 10 年之内，β-干扰素和格拉替雷可能会被更新的药品所替代，这动摇了整个方案的合理性。

资金和管理支持方面：
- 整体上，PCT 机构没有收到任何额外的资金来支付这些药品的费用。
- 医院也没有获得更多的资金来提供更广泛的后续随访和填写必要的表格，这降低了他们在实践中的参与度。
- 包括专科护士在内的必要基础设施，以及由谁来提供额外的管理负担成本也应受到关注。

6.8.2 法国 CED 协议案例

> - 法国 HTA 机构——医疗产品经济学委员会（CEPS）针对注射用长效利培酮批准了一项 MAA，为该药品提供较高的标示价格，但在治疗结局得到证实之前，会以最便宜的对照药品的价格向企业进行支付。在该协议结束时，较高的标价得以维持。
> - CEPS 和透明委员会（CT）开展了一项为期两年的观察性研究，旨在调查是否如噻唑烷二酮类药物的生产企业所声称的——药品在真实世界中有更好的疗效。这项研究得出了肯定的结论，证实了药品的获益。
> - 奥马珠单抗在法国的上市是以一项为期两年的研究为条件的，尽管该研究最终证明了该药在真实世界中的正面效果，但并没有达到监管部门的期望。

下文将介绍三项由法国卫生高级权力机关（HAS）要求开展的真实世界对照研究。这些研究旨在减少药品在真实世界绩效方面的不确定性，并有助于药品的最终定价。

- 2005 年，CEPS 要求注射用长效利培酮（long-acting injectable risperidone）的生产企业开展为期一年的研究，以证明与其他抗精神分裂症药物相比，该药可进一步减少患者的住院率（在卫生部的监管下进行研究设计）[19-20]。这项 MAA 约定，尽管支付者会在其标示价格方面给予溢价［约为仿制药价格的 15 倍，比杨森（Janssen-Cilag）公司口服利培酮高出约 60%］，但实际上会以最便宜的对照药品的价格进行支付。之后，其差额将作为公共资金存入法国存托银行（Deposits and Consignments Fund；Caisse des Dépôts et Consignations），直到研究得出结果为止。如果结果证明该药可降低住院率，这笔资金将支付给企业；否则，将由社会保障服务机构将获得这笔资金。
- 2004 年，CEPS 和 CT 针对治疗 2 型糖尿病的噻唑烷二酮类药物——吡格列酮（pioglitazone）和罗格列酮（rosiglitazone）实施了一项以真实世界使用证据为基础的 MAA。这项为期 2 年的观察性研究旨在调查是否如企业所声称的：上述药品在真实世界中有更好的疗效（延缓患者接受另一种药品联合治疗的时间），并与临床试验中的结果进行比较。
- 2006 年，奥马珠单抗（omalizumab）在法国上市，该药的上市是以一项为期：2 年的研究为条件的，旨在证实该药在真实世界中是否具有积极的效果。这项前瞻性研究计划对 1000 名患者进行为期 2 年的随访，主要的结局指标是严重哮喘的发作，判定标准为至少发生以下事件之一：住院、急诊就诊、接受口服糖皮质激素处方或其剂量增加了至少与泼尼松 20 mg 等效的剂量。

案例评估

- 在 HAS 针对注射用长效利培酮做出增量实际医学获益（ASMR）Ⅳ级评价（轻度改善临床获益）的 5 年之后，MAA 中的研究证实了在对超过 1600 名患者长达 1 年的随访研究中，与其他药品相比，该药品可降低患者的住院风险[19]。因此，其标示价格的溢价得以维持。
- 类似地，奥马珠单抗的研究结果表明，该药使严重哮喘患者的糖皮质激素处方、住院和（或）急诊就诊方面（降低 44%）得到了良好的控制，显示了真实世界获益。
- 相反，罗格列酮（rosiglitazone）的观察性研究（AVANCE 研究）并不支持企业所声称的更优的真实世界效果，因为该研究在很大程度上仅重复了临床试验中所显示的疗效数据[20-21]。因此，CEPS 将其价格下调了 30%，并要求企业对已经支付的药品进行返利，报销水平也从 65% 降为 35%。然而，最终返利的实际数额并没有公布。

6.8.3 瑞典 CED 协议案例

- 瑞典的 TLV 使用成本效果分析为其决策提供信息；因此，它不会推荐那些 ICER 不确定或偏高的药品（取决于特定疾病的阈值）。

下面这两项 CED 案例为 TLV 做出报销决策提供了必要的数据：
- 一项针对左旋多巴/卡比多巴肠用凝胶的临时性 MAA（为期 5 年）旨在通过生产真实世界证据来降低 ICER 的数值和不确定性，帮助其实现在瑞典的最终定价和报销决策[22-23]。简言之，尽管在企业最初提交申请时，该药品以溢价获得了临时性报销资格，但后续的研究和额外的成本-效果分析使 TLV 能够给出正面的报销决策和溢价。
- 治疗肥胖症的药品 rimonabant 获得了为期 2 年的临时报销资格。最后，TLV 做出了有条件的决策，即还需要更多数据证明该药品在真实世界中的成本-效果以及长期效果[23-25]。

案例评估

在这两个 CED 协议案例中，支付者能够进一步收集证据，从而重新评估相关药品在真实世界中的成本-效果，并做出最终的报销和定价决策。之后，这些药品在没有实施后续 MAA 的情况下获得了报销。

6.8.4 意大利 MAA 案例

- 意大利使用了各种类型的 MAA，其中大多数是以"随意的（haphazard）"数据收集过程作为"伪装"的降价手段，而并没有对预期/评估的健康结果进行精确的评价。
- CRONOS 项目监测了阿尔茨海默病患者的真实世界用药效果，并由此形成了相应的报销决策。
- AIFA 因决定对高值的抗肿瘤药降价而违反了 MAA 协议。

截至 2011 年，在意大利共找到 19 项不同的 MAA，但在意大利药品管理局（AIFA）

的网站上并没有详细的技术评估资料。

总体而言，针对抗肿瘤药的 MAA 有 12 项：厄洛替尼（erlotinib；2006 年）、舒尼替尼（sunitinib；2006 年）、索拉非尼（sorafenib；晚期肾细胞癌，2006 年；肝癌，2008 年）、达沙替尼（dasatinib；2007 年）、贝伐珠单抗（bevacizumab；2008 年）、来那度胺（lenalidomide；2008 年）、替米罗莫司（temsirolimus；2008 年）、硼替佐米（bortezomib；2009 年）、西妥昔单抗（cetuximab；2009 年）、拉帕替尼（lapatinib；2009 年）、帕尼单抗（Panitumumab；2009 年）和曲贝替定（trabectedin；2009 年）[26]。

- 上述 MAA 的主要内容包括固定折扣（以标示价格为基础）和（或）针对治疗无反应患者的返利（100% 或 50% 的药品费用成本，以患者个体为基础）；
- 尽管患者注册登记项目对药品的安全性和有效性进行了监测，但值得注意的是，上述 MAA 并不寻求通过这些数据回答关于预设的健康结局的不确定性问题，项目的数据收集也不是系统性的，存在着各种各样的潜在偏倚[27]；
- 例如，据估计，在一些地区，只有 50% 的患者被纳入了注册登记，并且没有设置确保避免患者筛选出现偏倚的措施，这可能导致医生只针对那些管理负担较小的患者进行记录[28]。

相比之下，AIFA 发起的旨在评估阿尔茨海默症（Alzheimer's disease，AD）治疗药物——多奈哌齐（donepezil）、利斯的明（rivastigmine）和加兰他敏（galantamine）——的真实世界效果的 CRONOS 项目，从一组患者队列中收集并分析预先设定的健康结局。这项研究对全国范围内具有代表性的 AD 患者进行了为期 2 年的抽样调查，公立医疗保险仅对治疗 4 个月后有效果的患者提供报销（对治疗无反应的患者则由企业承担相应的药品费用）[5, 29]。

案例评估

- 2011 年，AIFA 宣布在对 P4P 协议和财务性协议中的注册登记项目数据进行分析后，将对高值抗肿瘤药的价格从标示价格降低 30%～40%[30]。尽管在 P4P 协议实施之初即对上述价格修订做出了约定，但这些协议并没有被设计用于回答药品的（成本-）效果的不确定性问题，并且注册登记的数据不太可能达到足够的质量以提供比药品上市时更为充分的信息。
- 但是，CRONOS 项目则提供了新的真实世界效果数据，并使得 AIFA 为上述药品提供报销，不过仅限由专科医生进行诊断、继续治疗和开具处方等工作[31]。

6.8.5　MAA 中的药品筹资问题

值得注意的是，对于如何在 CED 协议实施期间为患者使用的药品筹资，支付者使用了多种多样的方法[3]。

在法国，有一项 CED 协议是由支付者以溢价为药品付款，但如果研究结果不佳，企业则须将该溢价与较便宜的对照药品价格之间的差额退还支付者。在瑞典，支付者以溢价为药品付款，而在意大利，虽然也以溢价支付，但仅限于对治疗有反应的患者（例如 CRONOS 项目）。

在英国，前述用于治疗 MS 的病情缓解药物以溢价获得了报销资格，但该协议约定，一旦在 CED 协议实施期间产生了负面证据，就将下调药品的价格。

6.9 其他国家 MAA 的发展趋势

> - 其他国家的 MAA 通常是保密的，只有很少的信息会被公布出来。
> - 由于其具有保密性，很难确定各国实施 MAA 的确切数量和协议细节。

在 6.9.1 部分中的大部分内容是从杰米·埃斯平（Jaime Espin）[①]等为欧盟委员会起草的，基于调查、文献综述、会议摘要及其他灰色文献完成的报告中提取的[32]。对于拉丁美洲国家和澳大利亚等国家的资料则取自其他公开文献。

6.9.1 MAA 在许多国家都处于日益增长阶段

近年来，MAA 的数量一直在增加。作者发现，在 2010 年 1 月至 2011 年 6 月期间共计签订了 45 项新协议，几乎是 2009 年签订的 MAA 总量的 2 倍，其中最多的国家是英国（40%）。对于 MAA 来说，意大利和澳大利亚也是重要的市场；同时，许多新国家也开始关注 MAA，例如新西兰、比利时、波兰和匈牙利[1]。

6.9.2 澳大利亚的 MAA

> - 在澳大利亚，MAA 的使用正在迅速增长，覆盖了最近推出的大多数药品。
> - 除了盐酸沙丙蝶呤（sapropterin hydrochloride）以外，没有其他关于 MAA 类型的公开信息。

澳大利亚是近年来 MAA 迅速发展的国家之一[33]。截至 2012 年 6 月 30 日，已签订或正在签订的 MAA 协议共有 76 份[33-34]。2012 年，共有 15 种新药被列入报销目录，其中 8 种被药品福利咨询委员会（Pharmaceutical Benefits Advisory Committee，PBAC）推荐实施 MAA。有人指出，这 8 种药品中的 7 种是完全或部分基于增量 CEA 结果被推荐的，这表明"PBAC 在增量成本-效果分析（CEA）基础上推荐的新药很可能与风险分担协议相关。"

在这 8 种药品中，用于抗肿瘤治疗的有 3 种，用于丙型肝炎治疗的有 2 种，而用于罕见病治疗的有 1 种。除了盐酸沙丙蝶呤（用于治疗苯丙酮尿症的罕见病药物）之外，其他均未给出其推荐实施的 MAA 类型的详细信息。针对沙丙蝶呤，PBAC 推荐的协议方案是，如果其中接受治疗的异型苯丙酮尿症患者的数量超过 20 名，企业就应给予 100% 的返利；但在澳大利亚，目前只有 12 名患者接受了该药品的治疗[33]。

---

① 西班牙安达卢西亚公共卫生学院卫生经济学教授。——译者注

6.9.3 拉丁美洲的 MAA

> - 拉丁美洲建立了 HTA 网络，以解决医疗保健体系的碎片化和缺乏资源/专业知识的问题。
> - 古巴、巴西和墨西哥已经发布了 HTA 指南；然而，他们仍然更关注有效性和安全性，而不是经济性。
> - 拉丁美洲国家在 P4P 协议方面尚无经验。只有巴西对风险分担协议表现出了兴趣，但具体情况尚未得到证实。

HTA 在拉丁美洲国家取得了进展，泛美卫生组织（Pan-American Health Organization；Organizacion Panamericana del Salud）建立了一个新的 HTA 网络——美洲卫生技术评估网络（Health Technology Assessments Network for the Americas；Red de Evaluació'n de Tecnologías Sanitarias，RedETSA），旨在解决该区域医疗保健体系的碎片化和缺乏资源/专业知识的问题。

古巴、巴西和墨西哥制定并公布了经济学评价的方法学指南，表明他们对评价民众使用的与医疗保健有关的产品、药品和技术越来越感兴趣[35-36]。然而，目前这些国家关于药品审评和报销的决策还是根据有效性和安全性而不是成本做出的。

到目前为止，这些国家在 P4P 协议或有条件报销方面尚无经验。只有巴西开始讨论了这些项目。然而，根据目前的规定，在该国进行风险分担谈判是不被允许的。这种情况可能在未来几年发生改变。

6.9.4 印度：一种不同的市场准入路径

> - 在印度，MAA 很难实施。其他亚洲国家已经越来越多地使用 MAA；然而，其中大多数被认为是一种营销计划，而不是真正的 MAA。
> - 在印度实施 MAA 的主要障碍是官僚主义和非正规经济（informal economy），有时还包括缺乏职业道德的医疗实践。

一篇案头调研（desk research）和与关键利益相关者进行初步访谈的论文[37]探讨了在印度实施 MAA 的可能性。作者的结论是，这种协议很难在印度落地生根。

该研究的结果显示：
- 近年来印度所发生的事情，包括针对索拉非尼实施强制许可（compulsory licensing），可能会给制药企业带来更大的降价压力。
- 医生们认为，目前的大多数计划都属于营销计划，而不是真正的患者援助计划（patient assistance program）。只有那些与当地基金会/癌症研究所紧密合作的项目才被认为是真正的援助项目。
- 实施 MAA 存在的障碍包括：
  - 官僚主义和非正规经济（给支付能力调查带来了困难）是这类协议未能"起飞（taking off）"的两个最重要原因（大多数受访者都提到了这一点）。

- 对此类协议的潜力的普遍无知和对它们的"冷嘲热讽（cynicism）"，也是阻碍因素之一。
- 缺乏职业道德（unethical）的医疗实践、知识差距和缺乏方案实施所需的顺畅基础设施也被认为是重要的因素。

总体而言，作者总结道："由于印度碎片化的基础设施、'漏洞百出的（porous）'供应链和缺乏职业道德的医疗实践，在印度实施成本分担协议仍然是一种挑战。"

6.9.5 韩国的市场准入

- 韩国建立了 HTA 程序，其方式似乎主要是受到价格折扣和量价协议的驱动。

有研究通过对 HTA 的评阅，将韩国抗肿瘤药的市场准入与澳大利亚和英国进行了比较[38]。结果表明，韩国的 HTA 程序是较为初步的，没有很好的定义，并且药物经济学评价仍处于发展阶段。

尽管成本-效果是能否做出正面决策建议的主要考虑因素，但韩国采用的方法似乎并不严格，他们以价格折扣和量价协议等财务性协议为主要目的和手段，这些协议在报销决策方面起主要作用。

6.10　展望

6.10.1　MAA 在不断发展中，并且逐渐转变为"有条件准入"

- 每年新实施的 MAA 至少有 10 项，但关于这些协议的信息很少被披露。
- 尽管财务性协议和 P4P 协议为单一支付者提供了成本节约，但它们对企业的外部参考定价的影响可能是负面的。
- P4P 协议的实施难度较大，而且可能会随着时间的推移而减少，而 CED 协议可能会成为支付者管理不确定性的参考工具。
- 在未来，市场准入有望通过有条件批准和有条件准入来实现。

自 2003 年以来，MAA 的发展迅速，每年新实施的 MAA 至少有 10 项（Sullivan 2009），而实际数量可能更多，但其中大多数都是未公开披露的。同时，由于公开信息较少，每年通过 MAA 获得报销的药品总数仍然是未知的[2]。

尽管财务性协议和 P4P 协议为单一支付者提供了成本节约，但应该注意的是，在欧洲，在用于国际参考定价的是 MAA 中的实际支付成本，而不是它们的标示价格[3]。

基于患者个体结局的 P4P 协议被证明是难以实施和管理的，因为它们给医院带来了管理负担，而医院已然面临着资源短缺的问题。

与此相反，CED 协议的概念似乎在北欧国家、荷兰、法国和其他国家有所发展。它是一种强有力的工具，可以减少药品在真实世界中的不确定性。然而，CED 协议中所提出的每一个问题都可能需要开展特定的研究，这就需要专业知识并且需要支付者和企业就研究条件达成一致。它可以使某种新药或干预措施实现快速的市场准入，并给患者更早获得创新治疗提供机会。此外，由于第三方托管机构的存在，支付者的预算有所保障。

CED 协议势必作为支付者管理不确定性的参考工具在 HTA 水平较高的国家取得发展，而同时，P4P 协议的发展似乎正在逐渐达到极限。另外，财务性协议作为一种标示价格的调整工具，使企业可以避免降价对国际参考定价产生影响。

可以预见，药品的监管审批和市场准入将从"单一的决策点（a single decision point）"向由有条件批准和有条件准入组成的"决策窗口（a decision window）转变"。

6.10.2 MAA 面临的挑战

- 未来，MAA 将面临的挑战是如何克服高昂的交易成本、管理负担和评估缺陷，以及如何实现更大的透明度。

基于健康结局的 MAA 方案面临着一些挑战，这些挑战限制了它们的长期影响和生存能力：
- 交易成本高；
- 管理负担重；
- 信息系统不足；
- MAA 带来的获益是具有市场依赖性的（market dependent），将其从一个国家转移至另一个国家可能是困难的[2]。

MAA 未来需要克服的挑战还包括方案的复杂性、管理负担和对 MAA 进行评估的难度。同时，有必要提高这些方案的透明度，以便了解各个利益相关者的态度和看法，并对这些协议迄今为止的实施结果和经验进行评估。

6.11 结论：MAA 是一种临时性的解决方案吗？

- 为了适应起伏不定的市场环境，制药企业正在向一种保险商业模式转变。
- 在"充满不利风险的环境（risk adverse environment）"中，新药相关的决策已经从一种"一次性（one-off）"的程序转变为系统性的"决策窗口"。

当前的医疗保健环境中存在着许多挑战：经济危机、HTA 评估程序变得更加复杂、判定获益的标准正在改变，并且由于预算持有者需要对赤字负责，地方层面的障碍也在增加。所有这些问题都导致了一系列变化的出现。

6.11.1 制药行业的范式转变

最初，"风险共担协议"并不是书面形式的，在某种新药的上市前阶段由企业承担研发风险，在上市后阶段则由支付者承担真实世界效果的风险。而在新的风险分担协议中，由企业通过 P4P 协议或 CED 协议同时承担上市前和上市后的风险。

6.11.2 由"单一决策点"向"决策窗口"转变

药品的定价和报销决策越来越多地不再仅于一个固定的时间点做出，而是在一段时间范围内做出的。在这段时间内，制药企业需要提供额外的信息，以减少围绕新药价值的任何不确定性。

事实上，大多数国家对风险的排斥态度均有所增加，因此这些国家的报销决策已趋向于有条件的报销。最近，药品监管部门和支付者一直关注着三个主要问题：
- 有条件批准。
- 缺乏疗效已被认为是"不良事件"的一种，因此，处方者需要向支付者报告相关问题。
- 通过制订风险管理计划，对潜在"不良事件"之一的疗效缺乏均进行监测。

因此，监管审批、定价和市场准入决策已经从"单一决策点"转变为"决策窗口"，CED 协议的实施即可很好地说明这一点。这种转变使得药品监管部门和支付者能够将与新药引入相关的风险最小化，并有助于增进监管部门和支付者之间的沟通。

6.11.3 未来应选择哪种类型的 MAA？

- 未来，MAA 的可行性将取决于特定的目标和透明度等条件。

许多文章的作者预测，在未来，MAA 将仅在特定情况下使用：
- 德波弗维尔认为 MAA 在以下特定的情况下是可行的：产品是创新性药物，且在适应证方面几无竞争。其适应证应针对非常特定的、容易证明药品获益的患者人群[2]；
- 类似地，亚当斯基等认为未来需要考虑实施风险分担协议的情况是有限的，并且说明了支付者需要考虑的关键问题[5]。

当面对下列情况时，可以考虑实施 MAA：
- 计划的目标和范围是明确和透明的．
- 面对的新疗法针对优先级别较高的疾病领域，并且预计将带来健康净获益。
- 新药对优先疾病领域是有效的，但其仍然存在潜在的长期安全性问题。
- 新药可能对医疗服务的提供和患者安全带来重要获益，但很难在Ⅲ期临床试验中得到证实。
- 在有限的时间范围内能够确定其潜在的健康获益。
- 优先疾病领域的 MAA "可大幅降低医疗服务成本，提高在计入所有管理成本后的报销能力。[5]"

在本章所述的三种主要的 MAA 类型中：
- 作为最有前景的 MAA 类型，CED 协议可能会继续蓬勃发展。因为它可以减少不确定性，同时使决策向基于价值的定价转变。此外，它也为制药企业的研发提供了动力；
- 财务性协议（例如保密性折扣）将继续保持其吸引力。只要国际参考定价仍被采用，财务性协议就可发挥保持标示价格溢价的作用。
- P4P 协议可能会逐渐变得不那么受欢迎，因为它没有能够带来增量获益的、稳健的方法学支撑（例如效果数据），其实是一种变相的价格折扣。同时，它的监测难度较大，并会带来很高的管理负担。

实施 MAA 所带来的潜在影响包括实现对关于药品的真实世界效果和使用以及价格微调的不确定性的管理。然而，MAA 并没有解决可负担性和公共卫生优先事项设定的问题。此外，那些实施难度较大的 MAA 可能会增加管理的负担和成本。

因此，我们不能排除，随着来自支付者要求以更加公平的价格获得更好的健康结局的压力越来越大，以及不同国家药品市场的关联性日益增强（例如国际参考定价），MAA 在未来可能会经历进一步的演变。

参考文献

1. Ando G, Reinaud F, Bharath A. Global pharmaceutical risk-sharing agreement trends in 2010 and 2011. September/October 2011 issue (Volume 17, No.6) of ISPOR connections.
2. de Pouvourville G. Risk-sharing agreements for innovative drugs: A new solution to old problems? *Eur J Health Econ* 7(3):155–157, 2006.
3. Jaroslawski S, Toumi M. Market access agreements for pharmaceuticals in Europe: Diversity of approaches and underlying concepts. *BMC Health Serv Res* 11:259, 2011.
4. Towse A, Garrison Jr. LP. Can't get no satisfaction? Will pay for performance help?: Toward an economic framework for understanding performance-based risk-sharing agreements for innovative medical products. *Pharmacoeconomics* 28(2):93–102, 2010.
5. Adamski J et al. Risk sharing arrangements for pharmaceuticals: Potential considerations and recommendations for European payers. *BMC Health Serv Res* 10:153, 2010.
6. Carlson JJ et al. Linking payment to health outcomes: A taxonomy and examination of performance-based reimbursement schemes between healthcare payers and manufacturers. *Health Policy* 96(3):179–190, 2010.
7. Toumi M, Michel M. Define access agreements. Published on Pharmaceutical Market Europe www.pmlive.com/Europe; June 2011.
8. NHS Quality Improvement Scotland. Coverage with evidence development in NHS Scotland: discussion paper. Coverage with Evidence Development Workshop, September 19, 2008; Glasgow, Scotland.
9. Otto M. Overcoming the complexity of an increasingly fragmented regional and local market access requirement. Presentation at *ISPOR 14th Annual European Congress*, November 2011.
10. Russo P, Mennini FS, Siviero PD, Rasi G. Time to market and patient access to new oncology products in Italy: A multistep pathway from European context to regional healthcare providers. *Ann Oncol.* doi:10.1093/annonc/mdq097.
11. Sinha G. Expensive cancer drugs with modest benefit ignite debate over solutions. *J Natl Cancer Inst* 100(19):1347–1349, 2008.
12. AIFA. Registro Farmaci Oncologici sottoposti a Monitoraggio-Rapporto Nazionale 2007. Rome: AIFA, 2008; http://antineoplastici.agenziafarmaco.it/Registro_farmaci.pdf.
13. Garrison L, Towse A. Performance-based risk-sharing arrangements—Good practices for design, implementation and evaluation: An ISPOR Task Force Report.
14. Hutton J, Trueman P, Henshall C. Coverage with evidence development: An examination of conceptual and policy issues. *Int J Technol Assess Healthcare* Fall;23(4):425–32, 2007.
15. Barros PP. The simple economics of risk-sharing agreements between the NHS and the pharmaceutical industry. *Health Econ* Apr;20(4):461–470, 2011. doi:10.1002/hec.1603.
16. Boggild M, Palace J, Barton P, Ben-Shlomo Y, Bregenzer T, et al. Multiple sclerosis risk sharing scheme: Two year results of clinical cohort study with historical comparator. *BMJ (Clinical Research Edition)* 339:b4677, 2009.
17. Pickin M, Cooper CL, Chater T, O'Hagan A, Abrams KR, et al. The multiple sclerosis risk sharing scheme monitoring study-early results and lessons for the future. *BMC Neurol* 9:1, 2009.
18. Pugatch M, Healy P, Chu R. Sharing the burden: Could risk-sharing change the way we pay for healthcare? *Great Britain*, October 2010.
19. HAS. Avis de la Commission de la transparence. RISPERDAL CONSTA L.P. Paris; 2010.
20. Renaudin MN. Risk Sharing for Reimbursement and Pricing of Drugs. ISPOR Connections 2010.
21. HAS. Avis de la Commission de la transparence. AVANDIA. 2010.
22. Persson U. European Market Access Environment. The Swedish Experience. In European Market Access University Diploma. Paris; 2010.
23. TLV. Lakemedelsformansnamnden (LFN) Beslut (Decision) 0625/2006. Stockholm; 2008.
24. Persson U, Willis M, Odegaard K. A case study of ex ante, value-based price and reimbursement decision-making: TLV and rimonabant in Sweden. *Eur J Health Econ* 11:195–203, 2010.
25. TLV. Lakemedelsformansnamnden (LFN) Beslut (Decision) 1023/2006. Stockholm; 2006.
26. AIFA. Oncology registries.2010.
27. Gallo PF, Deambrosis P. Pharmaceutical risk-sharing and conditional reimbursement in Italy. In *Central and Eastern European Society of Technology Assessment in Healthcare (CEESTAHC)*; 2008.
28. Jommi C. *Central and Regional Policies Affecting Drugs Market Access in Italy*. Bocconi University, Milan, Italy; 2010.
29. AIFA. Protocollo di monitoraggio dei piani di trattamento farmacologico per la malattia di Alzheimer. Rome; 2000.
30. Jack A. Italy to cut cost of cancer drugs. In Financial Times. London; 2010.
31. AIFA. Progetto Cronos: i risultati dello studio osservazionale. Rome; 2004.
32. Jaime Espín JRaLG. Experiences and Impact of European Risk-Sharing Schemes Focusing on Oncology Medicines. http://www.emi-net.eu.
33. Wonder M. PBAC recommendations and risk sharing

arrangements—When does an optional extra become a standard accessory? Blog, Wonderdrug, January 2013.
34. Department of Health and Ageing. Annual Report 2011–2012. Australian government; 2012. Available from: http://www.health.gov.au/internet/main/publishing.nsf/Content/annual-report2011-12. Accessed March 15, 2013.
35. Banda D. Health technology assessment in Latin America and the Caribbean. *Int J Technol Assess Healthcare* 25(Suppl.1):253–254, 2009.
36. ISPOR. Pharmacoeconomic guidelines around the world. Available from: http://www.ispor.org/peguidelines/index.asp. Accessed February 6, 2012.
37. Kirpekar S. Failure for cost-sharing schemes to take off in India: What can be the access solution? *Value Health* 15(7):A628, 2012.
38. Saraf S, Akpinar P. Similar HTA, Different Access Outcome? Comparison of Orphan Oncology Drug Assessment in S.Korea, Australia and the UK. *ISPOR 5th Asia-Pacific Conference*, September 2–4, 2012, Taipei, Taiwan. PHP78, Poster Session I.
39. Toumi M. et al. Influence of health technology assessments on utilization of Bevacizumab in Europe, PCN140, *ISPOR 15th Annual International Meeting*, Atlanta, GA, 2010.
40. Sullivan S. D. Pharmaceutical Outcomes Research and Policy Program, University of Washington, Seattle, WA, 2009.

7 外部参考定价（ERP）

7.1 ERP 的定义

对于欧盟成员国而言，每个国家都可以自主实施其本国的定价和报销政策，并签订地区性跨国协议，但这些协议必须符合《透明指令（Transparency Directive）》的要求[1]。因此，各国的药品定价制度千差万别，特别是考虑到各国历史、政治、法律和经济方面的多样性，以及医疗保健体系在资金和组织方面的多样性。然而，这些因素并不能完全解释不同欧盟成员国在专利和非专利药品市场上的价格差异[2-4]。尽管在过去的几十年里，为了控制不断增长的药品支出及其对公共支出预算的影响，欧盟国家已经实施了大量的成本控制措施，但在 2000—2009 年间，门诊部门的支出平均增长了 76%（按人均购买力计算，从大约 260 欧元增长到了 340 欧元）[3]。

随着 2008 年经济危机的到来，医疗支出成为削减预算和紧缩措施的主要对象。降低药品价格、调整药品共同付费比例、增加增值税、调整药品分配差距等都成为控制药品公共支出的手段[3]。2010—2011 年，共有 23 个欧盟国家实施了共计 89 项此类举措，其中最引人注目的是冰岛、波罗的海国家（爱沙尼亚、拉脱维亚和立陶宛）、希腊、西班牙和葡萄牙[3]。

其中，外部参考定价（external reference pricing，ERP）[也被称为"外部价格参考（external price referencing）""国际价格基准（international price benchmark）""外部价格基准（external price benchmark）""外部价格联动（external price linkage）"或"国际价格联动（international price linkage）"]已迅速成为欧盟成员国[3-4]以及其他国家（如巴西、约旦、南非、日本、土耳其、加拿大和澳大利亚）广泛使用的成本控制工具，即通过参考其他欧盟成员国的药品价格来建立本国的价格[2, 5]。

世界卫生组织（WHO）定价和报销政策合作中心（Collaborating Centre for Pricing and Reimbursement Policies）将 ERP 定义为"在一个或多个国家使用一种或多种药品的价格，以获得基准或参考价格，以便在一个特定国家设定产品价格或进行谈判的做法"[6]。因此，某一药品在一个国家的价格发生变化，将会影响在其他国家的价格。

作为一种成本控制工具，尽管 ERP 自其诞生以来已被广泛接受和使用，但人们仍在关注其对药品可负担性和患者可获得性的潜在影响，以及对制药行业收入和可持续发展的影响[2, 4-5, 7-13]。

7.2 ERP 在欧洲

在欧洲，几乎所有国家都实施了 ERP；而英国和瑞典则在 2002 年停止了 ERP 的使用，转而采用基于价值的定价（value-based pricing，VBP）。

丹麦是使用 ERP 时间最长的国家之一。虽然该国在 2005 年将这一制度取消，但从 2009 年开始又将 ERP 引入了医院部门[14]。很多欧盟国家为了确定一种新药的价格而系统性地运用 ERP 方法，而在比利时、芬兰、意大利、波兰、西班牙和德国，ERP 则被用作一种辅助性的方法。

在意大利，ERP 被用来在价格谈判中获取额外的信息，而在过去，它被用作评估新药的主要工具。

德国从 2011 年开始采用 ERP 作为确定报销价格的众多标准之一。

在比利时，ERP 也被用来获取定价决策的支持性细节信息；然而，从 2013 年开始，该国针对获批上市未满 5 年的报销和专利药品，根据的国际价格（奥地利、芬兰、法国、德国、爱尔兰和荷兰）进行了降价。

在西班牙，ERP 被用来确定在西班牙市场上没有其他可替代品种的药品价格。

7.2.1 国家层面的法律框架

在绝大多数国家，无论是作为一种主要工具，还是作为一种支持性的方法来确定新药进入市场的价格，医疗保健部门都会在预设的法律框架内对其进行监管。

在法国，医疗产品经济学委员会（CEPS）基于一项框架协议与制药企业之间就使用 ERP 方法达成了一致。爱尔兰医药健康协会（Irish Pharmaceutical Healthcare Association，IPHA）与卫生部（Department of Health）和医疗服务主管部门（Health Service Executive of Ireland，HSE；Feidhmeannacht na Seirbhíse Sláinte）也签订了类似的框架协议。

在西班牙，自从 2012 年颁布了第 16/2012 号法令以来，ERP 不再受到任何法律的支持；然而，它仍然与医药产品部际定价委员会（CIPM）的内部标准保持一致。

此外，ERP 方法及其规定在不同国家的表述精确性也存在差异，这取决于不同国家以及该方法所处的优先地位。葡萄牙和奥地利[15]就是很好的例子，它们在立法中针对 ERP 的使用做出了大量的细节性规定，而德国和爱沙尼亚的法律在这方面提供的指导则相对要少得多。

7.2.2 ERP 的范围

一个极端的例子是，在卢森堡，ERP 被用来确定所有新上市药物的价格。然而，ERP 通常只适用于特定类别的药品，如那些公共报销药品、处方药或创新药物。事实上，许多国家（奥地利、克罗地亚、捷克、芬兰、爱尔兰、意大利、拉脱维亚、立陶宛、马耳他、波兰、斯洛伐克、斯洛文尼亚和瑞士）仅对公共报销药品运用 ERP 方法。爱沙尼亚、法国和德国则仅在创新药物和公共报销药品方面采用 ERP。

此外，不同国家的法律法规对适用于 ERP 的药品范围的描述精确性也完全不同。例如，虽然丹麦法律明确规定，ERP 只能用于确定仅供住院使用的药品价格，但许多其他国家并没有明确做出类似的规定。

另外，各国并不总是明确地规定了 ERP 是否应该被用于非专利药品。比利时、塞浦路斯、爱沙尼亚、芬兰、法国、德国、希腊、匈牙利、挪威和葡萄牙仅对专利药品或创新药物使用 ERP，而奥地利、克罗地亚、冰岛、意大利、斯洛文尼亚和荷兰则同时使用 ERP 评估专利药和非专利药的货币价值。

欧洲仿制药协会（European Generic Medicines Association，EGA）认为，针对非专利药品使用 ERP 并不常见，目前仅限于保加利亚、捷克、斯洛伐克、斯洛文尼亚、拉脱维亚、立陶宛、波兰、罗马尼亚和克罗地亚。

7.2.3 "国家篮子"的组成

在实施 ERP 的过程中，为了确定一种新药的价格而作为调查对象的一组国家被称为"国家篮子（country basket）"。传统上，"国家篮子"是根据经济水平可比性或地理邻近性来确定的，其具体数量则因国而异。例如，卢森堡的"国家篮子"名单上只有 1 个参考国家，克罗地亚、爱沙尼亚、葡萄牙和斯洛文尼亚各有 3 个参考国家，而在匈牙利和波兰，这个数字则上升到 31 个。

此外，尽管多数欧盟成员国只选择将欧盟国家纳入自己的"国家篮子"，但匈牙利、丹麦、波兰和芬兰等少数国家也纳入了部分欧洲经济区国家，匈牙利和波兰还将其定价水平与瑞士挂钩。

卢森堡和爱沙尼亚则选择参照产品（reference products）在原产国（country of origin）的价格，俄罗斯、立陶宛和罗马尼亚在没有可参考价格的情况下也会采用这种方式。但其问题是，并没有明确说明原产国是指制药企业的所在国，还是指在欧洲的上市许可持有人的所在国。

比利时将 ERP 作为一种支持性方法，据报道，其在实施过程中既可以调查原产国的价格，也可以调查参考国家（26 个欧盟成员国）的平均价格。

总体而言，在欧洲，有多达 19 个国家主要以法国的价格作为参考，英国和德国的价格则排名第二，被 17 个国家参考。被参考最少的国家是 2013 年 7 月加入欧盟的克罗地亚（5 个国家）和不属于欧盟成员国的欧洲经济区国家，如瑞士（2 个国家）、冰岛（3 个国家）和挪威（6 个国家）。

7.2.4 价格的计算和参照产品的选择

如前所述，ERP 的准则和规则在各国法规中的详细程度不同。例如，有关选择参照产品的规则并不总是清楚地列出了相关要素，例如剂型、剂量、包装规格、是否属于门诊/住院专用、是否属于仿制药/专利药和是否属于报销药品等。

此外，参考价格的计算方法在很多情况下并未被清晰地公布（德国和爱沙尼亚），而且即使在同一国家（克罗地亚和冰岛），针对不同产品类型的计算方法也可能有所不同。

典型的 ERP 计算方法（奥地利、比利时、塞浦路斯、丹麦、冰岛、爱尔兰、葡萄牙、瑞士和荷兰）是计算"国家篮子"的平均价格。另一种方法（保加利亚、匈牙利、意大利、罗马尼亚、斯洛文尼亚）则是在被参考国家的价格列表中选择最低价。还有一种方法是在参考国家价格列表中挑选出 3 或 4 个最低的销售价格，然后计算它们的平均价格，希腊、挪威和斯洛伐克以及捷克都采用了这种方法（仅在计算最高限价时）。

法国的"国家篮子"名单中只有 4 个国家，总体而言是采用了"相邻费率（adjoining rates）"。

马耳他则采用"双重标准"，即针对公立机构采用"国家篮子"的平均批发价，而针对私营机构则采用另一种特定的算法。

当无法获得一个或多个参考国家的价格，或者没有得到所有国家的批准时，一些欧盟成员国（保加利亚、克罗地亚和塞浦路斯）会使用参考国家的定价方法作为替代手段。另一些国家（比利时、丹麦和拉脱维亚）则根据现有的数据计算价格，而当其中一个参考国家有新的参考价格信息可获取时，将重新进行相关定价。在荷兰，只有当 4 个参考国家中至少有 2 个国家有可比产品时，才会考虑将该药品列入定价程序。罗马尼亚的"国家篮子"中有 12 个参考国，如果这些国家均没有可参考的价格数据，则会将原产国的价格视为另一种选择。

此外，价格是可被随时更新的。2012 年，爱尔兰根据 IPHA 与卫生部和医疗保健管理者之间的框架协议中规定的药品供应条款、条件和价格条款下调了药品价格水平，使其与经汇率校正的参考国家平均出厂价格水平相一致。

挪威药品管理局（Norwegian Medicines Agency；Statens legemiddelverk）每年更新 250 种化学名药品的最高价格，以准确地体现欧洲药品价格的变化；而在斯洛文尼亚，药品的价格可能在一年中会更新两次。

欧盟成员国主要关注药品的出厂价格，并使用官方价格数据库收集相关信息，但是也允许进一步考察药品采购价格和药品零售价格。因为同一药品的出厂价格和采购/零售价格可能相差很大，所以通常是根据相同或最相近的剂量和包装规格来确定价格。这种做法往往会产生相当近似的衡量标准，并引起了针对代表性问题的关注。基于相同的包装规格进行价格比较意味着将排除一些参考国家，同时也忽略了这些国家上市的包装规格的价格水平代表性。

许多国家在实施 ERP 时不考虑药品制剂的差异（拉脱维亚、葡萄牙和斯洛伐克），而其他国家（比利时、匈牙利和冰岛）只考虑将相同或相近的制剂作为对照产品。在这种情况下，胶囊剂和片剂等固体剂型可以作为确定其他固体剂型药品价格的参考，但不能作为注射剂等其他剂型药品的参考。

许多欧盟成员国（奥地利、比利时和葡萄牙）在 ERP 中会使用非报销药品的参考价格。在这种情况下，即使在一个或多个参考国家有相应的仿制药，也还是会选择原研药作为参考。

7.3 非欧洲国家的 ERP 程序

在欧洲以外的国家，如澳大利亚、加拿大、日本、韩国、墨西哥、新西兰和土耳其等国以及其他经济合作与发展组织（Organization for Economic Co-operation and Development，OECD）成员国，也会使用 ERP 方法，并在各自的"国家篮子"纳入了许多欧盟成员国。

这些国家的药品总支出约为欧盟的80%。

在美国，药品价格不受管制，因此没有必要使用ERP；然而，美国却出现在许多欧洲和非欧洲国家的"国家篮子"名单中[7]。此外，美国和上述国家的药品总支出是欧洲（欧盟成员国、瑞士、挪威和爱尔兰等25个国家）的2倍。

7.3.1 澳大利亚

作为价格管理部门，药品福利定价机构（Pharmaceutical Benefits Pricing Authority，PBPA）负责确定列入药品福利计划（Pharmaceutical Benefits Scheme，PBS）的药品售价。

ERP属于其使用的多种定价方法之一，英国和新西兰是参考国家[7, 16]。

7.3.2 加拿大

在加拿大，专利药品价格审查委员会（Patented Medicine Prices Review Board，PMPRB）负责监管上市的处方/非处方专利药的出厂价格。

PMPRB在1987年将ERP作为创新药物的主要定价方法[7]，分类方式为"重大突破（breakthrough）"、"显著改善（significant improvement）"和"适度改善（moderate improvement）"。加拿大的"国家篮子"是根据经济和地理上的相似性，以及促进医药行业研发和创新这一共同目标而设立的[7, 28]，其中包括美国、法国、德国、意大利、瑞典、瑞士和英国。

新上市专利药的"最高平均潜在价格（maximum average potential price）"[17-18, 28]的计算方法是取相同强度和剂量的同一专利药在上述7个国家的出厂价格中位数。

如果该药品已上市国家数量小于5个，则可临时参考国际价格中位数，并需在3年后重新进行评估。

如果该药品已上市国家的数量为偶数，则通过计算两个中间价格的平均值来确定中位数[28]。

如果该药品在上述国家均未上市，则参考同一专利药中与之强度和剂量最相近的产品价格。

7.3.3 日本

当本地价格与法国、德国、英国和美国的同期价格水平存在显著差距时，日本会将ERP作为一种价格调整工具。

当一种新的专利药在日本市场上没有可替代药品，或者与所有可对照药品相比都具有显著的附加价值时，若其价格下降到上述国家当前价格的75%以下，就会对其进行系统性的再评估，并提升其价格[5, 7, 10, 19]。同样，若其在日本的价格上涨到上述国家当前价格的1.5倍，则会下调其价格水平。

7.3.4 韩国

在2006年及以前，韩国会参考7个国家（美国、英国、法国、日本、德国、意大利和瑞士）的平均出厂价格来进行专利药的价格谈判。随后，为了抑制不断增长的医疗费用

支出，政府推出了"药品支出合理化计划（Drug Expenditure Rationalization Plan）"，国民健康保险公团（National Health Insurance Service，NHIS；국민건강보험공단）和制药企业之间进行价格谈判主要基于量价关系的考虑①，各个参考国家和地区（澳大利亚、法国、德国、意大利、日本、新加坡、西班牙、瑞士、英国和中国台湾）的价格均可被用于价格谈判，而不是基于公式化的 ERP 测算[20-21]。

7.3.5 墨西哥

在墨西哥，参考价格为前一季度药品销售最多的国家的平均出厂价格，并委托外部审计人员根据以下比例确定面向公众销售的平均价格[5, 7]：

$$PRVP（Precio\ De\ Referencia\ Para\ Ventaal\ Publico）= ERP \times 1.72$$

这个比例反映了药品批发和零售环节的综合平均利润率。然而，据报道，墨西哥会使用英国的价格作为参考。

7.3.6 新西兰

在新西兰，ERP 似乎是以一种非正式的方式进行，其"国家篮子"包括加拿大、奥地利和英国[7]。

7.3.7 土耳其

出于对不断增长的医疗保健支出的担忧，土耳其药品和医疗产品局（General Directorate for Pharmaceuticals and Pharmacy；Türkiye İlaçve Tıbbi Cihaz Kurumu，TITCK）自 2004 年其开始独立负责土耳其的药品定价，并引入了 ERP 方法。药品在土耳其的最高出厂价不能高于其在法国、希腊、意大利、葡萄牙和西班牙 5 个国家的最低价格，这些被纳入的参考国家是根据其药品市场和人口在年龄范围、分布和健康状况方面的特点来选择的。

如果某药品在上述国家中均未上市，则使用其在另一个欧盟成员国的价格作为替代性参考。如果该药品尚未在欧盟市场中销售，或在原产国的价格低于所有参考国家的出厂价格，则将原产国价格作为参考价格。如果其只在土耳其销售，则通过谈判来确定价格。

所有仿制药和已过专利保护期的原研药的价格都被设定为原研药在参考国家中最低价格的 66%[22-23]。

7.4 与 ERP 相关的问题

多年来，ERP 的原理和应用方法在医药市场的不同利益相关者中引起了广泛的关注和批评。许多人谴责它创造了"路径依赖（path dependence）"，因为它像一个"自给自足的市场盲区系统（self-contained and market blind system）"一样运作。事实上，ERP 方法使

---

① Creativ-Ceutical 内部专门数据库。

药品市场的价格水平由国家间相互观察的制度本身决定，而没能考虑这些国家之间的医疗需求、收入和医疗保健费用等方面的差异[8-9]。

另外，相关价格数据来源的可获得性和准确性是采用ERP方法的主要障碍[11]。

可获得的不同国家的价格水平指标也有所不同。例如，英国和荷兰只公布药品采购价格，但由于出厂价是大多数国家用于参考的对象，因此必须通过从现有的数据中扣除批发差价才能折算出这一价格，这意味着其中存在着一定程度的假设和误差[5, 8, 10-11, 24]。

从某种程度上来说，一些公开的价格数据在本质上是不准确的，因为其中没有体现准入管理协议和制药企业认可的保密价格折扣等因素[5, 8, 10-11]。当某种药品处于垄断地位时，采用ERP方法将会导致定价偏高。此外，由于监测不够严密，当1个或多个参考国家出现降价时，这种变化并没有系统地反映在相关国家的价格水平中。

有文献报道，制药企业为了试图阻止别的国家将某药品选作对照产品，会将其在不同的国家以不同的商品名、不同的成分比例和不同的剂量上市销售[5, 7, 10, 37]。此外，价格通常以本地货币计价，并会受到汇率波动的影响[4, 8]。在过去的5年中，由于瑞士参考的国家发生货币贬值，瑞士的药品价格急剧下降[25]。

此外，由于一些非欧元区国家并不披露其所使用的汇率，这会导致第三方国家出现价格误判。

7.4.1 ERP的潜在后果

ERP对医药市场的影响是相当不确定的，这一问题值得讨论[11, 27]。整个行业都在关注一个国家对另一个国家的溢出效应，他们通常认为，ERP会导致价格"向下趋同"。由于ERP的广泛使用，制药企业在一个地区的低准入价格会迫使其重新考虑相关的定价政策[4-5, 8, 11, 37]。然而，两项研究表明，欧盟成员国之间的总体价格失衡的情况没有得到实质性的改善[26-27]。

第一项研究观察了30个国家（包括欧盟和非欧盟国家）中36个治疗类别的1000多种处方药。结果表明，随着时间的推移（12年以上），有一半的药品的价差仍然超过50%，且平行贸易并没有影响欧盟成员国之间的价格分布。

第二项研究则关注了15个欧洲国家中的10种专利药。结果指出，2008年至2012年这5年间，在德国和希腊的推动下，上述药品在不同国家的价格出现了差异。然而，即使最低价格国家和最高价格国家之间存在巨大的差异，该研究仍支持价格趋同的观点。

这两项研究同时表明，尽管ERP可能会导致价格随时间的推移而趋同，但由于所使用的ERP方法各有不同，以及在其他定价方法和政策的影响下，国家间的价格差异仍然普遍存在。

7.4.1.1 患者的药物可及性

ERP常因其对患者药物可及性的潜在负面影响而被弃之不用，这一情况反映了制药企业通过实施"上市顺序策略（launch sequence strategy）"，以推迟或避免在可能被其他国家参考的、规模较小和价格较低的市场推出一种新药[4-5, 8, 10]。

例如，由于比利时在欧盟范围内被认为是属于药品价格水平较低的国家，并且通过ERP的实施对其他利润更高的国家产生了相当大的影响，某一制药企业有计划地推迟了其产品在比利时的上市[28]。

此外，据报道，ERP 的广泛应用具有"循环定价效应（circular pricing effect）"。因为越来越多的国家被选作参考，所以很难确定价格到底是参照于哪一个国家。最重要的是，至少从理论上来说，一个国家的价格变动可能会在其他国家引发多米诺骨牌效应。这些都刺激了制药企业采用有顺序的上市策略[37]。

由于低端市场对于企业的吸引力更小，这一策略的实施对当地患者的药品可及性的影响很难被评估。但是，也有可能是国家间的平行贸易导致了这种必须面对的上市顺序间隔。无论如何，两方面的因素肯定是并存的，很难将各自的影响分别对待[5, 8]。

7.4.1.2 可负担性

据报道，在药品绝对价格水平较高的国家（德国、丹麦、爱尔兰和意大利），考虑到其人均国内生产总值（GDP），其相对价格水平仍是较低的；而在绝对价格水平较低的国家（波兰、罗马尼亚和保加利亚），其相对于人均 GDP 的价格水平则较高。

价格趋同是造成这种情况的因素之一。制药企业为了阻碍或消除国家间的药品平行贸易，试图在所有市场上取得趋同的准入价格，而不没有考虑当地的购买力[29]。

因此，绝对价格水平较低的国家经常遭受由大量平行出口贸易而造成的药品短缺。2012 年，保加利亚共有 200 余个药品品种（剂量、规格和化学实体）发生了短缺。

尽管采用 ERP 方法的初衷是实现价格控制和药品的快速降价，但由于其迫使制药企业为了保持收入和可持续性而设定较高的目标价格，在与国家间的药品平行贸易相结合之后会产生相反的效果[4-5, 37]。

7.4.1.3 制药行业的收入与可持续性

拉姆齐定价法（Ramsey Pricing Principles）认为，产品在不同市场中的价格应根据需求弹性而异，并应考虑到消费者的价格敏感性[11]。据报道，拉姆齐定价法在补偿药品研发的总体合并成本时是行之有效的，因为它允许制药企业在较贫穷国家实现大规模销售，同时又不损害它们在较富裕和价格不敏感国家的收入[29]。

然而，基于有效性和／或成本-效果的 VBP 方法以及 ERP 方法与拉姆齐定价法是相悖的，前者被认为会使企业的收入减少，进而导致可用于研发投资的资源减少并限于"利基市场（niche market）"，最终会阻碍增量创新[12-13, 29]。目前还不清楚 ERP 方法在多大程度上影响了新药的研发，而且在不久的将来，这种影响似乎是难以估量的[13]。尽管如此，ERP 似乎已经对包括专利药和非专利药在内的行业整体竞争力产生了巨大的负面影响。

EGA 坚定地认为，ERP 限制了制药行业进入特定市场的能力，因为它把价格降低到一种不可持续的水平。举例来说，在保加利亚使用 ERP 方法并参照了丹麦的价格后，奥氮平（olanzapine）在该国的售价下降了 98%，这反而导致相关制药企业退出了保加利亚市场，最终限制了保加利亚患者获得这种药品的可及性。同时，EGA 强调，在那些通过建立采购和招标体系将药品价格降至不可持续水平的国家，ERP 对于仿制药行业也是有害的，因为它影响了患者获得药物的可及性，也限制了患者本可能由于购买仿制药而非专利药而节省的费用。

与此同时，欧洲制药工业和协会联合会（European Federation of Pharmaceutical Industries and Associations，EFPIA）一直关注于 ERP 的间接和不利影响，特别是在预算危机和成本控制措施泛滥的情况下。

美国查尔斯河公司（Charles River Associates，Boston，MA）开展了两项研究来阐述这一观点。

第一项研究旨在评估 ERP 和平行贸易对社会福利和患者药物可及性的影响，其结论是，ERP 和平行贸易使低端市场和高端市场之间出现了反向溢出效应，降低了平均价格，在成本节约方面给支付者带来的总体获益是有限的，却对药品在最低价格市场的准入产生了相当大的影响。该研究结果还显示，ERP 和平行贸易对制药行业的研发投资潜力有显著的影响。

为了说明 ERP 的溢出效应，EFPIA 再次举出希腊作为例子。根据其计算结果，如果所有国家都以希腊的价格水平实施 ERP——即在 2011 年希腊的药品价格下跌 10% 之后更新其在本国的价格，将会对整个行业造成巨大的财务影响（希腊：2.99 亿欧元，欧洲：7.99 亿欧元，全球：2.154 万亿欧元）。

第二项研究则着眼于瑞士的定价规则和瑞士降价的国际影响。根据这项研究，瑞士平均 10% 的降价所产生的溢出效应将会对瑞士和全球产生大约 4.3 亿欧元和 4.952 亿欧元的财务影响。该研究还模拟了瑞士降价对加拿大患者药物可及性的影响，其结论是，如果一种新药首先选择在瑞士上市，将导致该药品在加拿大的上市价格上涨；相反，推迟新药在瑞士市场上市将会使加拿大的患者获得更好的治疗机会。

此外，EFPIA 还举出了在希腊发生的价格误判的例子。这种反常现象在 13 个引用药品在希腊的价格水平作为参考的国家产生了不良后果。

7.5 VBP 和 ERP

VBP 是欧洲国家常见的另一种定价工具，衡量它与 ERP 之间的差异是很有趣的。

VBP 可以被定义为一种模型：在这个模型中，价格是根据消费者对药品价值来认可程度而定的；在这种情况下，价值的概念取决于消费者的认可，而销售价格是由客观和主观价值共同决定的。

公共支付者委托卫生技术评估（HTA）机构，通过与对照治疗方案的比较对新药的附加价值进行循证评价。

在不同国家之间，虽然价值的核心概念在本质上是相同的，但对于产品价值的认知是不同的，这取决于各国医疗保健服务的特殊性、医疗实践、对照药品的可获得性等方面的差异。此外，不同国家评估一种新药的价值所需的证据结构也可能由于评估方法、判断获益的标准以及对照组的选择不同而异。

在法国，透明委员会（CT）通过评估新药相对于现有治疗的临床改善水平，并着重于测量绝对疗效的改善幅度，来确定实际临床获益的改善情况（Added Actual Medical Benefit；Amélioration du Service Médical Rendu，ASMR）。而在德国，取而代之的是测量相关终点结局指标的风险比（rate ratio，RR），并且根据 95% 置信区间的上限来判断药品的价值，而不是仅仅测算 RR 值。在英国，NICE 会测算每多获得 1 个质量调整生命年所需的成本来评估一种新药所带来的健康获益，并设定了增量成本-效果比（ICER）的阈值范围。许多其他国家也使用 ICER，但并没有为新技术的准入设定相应的阈值。

因此，不同国家对价值的理解和衡量方法是不同的。

此外，VBP 可以是"事前（ex-ante）"计算，即在定价之前（法国），也可以是"事后（ex-post）"计算，即在定价之后（瑞典和英国）。使用 VBP 方法意味着价值更高的药品将享有更高的价格，以及使用国家参考价格。然而，除了那些设立了法定的 ICER 阈值的国家，更高的附加价值与更高的意愿支付价格之间的相关性并不明确。

7.5.1　ERP 作为 VBP 的替代方案

ERP 可作为 VBP 的一种替代方案，特别是当某个国家没有足够的资源来进行 VBP 并且希望使用基准定价方法（benchmarking methods）时，或者希望能够更好地利用这些资源时，或者在不认为 VBP 是一种有效的定价工具的情况下。

7.5.2　ERP 与 VBP 的联合应用

由于很难在药品附加价值和意愿支付水平之间建立系统性的关联，许多国家将 ERP 方法作为 VBP 方法的补充。此外，医疗保健管理部门并不总是会主动地接受 ERP 方法。事实上，法国的制药企业联盟影响了管理部门对于 ERP 方法的引入，以确保法国的药品价格水平保持在欧盟范围内，并防止对其他国家产生溢出效应。

总体上，VBP 和 ERP 方法都存在一定的争议。由于不同国家对价值的认识不同，因此根据另一个国家的意愿支付水平调整价值实际上是一个有争议的问题。比如，先为某种新药设定一个基于认知价值的价格，然后却根据其他国家的价格水平修改这个价格，这看起来可能是很荒谬的。

然而，评估新药的价值并为其设定合适的价格是一项复杂而微妙的工作。因此，为了做出明智的决策而监测其他国家的价格水平，看看价格是否被大大地低估或高估了，也许是合理的。为此，可以利用 ERP 方法来有效地调整 VBP 方法。但是，当 ERP 方法被用作主要的评估工具时，它是不能被 VBP 方法所补充的，因为无论消费者的认知价值如何，药品的价格已通过基准定价方法被确定了。

ERP 和 VBP 方法也可以共存，但应该有不同的适用范围。在某些情况下，ERP 方法仅适用于创新药物，而使用 VBP 方法评估其他所有产品。这时，HTA 机构将再次承担起区分创新药物和非创新药物的使命。

参考文献

1. Council Directive of 21 December 1988 relating to the transparency of measures regulating the pricing of medicinal products for human use and their inclusion in the scope of national health insurance systems (89/105/EEC). (This directive is under review to adapt it to the current pharmaceutical environment). Available from: http://eurlex.europa.eu/LexUriServ/LexUriServ.do?uri=CELEX:31989L0105:en:HTML (Cited October 26, 2016).
2. Leopold C, Vogler S, Mantel-Teeuwisse AK, de Joncheere K, Leufkens HG, Laing R. (2012). Differences in external price referencing in Europe-A descriptive overview. *Health Policy* 104:50–60.
3. Vogler S, Zimmermann N, Leopold C, de Joncheere K. (2011). Pharmaceutical policies in European countries in response to the global financial crisis. *Southern Med Review* 4(2):22–32. Available from: http://apps.who.int/medicinedocs/documents/s19046en/s19046en.pdf (Cited August 14, 2013).
4. European parliament. Differences in costs of and access to pharmaceutical products in the EU (2011). Available from: http://www.europarl.europa.eu/document/activities/cont/201201/20120130ATT36575/20120130ATT36575EN.pdf (Cited August 14, 2013).
5. Espin J, Rovira J, De Labry AO. WHO/HAI project on medicine prices and availability-Working paper 1: External refer-

ence pricing (2011 May). Available from: http://www.haiweb.org/medicineprices/24072012/ERPfinalMay2011.pdf (Cited August 15, 2013).
6. The WHO Collaborating Centre for Pricing and Reimbursement Policies, Glossary. Available from: http://whocc.goeg.at/Glossary/PreferredTerms/External%20price%20referencing (Cited August 14, 2013).
7. OECD. Pharmaceutical Pricing Policies in a Global Market. (2008 Sep). Available from: http://www.oecd.org/fr/els/systemes-sante/pharmaceuticalpricingpoliciesinaglobalmarket.htm (Cited August 14, 2013).
8. Kanavos P, Espin J, van der Aardweg S. (2010 Jan). Short- and long-term effects of value-based pricing vs. external price referencing. *EMINET*. Available from: http://ec.europa.eu/enterprise/sectors/healthcare/files/docs/valuebased_pharma-pricing_012010_en.pdf (Cited August 14, 2013).
9. Cueni TB. International Price Referencing-Is there a "right" way to perform it? Presentation. *ISPOR 15th Annual European Congress*, Berlin, Germany (November 3–7, 2012).
10. OECD. Improving health-system efficiency: Achieving better value for money-Ensuring efficiency in pharmaceutical expenditures: policies to improve value for money. Joint OECD/European Commission conference, Brussels (September 17, 2008). Available from: http://ec.europa.eu/social/main.jsp?catId=88&eventsId=106&langId=en&moreDocuments=yes&tableName=event (Cited August 14, 2013).
11. Bouvy J, Vogler S. Pricing and Reimbursement Policies: Impacts on Innovation. Background Paper 8.3 (2013 May 23). Available from: http://www.who.int/medicines/areas/priority_medicines/BP8_3_pricing.pdf (Cited 2013 Sep 12).
12. Eucope (European Confederation of Pharmaceutical Entrepreneurs). Explanatory memorandum. Pharmaceutical prices: Why are there differences between Member States (2012). Available from: http://www.eucope.org/en/files/2012/10/EUCOPE-IRP.pdf (Cited August 30, 2013).
13. Brandt L. Price tagging the priceless: International reference pricing for medicines in theory and practice. ECIPE Policy Briefs N° 03/2013. Available from: http://www.ecipe.org/media/publication_pdfs/ECIPE_Policy_Brief_IRP_30_May_FINAL_pdf.pdf (Cited September 12, 2013).
14. Kaiser U, Méndez SJ, Rønde T, Ullrich H. Regulation of Pharmaceutical Prices: Evidence from a Reference Price Reform in Denmark. IZA DP No. 7248. Discussion Paper (2013 Feb). Available from: http://ftp.iza.org/dp7248.pdf (Cited September 12, 2013).
15. Kaiser U, Méndez SJ, Rønde T, Ullrich H. Regulation of Pharmaceutical Prices: Evidence from a Reference Price Reform in Denmark. IZA DP No. 7248. Discussion Paper (2013 Feb). Available from: http://ftp.iza.org/dp7248.pdf (Cited September 12, 2013).
16. Australian Government. Department of Health and Ageing. PBPA Policies, Procedures and Methods. Available from: http://www.health.gov.au/internet/publications/publishing.nsf/Content/pbs-pbpa-policies-contents~pbs-pbpa-policies-preamble (Cited August 30, 2013).
17. Prashant Y. Differential Pricing for Pharmaceuticals Review of current knowledge, new findings and ideas for action. A study conducted for the U.K. Department for International Development (DFID) (2010 Aug). Available from: https://www.gov.uk/government/uploads/system/uploads/attachment_data/file/67672/diff-pcing-pharma.pdf (Cited August 30, 2013).
18. Richards C. Canada: Healthcare System and Drug Regulatory Overview. DataMonitor. DMKC0060758 (2012 Mar 15).
19. Inazumi Y (Chief of drug price, Economic Affairs Division, Health policy Bureau, Ministry of Health, Labour and Welfare, Japan). Drug evaluation and pricing. Presentation (2008).
20. Jones RS. Health-Care Reform in Korea. OECD. Economics Department Working Papers, No. 797, OECD Publishing (2010). Available from: http://dx.doi.org/10.1787/5kmbhk53x7nt-en (Cited August 30, 2013).
21. Kwon S. Health Care Reform in Korea: Key Challenges. IMF Conference (2011 Oct 3). Available from: http://www.imf.org/external/np/seminars/eng/2011/healthcare/pdfs/s3_kwon.pdf (Cited August 30, 2013).
22. Richards C. Turkey: Healthcare System and Drug Regulatory Overview. DataMonitor. DMKC0060716 (2012 May 15).
23. Koçkaya G. Pharmaceutical Policies and Market Access in Turkey. ISPOR Connections (2012). Available from: http://www.ispor.org/news/articles/april12/pharmaceutical-policies-market-access-turkey.asp (Cited August 30, 2013).
24. Carone G, Schwierz C, Xavier A. Cost-containment policies in public pharmaceutical spending in the EU. European Commission-European Economy. Economic papers 461 (2012 Sep). Available from: http://ec.europa.eu/economy_finance/publications/economic_paper/2012/pdf/ecp_461_en.pdf (Cited August 30, 2013).
25. The Pharmaletter. Swiss pharma market shrank for first time in 2010 (2011 Feb). Available from: http://www.thepharmaletter.com/file/101871/swiss-pharma-market-shrank-for-first-time-in-2010.html (Cited September 12, 2013).
26. Kyle MK, Allsbrook JS, Schulman KA. 2008. Does Reimportation Reduce Price Differences for Prescription Drugs? Lessons from the European Union. *Health Services Research* 43(4):1308–1324.
27. Leopold C, Mantel-Teeuwisse AK, Vogler S, de Joncheere K, Laing R. Leufkens HG. Is Europe still heading to a common price level for on-patent medicines? An exploratory study among 15 Western European countries. *Health Policy* (2013 Sep).
28. Maervoet J, Toumi M. Time to Market Access for innovative drugs in England, Wales, France and Belgium. *ISPOR 15th Annual European Congress*, Berlin, Germany (2012 Nov 3–7).
29. Garau M, Towse A, Danzon P. Pharmaceutical pricing in Europe: Is differential pricing a win-win solution? Office of health economics. Occasional paper 11/01 (2011 Feb 11). Available from: http://www.ohe.org/publications/article/pharmaceutical-pricing-in-europe-10.cfm (Cited September 12, 2013).

8
支付者与药品监管部门之间的差异

8.1 引言

药品监管部门主要关注临床试验数据的内部效度（internal validity），如有效性、安全性和药品质量［本章将不讨论为了获得上市许可（marketing authorization，MAu）所必须具备的药品质量］，通常不考虑治疗成本问题。相比之下，支付者通常是为医药产品和医疗服务的提供资金或报销的一方，他们更倾向于关注临床试验数据的外部效度（external validity）、相对有效性、真实世界中的治疗路径以及成本-效果。因此，这两类机构对于不确定性和风险的看法往往是不同的。

一种新药为了获得市场准入，必须同时满足药品监管部门和支付者的要求。虽然药品监管部门负责评估新药的临床安全性和有效性，但 HTA 机构和支付者则更加关心药品的治疗附加价值、成本-效果和预算影响。为了决定能否批准一种新药上市，药品监管部门从自身的视角出发，需要获取有关安全性、有效性和药品质量的客观数据，但不需要考虑经济性因素。药品监管部门基于内部效度较高且没有偏倚的临床试验来测算获益/风险比（benefit/risk ratio），然而支付者则需要新药与 1 种或几种次优对照组相比的健康和成本方面的结局数据。内部效度较高的临床试验可以说明药品在试验环境下的效能，但支付者对其在真实世界条件下的效果更感兴趣。效能（efficacy）与效果（effectiveness）的进展关系如图 8.1 所示。因此，HTA 机构/支付者在评估健康获益过程中，往往基于效果的视角开展自己的研究，而不是依赖于药品监管部门基于效能的评估。这可能会导致不同的结论。

药品监管部门和支付者都面临着如何在提早市场准入和严格地进行获益/风险评估之间取得平衡的挑战。在这个过程中，他们都不可避免地要处理药品安全性和有效性数据的不确定性问题。近期的监管决策表明，药品监管部门接受不确定性作为决策的一部分，并且使用完善的、标准化的管理工具来促使患者更早地获得药物。但是，在预算的约束下，支付者则较难接受不确定性，其管理策略通常是趋向于进行成本控制；如果不确定性的程度超出可接受的范围，支付者很可能做出拒绝报销的决策，或将报销限制在有限的患者人群中。上述决策驱动因素之间的差异，导致药品监管部门/支付者对于某药品的上市许可/报销决策之间出现了差异，直至制药企业向 HTA 机构或支付者提交更多的数据并将不确定性问题降到最低。通常来说，支付者面对的不确定性更为广泛，但能够加以管理的工具则更少。

因此，这一章节的目的，是对药品监管部门和支付者之间的不确定性管理方式，以及

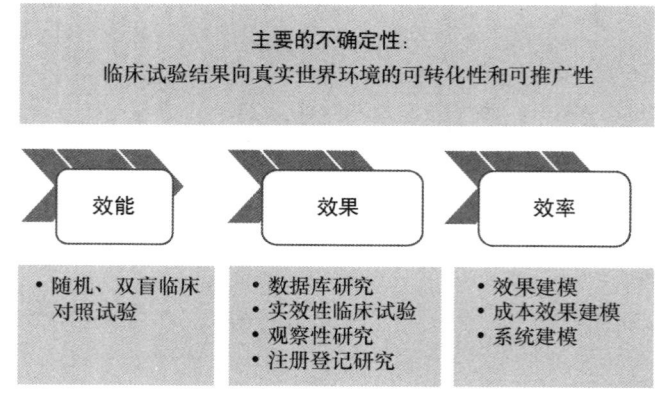

图 8.1 从效能到效果：对应的研究类型

为了平衡创新药物的准入加快与不确定性最小化所使用的不同管理工具进行比较。

8.2 不确定性与风险

由于不确定性和风险经常被混淆，因此区分这两个概念是很重要的。

不确定性是指某个事物的规则或性质是未知的；环境、条件或事件的后果、程度或规模是不可预测的；可能发生的结果的可信概率是无法确定的[1]。与此相反，风险的特征是至少可以识别出可能发生的结果，并可以确定其概率。不确定性与真空（vacuum）有关，是人们产生不适和恐惧的感觉的重要来源，并导致拒绝产品的纳入或准入。

而风险就不那么令人担忧，因为能够确定可能发生的事件，并能够对其概率进行合理的量化。风险是焦虑的来源之一，对风险的可接受程度取决于风险的性质和发生的概率。对风险的评估使我们能够管理风险，即避免事件的发生或控制事件的负面后果的程度，这就是所谓的风险缓解计划（risk mitigation plan）。

由于支付者在面对风险而不是不确定性时可以制定风险缓解/管理计划，因此更应该向他们提供关于前者的信息，而不是后者的。

8.3 支付者与药品监管部门

药品监管部门有较为完善的方法来评估和降低风险和不确定性，特别是对于药品安全问题。然而，传统上支付者已经接受了不确定性和风险的存在，但并不认为有必要针对各种不确定性和风险研究一套系统性的上市后管理方法。此外，药品监管部门面对的是有明确定义的风险，这些风险在不同地域是相通的，而支付者需要评估的风险则各有不同。目前，没有某种结构化的、普遍接受的方法可以被所有的支付者使用。

不断增加的预算限制和那些并不物有所值的高价药品，使支付者开始考虑研究针对这些风险的新方法。日益增长的针对 HTA 方法学的需求和成本控制措施就是这些尝试的例子。

8.4 不确定性的来源

8.4.1 药品监管部门

不确定性是所有监管决策所固有的，这已经被专家和社会所公认。因此，无论何时批准一种新药，都会带有一些潜在的不确定性。在新药的获益/风险评估过程中，监管部门进行全周期的不确定性和风险管理。在批准上市之前，风险与临床研究的样本量、随访时间、统计分析方法、观察到的安全性信号、说明书的审查等相关；在批准上市之后，风险则可能产生于大型上市后观察性队列、数据库分析、自发报告和用药差错。

8.4.2 HTA 机构 / 支付者

对于 HTA 机构 / 支付者来说，大多数风险来自于临床试验结果在不同国家 / 地区和不同环境之间是否具有可转化性，以及在更广泛的真实世界人群中是否具有可推广性（generalizability）。如何将 RCT 的效能转化为效果，进而转化为效率（efficiency），以及相关的预算影响是支付者必须处理的问题。这可能与临床试验中患者群体、对照药品、研究设计和结局指标的局限性有关，也可能来自处方者的医疗实践和患者的行为，例如用药差错、超说明书用药、合并用药、合并症、患者依从性和管理不当等。此外，还存在与环境背景（context）相关的不确定性，包括目标人群规模大于预期而导致预算影响增加、诊疗指南更新、出现新的血清型、处方转让（prescription transfer）和竞争环境更新等。这些将在 8.5 部分中讨论。

8.5 药品价值不确定性的风险管理——HTA 机构 / 支付者层面

支付者关注的主要不确定性是临床试验结果（效能）进入真实世界（效果）的可转化性和可推广性相关的。这可能与目标人群、对照药品、研究设计和结局指标有关。

8.5.1 目标人群

临床试验中的人群与目标人群可能在以下方面存在差异：
- 地理区域。
- 纳入 / 排除标准（例如年龄、严重程度）。
- 顺应性。

表 8.1 列出了几个 HTA 机构识别出的案例。如果相关制药企业与支付者建立早期对话、评估关键国家的患者路径、对比诊疗指南并对人群进行细分，以便将其纳入试验设计的话，这些问题是本可以避免的。这些企业还应该考虑对临床试验中未能入组患者进行注册登记，并对退出试验的患者进行随访，这也可以为支付者提供很多信息（例如他们的特征是什么？他们退出试验后的病程如何？他们对后续的治疗有应答吗？）

8.5.2 对照药品

支付者经常会对临床试验中选择的对照药品表达不满。他们可能会就以下方面提出意

表 8.1　HTA 机构实例——与目标人群相关的不确定性

药品	适应证	HTA 机构	时间	说明
芦可替尼（ruxolitinib）	骨髓纤维化	法国 HAS	2013.01.09	COMFORT Ⅱ 试验排除了可接受造血干细胞移植的患者，使其结果向当前临床实践的可转化性受限
依伐卡托（ivacaftor）	囊性纤维化	德国 G-BA	2013.02.07	企业提交的研究中未纳入严重患者
匹美西林（pivmecillinam）	泌尿系统感染	法国 HAS	2013.04.03	在北欧国家开展的临床研究结果不能被转化至法国，因为在法国，社区获得性泌尿系统感染的主要病原菌——大肠埃希菌对该药耐药
长春氟片（vinflunine）	尿路移行细胞癌	英国 NICE	2013.01	由于临床试验中的患者基本特征和治疗路径与英国临床实践存在差异，无法确定该药针对英国注册适应证人群的效果； 与大多数英国的晚期或转移性尿路移行细胞癌患者相比，研究中纳入的患者年龄更低且更加健康 研究排除了既往接受过辅助或新辅助化疗的患者，但许多适宜接受姑息性二线化疗的英国患者均接受过上述两段治疗

资料来源：Creativ-Ceutical，Paris，Internal Research，2013.
注：HAS，卫生高级权力机关；NICE，国家卫生和保健评价研究院；G-BA，联邦联合委员会；HTA，卫生技术评估。

见（表 8.2）：
- 指南与实际临床实践之间的差异。
- 超说明书用药。
- 参比治疗的变化。
- 各国临床实践的差异。

为了避免出现上述问题，制药企业应该确保对照药品在相应的适应证、治疗线位和亚组人群中已经获批，并且符合真实世界实践。同时，当对照药品在不同国家间有所差异时，企业还应考虑在 Ⅲb 期临床研究中体现这一问题。或者，可以准备一份 Meta 回归（meta-regression）研究、基于混合治疗比较的 Meta 分析或网状 Meta 分析。

8.5.3　研究设计

支付者通常会提出以下问题：研究随访时间不适宜、患者例数偏少、非劣效或优效研究的选择、开放标签或采用盲法、设盲的持续性以及患者变更治疗组等（表 8.3）。

为解决这些问题，制药企业应确保临床试验的设计可以进行区分（与探索性分析相比，可进行亚组分析或预设的二次分析），还应确保对盲法的中心化评价/监察，使用不同范围/定义的纳入标准和首要结局指标，以及根据支付者的视角设定可接受的研究时间。

表 8.2 HTA 机构实例——与对照药品相关的不确定性

药品	适应证	HTA 机构	时间	说明
布伦妥昔单抗（brentuximab vedotin）	淋巴瘤	法国 HAS	2013.01.09	由于数据缺乏（特别是对照数据，但没有可及的替代方案），无法评估该药对患病-病死率和生命质量的影响
阿昔替尼（axitinib）	肾细胞癌	法国 HAS	2013.01.09	未针对舒尼替尼治疗失败后的其他已上市替代方案进行比较
匹美西林（pivmecillinam）	轴性脊柱关节炎	法国 HAS	2013.04.03	未予法国当前治疗社区获得性泌尿系统感染的抗生素进行比较［企业分别提交了与阳性对照药（sulfamethizol）和安慰剂比较的研究］
利格列汀（linagliptin）	2 型糖尿病	德国 G-BA	2013.02.21	二联治疗：有 1 项可能相关的直接比较研究，但两组的治疗策略存在差异：对照组（格列美脲）设定了特定的血糖控制目标（在研究的第一阶段达到最大滴定剂量），而利格列汀组没有设定

资料来源：Creativ-Ceutical，Paris，Internal Research，2013.
注：HAS，卫生高级权力机关；G-BA，联邦联合委员会。

表 8.3 HTA 机构实例——与研究设计相关的不确定性

药品	适应证	HTA 机构	时间	说明
芦可替尼（ruxolitinib）	骨髓纤维化	法国 HAS	2013.01.09	1 项试验为开放标签设计，另 1 项双盲试验的盲法持续性由于不良事件（血小板减少）而存在疑问
阿昔替尼（aitinib）	肾细胞癌	法国 HAS	2013.01.09	企业提交的Ⅲ期研究存在方法学问题：使用了开放标签设计，但本可以采用双盲设计
阿达木单抗（adalimumab）	轴性脊柱关节炎	法国 HAS	2013.02.20	由于临床试验的随访时间有限（12 周），无法保证向实际临床实践的可转化性
阿地溴铵（aclidinium bromide）	慢性阻塞性肺病	德国 G-BA	2013.03.21	对于需要长期治疗的疾病来说，对照试验的随访时间不足（小于 6 个月）
利格列汀（linagliptin）	2 型糖尿病	德国 G-BA	2013.02.21	临床研究未就两种药品进行比较，而是比较了两类联合干预措施（治疗策略＋药品），因此不确定研究中观察到的效应是否来自于各个药品（有可能仅来源于不同的治疗策略）

资料来源：Creativ-Ceutical，Paris，Internal Research，2013.
注：HAS，卫生高级权力机关；G-BA，联邦联合委员会。

8.5.4 结局指标

HTA 机构常常不愿意看到临床试验中出现使用未经验证的测量工具、替代性结局指标或复合结局指标等情况（表 8.4）。

制药企业应确保研究所采用的测量工具已被验证（或同步验证），明确替代结局指标的预测价值并做好记录，同时避免使用复合结局指标。对于复合结局指标，应采用另一种分析思路，即拆分以确定哪个结局指标是驱动因素并针对该指标进行研究。

表 8.4　HTA 机构实例——与结局指标相关的不确定性

药品	适应证	HTA 机构	时间	说明
芦可替尼（ruxolitinib）	骨髓纤维化	法国 HAS	2013.01.09	EORTC QLQ-C30 测量工具在本疾病中缺乏验证
阿地溴铵（aclidinium bromide）	慢性阻塞性肺病	法国 HAS	2013.04.17	疾病恶化率和住院率未作为（首要或次要）结局指标进行评估，即使它们被认为是评价患者临床获益的重要标准
芦可替尼（ruxolitinib）	骨髓纤维化	德国 G-BA	2013.02.07	采用的骨髓纤维化症状评价工具［症状日记——骨髓纤维化症状评估表 2.0 版（Myelofibrosis Symptom Assessment Form v2.0，MSAF v2.0）］未经过充分验证

资料来源：Creativ-Ceutical，Paris，Internal Research，2013.
注：HAS，卫生高级权力机关；G-BA，联邦联合委员会。

8.5.5 间接比较

对于间接比较（indirect comparison），HTA 机构/支付者会仔细地对原始研究的选择、研究间的同质性、原始研究设计和结局指标的一致性、分析方法、模型拟合度等进行审查（表 8.5）。

事实上，不同国家的 HTA 机构对间接比较的接受程度不同，英国和瑞典的接受程度较高，法国则相对较低，而德国的接受程度很低。无论如何，在设计 Ⅱ 期和 Ⅲ 期临床试验时，应进行间接比较可行性的预判，间接比较的方法应遵循 HTA 机构认可的方法学指南，并开展广泛的敏感性分析。

8.6 风险管理工具

8.6.1 药品监管部门

为了管理这些不确定性，监管者已经以多个学科领域为借鉴，发展了风险管理的专业知识、程序和工具（表 8.6）。

新的欧盟药物警戒法规允许药品监管部门不仅可以要求企业提交上市后安全性研究（post-authorization safety study，PASS）、还可要求提供上市后有效性研究作为上市许可的条件之一。

表 8.5　HTA 机构实例——与间接比较相关的不确定性

药品	适应证	HTA 机构	时间	说明
阿昔替尼（axitinib）	肾细胞癌	法国 HAS	2013.01.09	企业提交的材料中提供了间接比较结果，但相关度不高
阿地溴铵（aclidinium bromide）	慢性阻塞性肺病	德国 G-BA	2013.03.21	企业提交的与噻托溴铵的间接比较分析（通过安慰剂）不透明、不清晰： • 部分信息与对应的原始研究不一致，无法从原始研究中获取（特别是患者例数和置信区间） • 经常无法厘清数据是来自于企业抑或其他来源或计算方法 • 在纳入的 24 项原始研究（aclidinium：3 项；噻托溴铵：21 项）中，只有 14 项是适合纳入分析的，其余研究的随访时间均小于 6 个月 • 虽然原始研究中提供了疾病恶化率、死亡率和生命质量的信息，但间接比较仍未对其进行分析
艾曲泊帕（eltrombopag）	免疫性（特发性）血小板减少性紫癜	英国 NICE	2013.06	由于原始研究存在异质性，间接比较结果的不确定性较大

资料来源：Creativ-Ceutical，Paris，Internal Research，2013.
注：HAS，卫生高级权力机关；NICE，国家卫生和保健评价研究院；G-BA，联共联合委员会。

表 8.6　药品监管部门采用的风险管理工具

批准上市前	批准上市后
临床前的毒理学和药理学模型	有条件的批准
结构活性洞察及其数据库	在特殊情况下批准（under exceptional circumstances）
生物学或免疫学特征	风险管理计划
药物警戒	自发上报
Ad hoc 研究	数据库分析
制定研发指南	Ad hoc 研究

当获益/风险比为正值时，药品监管部门可能会给予有条件的批准，但仍需进一步的临床数据。有条件批准主要用于严重或危及生命的疾病、紧急情况或由于疾病罕见而无法收集足够信息的罕见病药物等。根据新的欧盟法规，对任何研究在收集数据的性质、对象和时间框架方面，药品监管部门都可能会提出具体的要求。在某些情况下，当国外数据的可转化性存在不确定性时，监管部门可以根据上市许可持有人（marketing authorization holder，MAH）在本地真实世界中根据更宽松标准选出的患者所开展的、基于社区的试验研究（community-based trials），来决定是否给予有条件的批准。其目的是在实际环境中评

估药品的效果（而不是效能）以及长期安全性。

在某些情况下，药品会被批准上市，但条件是尚需进一步的研究。EMA 已对所有获得上市许可的药品实施了风险管理计划，并增加了对上市后药物警戒研究的主动需求。风险管理计划还包括药品的风险最小化行动/计划和效果评价[2]。

在特殊情况下，申请人因下列原因之一而无法提供有关有效性和安全性的全面数据时，也可能获得上市许可：适应证非常罕见、为提供全面信息所需的科学知识尚不充足或者收集这些数据是不符合伦理要求的。此时，监管部门可能会要求进行额外的有效性或安全性研究，并对其使用条件做出限制；每年都会对有条件批准的药品进行再评审，以重新评价获益与风险，并有可能最终批准该药品。

一些欧盟成员国引入了早期准入计划，这部分内容将在第 9 章进行介绍。例如，法国引入了 ATU 项目，该项目遵循特定的框架，即"治疗性使用方案（protocol for therapeutic use）"，以保障对患者的随访和对有效性、安全性数据的收集[3]。

另一种国家级的管理措施是处方药的超说明书使用，这在日常的临床实践中并不少见。为了管理不确定性和风险，一些国家（例如荷兰、德国和法国）已经尝试将超说明书用药限定在特定条件下（即以研究性目的用药）。

欧洲药品管理局（EMA）提出了一种药品注册许可的新渠道——"适应性许可（adaptive licensing）"，其宗旨在于使药品监管部门和 HTA 机构的决策要求比以前更加一致。事实上，新药的准入本应基于贝叶斯统计方法（Bayesian statistics），后者被认为是支持决策的统计学参照方法；然而，实践表明，HTA 机构和支付者对于在不成熟的数据的基础上做出决策是极不情愿的。

为了使支付者能够参与进来，"适应性许可"已经调整为药品适应性途径（Medicines Adaptive Pathways to Patients，MAPP）。这一做法反映了 EMA 希望将上述工作从纯粹的监管性工作调整为一种可以提升患者用药可及性的工作的意愿。此外，EMA 在优先药物计划（PRIME）中也吸纳了 HTA 机构的参与。为了倾听 HTA 机构的观点，EMA 在起草科学建议时也会邀请其代表参加，并且设立了 HTA-EMA 平行科学建议项目（参见第 5 章）。

表 8.7 列举了部分欧盟国家在药品监管部门层面实施的不确定性管理措施。

8.6.2 HTA 机构和支付者

HTA 机构和支付者使用各种工具进行风险管理，但它们并不是结构化过程中的一部

表 8.7 七个欧盟国家在 EMA 要求之外的不确定性风险监管措施

管理措施	法国	英国	德国	意大利	西班牙	瑞典	荷兰
限制性批准	√	√√	√	√√	√√	√	√
风险管理计划	√			√		√	√
早期准入计划	√√						
真实世界数据收集/监测性注册登记	√√			√		√√	√√
超说明书使用	√	√		√	√	√	√

注：无"√"——不采用；"√"——有时采用；"√√"——经常采用。

分。他们尝试使用诸如卫生经济学模型或实效性临床试验等技术工具来处理和量化不确定性。风险管理使 HTA 机构对方法学的要求提高了，以确保制药企业提供证据的有效性、稳健性和确定性，并且（或者）采取成本控制措施以确保他们不会为可能无法实现的理论性获益支付过高的费用。

下列技术工具可以用于将随机对照试验的效能结果外推到真实世界的效果：事后分析（post hoc analysis）、Meta 分析、间接比较/Meta 回归、效果和成本-效果建模等，且所有工具都应进行敏感性分析。例如，在英国，通过建模得出增量成本-效果比（ICER）来评估，并且通过（确定性和概率性）敏感性分析来管理模型中的不确定性。尽管每种工具都有其自身的不确定性，但也都降低了起初的不确定性。也可以使用直观的工具，例如对 RCT 中可能影响效能转化为效果数据的所有因素（剂量差异、随访时间短、对照组不适宜、纳入标准差异）进行实效性分析。

如果在开展了上述分析之后仍然存在不确定性，一些国家会使用市场准入协议（已在第 6 章中介绍）以改善 ICER 或减少预算影响。药品获益的不确定性可以通过财务性协议（例如降低价格、采购数量协议等）管理预算影响来解决，或者通过基于结局的协议来管理临床和成本-效果相关的不确定性。这类协议可分为两类：①按绩效支付（P4P）协议，即根据患者个体水平的治疗应答决定支付与否；②按证据研究进展支付（CED）协议。

当上述措施仍无法解决不确定性/风险问题时，HTA 机构/支付者将仅通过限定用药适应证或最有可能获益的患者亚组人群进行管理，以期减少与药品获益相关的不确定性。

不同的欧盟成员国使用的不确定性管理工具是不同的（表 8.8）：

- 在荷兰和瑞典，成本-效果可能是主要驱动因素，主要使用的管理工具是有条件报销（CED 协议）。
- 在意大利，使用的措施包括按结局支付、降价或针对未应答者报销，同时也将数据收集作为注册登记监测的一部分。
- 在英国，成本-效果是主要驱动因素；但是，主要的管理方式是降价，而不是要求提供额外数据以改善成本-效果。
- 在德国，通常使用降低价格的方法管理不确定性。

表 8.8 七个欧盟国家 HTA 机构/支付者采用的风险管理工具

管理措施	法国	英国	德国	意大利	西班牙	瑞典	荷兰
预算影响分析	√√		√√	√√			
成本-效果分析	√	√√√	√			√√√	√√√
财务协议	√√√	√√	√√	√√	√√	√√	√√
按绩效支付协议				√√√	√√√	√√√	
按证据研究进展支付协议	√	√	√			√√√	√√√
真实世界数据收集	√√		√√	√√√	√√		
报销限制	√√	√√√	√√	√	√√	√√	

注："√" 的数量表示该工具的使用频度，无 "√" 表示不采用。

- 在法国，财务性管理方式大多是签订量价协议。尽管上市后研究已经非常普遍，但对其作用的认可尚处于早期阶段。

8.7 HTA 机构/支付者为减少不确定性而要求的研究类型

HTA 机构和支付者可要求企业进行各种上市后研究，以管理财务和/或推荐使用某种新药的风险，数据库分析和观察性现场研究是这些机构最常要求的研究类型（图 8.2）。

HTA 机构/支付者根据识别的不确定性选择所要求的研究类型。例如，由于临床试验设计的不确定性本质上与纳入标准、随访时间和对照药品的选择有关，要求企业另行开展一项对照试验（图 8.3）。许多相关的间接问题（例如结局指标的验证）可以通过大型观察性研究来解决。

另外，支付者针对某种新药将在真实世界中的使用的不确定性担忧可能是双重的：一种情况是基于上市前的临床试验就能够知道的，另一种是只有在药品上市之后才可能确定的（图 8.4）。在前一种情况下，HTA 机构/支付者可能要求企业进行实效性试验或观察性研究，而在后一种情况下，他们可能希望密切地关注药品的实际效果，或替代治疗及仿制药的可及性。

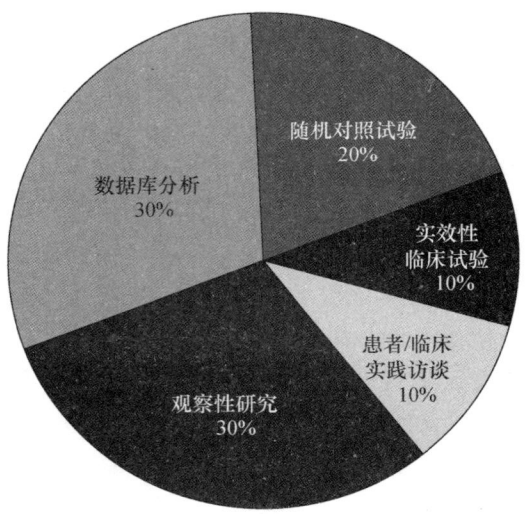

图 8.2 HTA 机构/支付者要求提交的上市后研究类型及比例

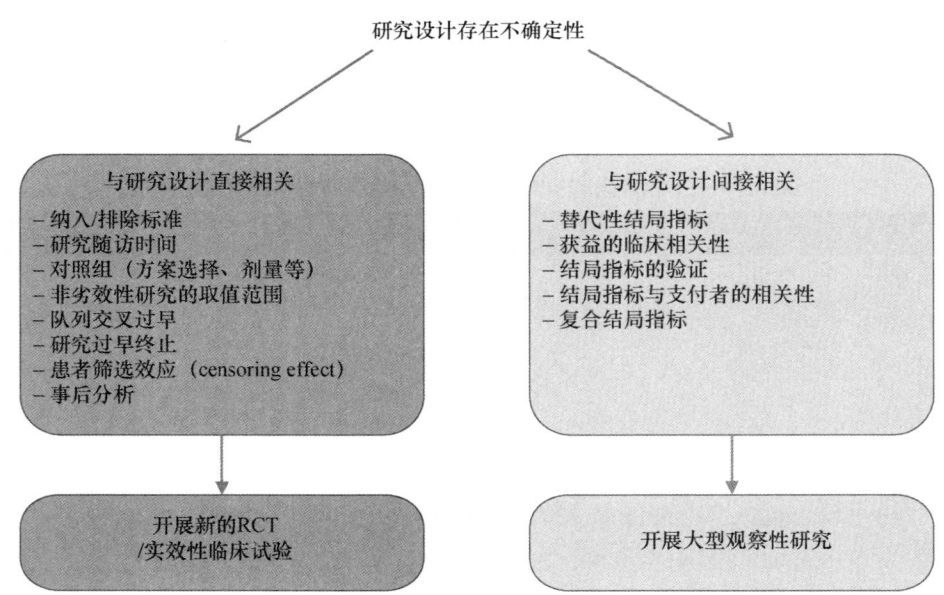

图 8.3 HTA 机构/支付者面对研究设计存在不确定性时要求提交的补充研究类型

此外，HTA 机构／支付者甚至可能会对整个新药研发计划提出质疑，例如研究设计不适宜或目标人群选择有误（图 8.5）。

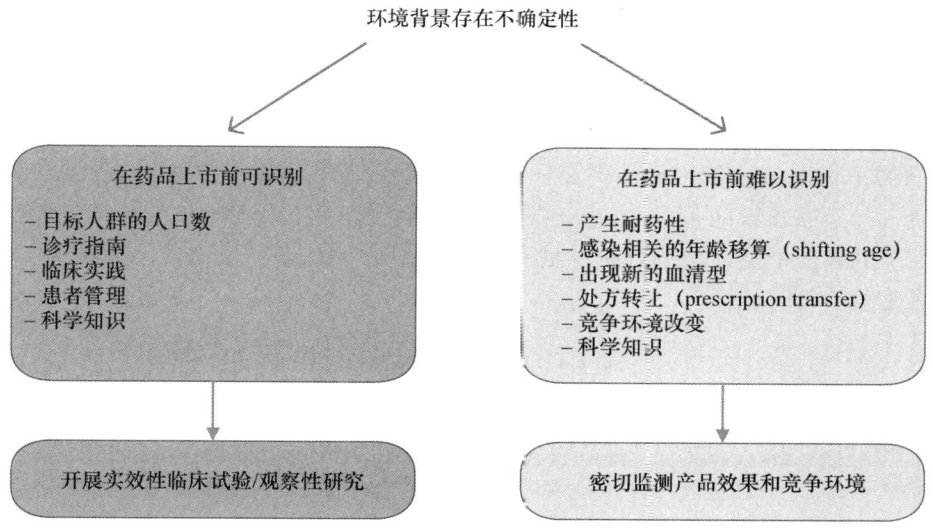

图 8.4 HTA 机构／支付者面对环境背景存在不确定性时要求提交的补充研究类型

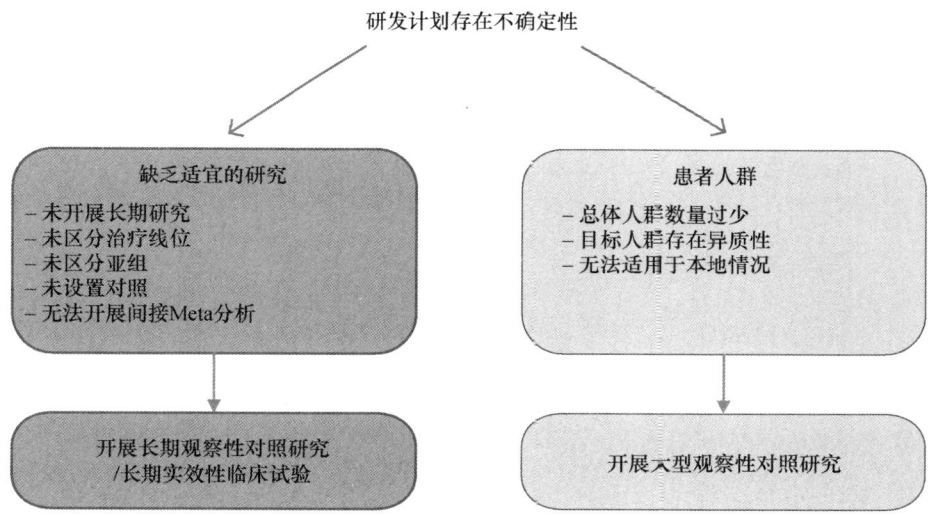

图 8.5 HTA 机构／支付者面对研发计划存在不确定性时要求提交的补充研究类型

8.8 药品监管部门和 HTA 机构／支付者的决策差异——案例研究

为了说明药品监管部门和 HTA 机构／支付者之间的决策差异，我们选择了 2010—2012 年间评估的 5 种药品，分别在第 8.8.1 部分至第 8.8.3 部分中进行描述。

8.8.1 药品的一般特征及评审过程

在 EMA 和 HTA 机构／支付者层面针对 5 种药品进行了分析（表 8.9）。

8.8.2 药品监管部门和支付者的评审比较

这 5 个案例表明，总体上，尽管目前证据存在不确定性，EMA 仍然认为新药的潜在获益可以满足批准的条件，前提是制药企业需开展额外的临床研究（表 8.10）；而 HTA 机构层面的市场准入决策则更加严格，且不同国家的严格程度有一定的区别（表 8.11）。一般来说，与药品监管部门相比，支付者更需要强有力的证据，例如对主要结局指标（如总生存期）的获益证据，与适宜的对照组比较的数据，稳健的方法学，足够的效应量以及面向临床实践的可转让性。

表 8.9 案例药品的基本信息

	匹克生琼（pixantrone）	吡非尼酮（pirfenidone）	醋酸阿比特龙（abiraterone acetate）	伊匹木单抗（ipilimumab）	奥法木单抗（ofatumumab）
上市许可持有人（欧洲）	英国 CTI 生命科学公司（CTI Life Sciences Ltd.）	英国 InterMune 公司（InterMune UK Ltd.）	比利时杨森公司（Janssen-Cilag International N.V）	英国百时美施贵宝公司（Bristol-Myers Squibb Pharma EEIG）	英国葛兰素公司（Glaxo Group Ltd.）
获批上市许可时间	2012.5.10	2011.2.28	2011.9.05	2011.7.13	2010.4.19
适应证	多次复发或难治性侵袭性非霍奇金 B 细胞淋巴瘤成年患者的单药治疗。对于既往治疗耐受患者的五线及以上治疗的获益尚未研究	成年轻、中度特发性肺间质纤维化患者	雄激素剥夺治疗失败后无症状或轻度症状、临床上尚不需要化疗治疗的转移性去势抵抗性的成年前列腺癌患者在以多西他赛（docetaxel）为基础的化疗治疗过程中或之后进展的转移性去势抵抗性成年前列腺癌患者	既往接受过治疗的晚期（不可切除的或转移性）黑色素瘤成年患者	氟达拉滨（fludarabine）和阿仑珠单抗（alemtuzumab）耐药的慢性淋巴细胞白血病患者
是否属于有条件批准	是	否	否	否	是
是否属于在特殊情况下批准	否	否	否	否	否
是否属于罕见病药物	否	是	否	否	是
是否属于抗肿瘤药	是	否	是	是	是

在法国和德国等国家,虽然获益的证据并不总令人满意,但仍会批准药品用于相关目标人群(表 8.12)。例如,EMA 批准了一种针对可危及生命疾病的抗肿瘤罕见病药物——奥法木单抗(ofatumumab),但其疗效证据并不充分。然而,因为需要进一步验证其在氟达拉滨和阿仑珠单抗(alemtuzumab)双药耐药的淋巴结病患者中的正面获益与风险,该药获得了有条件的批准。EMA 还表示,需要通过对照试验和延长治疗,进一步确认该药可以提高难治性患者中的治疗应答率和疾病控制率。因此,EMA 要求企业开展 Ⅲ 期临床研究和 Ⅳ 期观察性研究。

表 8.10 案例药品的欧洲药品管理局上市审评情况

药品	获批上市许可年份	治疗领域	是否属于罕见病药物	不确定性	风险管理工具
奥法木单抗	2010	肿瘤	是	支持积极的获益风险比的证据	有条件批准/专门研究
吡非尼酮	2011	肺部疾病	是	安全性:不良反应	风险管理计划——PASS
匹克生琼	2012	肿瘤	否	有效性:PIX 306 研究结果	有条件批准
伊匹木单抗	2011	肿瘤	否	高剂量(10 mg/kg)的获益风险平衡	专门研究
醋酸阿比特龙	2011	肿瘤	否	有效性:总生存期/研究提前终止	无

表 8.11 案例药品在各国的报销准入情况

药品	法国	英国	德国	瑞典	荷兰	意大利	西班牙
奥法木单抗	√	×	NA	NA	√	√ FA	×
吡非尼酮	√	R	√	R, OA	√ FA	√	√
匹克生琼	√	×	√	NA	NA	NA	√
伊匹木单抗	√ FA	√	√	NA	√	√	√
醋酸阿比特龙	√ FA	√	√	NA	NA	√ OA	√

注:√,获批的适应证整体获得报销;R,限定于适应证的一部分人群获得报销;×,未获得报销;FA,财务性协议;OA,基于结局的协议;NA,HTA 报告不可及或未被评估。

表 8.12 案例药品在法国和德国的 HTA 评估结果

药品	法国(CT)	德国(G-BA)
奥法木单抗	SMR:中等程度;ASMR:5 级	/
吡非尼酮	SMR:低程度;ASMR:4 级	未能量化的增量获益
匹克生琼	SMR:低程度;ASMR:5 级	无证据显示具有增量获益
伊匹木单抗	SMR:重要;ASMR:4 级	相当程度的增量获益
醋酸阿比特龙	SMR:重要;ASMR:4 级	相当程度的增量获益

注:CT,透明委员会;G-BA,联邦联合委员会;SMR,实际医学获益;ASMR,增量实际医学获益。

类似地，EMA 针对匹克生琼（pixantrone dimaleate）做出了有条件批准决定，条件是 PIX 306 研究能够显示出该药在既往接受过利妥昔单抗（rituximab）治疗的患者中是有效的，因为在欧洲，大多数患者在这种情况下可能已经接受过利妥昔单抗治疗。

相比之下，HTA 机构的评估则更加严格。在英国，奥法木单抗和匹克生琼没有获得报销准入。在法国，奥法木单抗的评估结论为中等程度的实际医学获益（SMR）和增量实际医学获益（ASMR）5 级，而匹克生琼的评估结论为低程度的 SMR 和 ASMR 5 级。

在德国，G-BA 认为没有证据显示使用匹克生琼会带来增量的获益。

在西班牙，奥法木单抗未被纳入报销范围，而在意大利，该药基于一项成本分摊的市场准入协议而获得报销资格。

对于奥法木单抗，HTA 机构提出的问题包括：
- 有效性和安全性数据来自一项 Ⅱ 期非对照临床研究（法国）。
- 方法学不稳健（效应量难以评估）（法国、英国）。
- 未将总生存期设为首要结局指标（英国、法国）。

对于匹克生琼，HTA 机构提出的问题包括：
- 缺乏接受过利妥昔单抗治疗的患者的疗效信息和 HTA 评估所需的其他信息。
- 未能显著改善总生存期，仅显著地改善了无进展生存期（法国、英国、德国）。
- 对临床试验数据向临床实践的可转化性存在疑问（法国，英国）。
- 目标人群偏窄（法国、德国）。
- 没有证据表明该药具有增量的获益（对照治疗尚未获批）（德国）。

由于人用药品委员会（Committee for Medicinal Products for Human Use，CHMP）认为吡非尼酮的不良反应存在不确定性，EMA 以提交上市后安全性研究为条件地批准了其适应证。

与此相反，HTA 机构相对持保留态度：
- HTA 机构一致对未使用总生存期作为主要终点指标提出了批评。
- 英国、法国和瑞典 HTA 机构将其限定于特定人群（例如用力肺活量＜80% 的患者）。
- 英国 HTA 机构认为存在可转化性的问题，并对企业提交的经济学模型持保留态度。
- 德国 HTA 机构认为其与最佳支持治疗相比无显著性差异，因此增量获益尚不明确。
- 瑞典 HTA 机构限制其用于用力肺活量＜80% 的患者，并要求签署市场准入协议：将模型中的参数数值与 ASCEND 研究结果、RECAP 研究的更新结果进行比较，并对真实世界临床实践中的使用条件和该限制的实施情况进行监测。
- 荷兰 HTA 机构——国家医疗健康研究院（National Health Care Institute；College voor Zorgverzekeringen，CVZ）的决策建议须以签署财务协议为前提。

有趣的是，对于伊匹木单抗而言，尽管 EMA 和 HTA 机构都给予了正面评价，但双方在决策的权衡和不确定性来源的判定标准方面存在差异，这种差异也存在于不同 HTA 机构之间。

对于这种药物，CHMP 认为其不确定性来自于使用高剂量方案（10 mg/kg）的获益与风险。

在法国（评价结果为 ASMR 4 级），CT 对其对照药品提出了批评，认为其在当前适应证中尚未获批，同时也对未与维莫非尼（vemurafenib）进行比较以及方法学的稳健性提出了批评。

在英国，NICE 认可伊匹木单抗（ipilimumab）作为终末期治疗可以延长患者寿命，并认为相关临床试验证据是可靠的。在考虑了患者援助项目后，认为该药品具有成本-效果优势。

在德国，G-BA 认为该药品与适宜的对照组（最佳支持治疗）相比可以带来显著的额外获益。但 G-BA 也指出，尚缺乏该药与维莫非尼的比较数据，而后者已获批同一适应证。

在荷兰，HTA 机构认为黑色素瘤患者的 1 年生存率存在不确定性且仍然难以评估，应该考虑使用哪个指标来评估伊匹木单抗的疗效。同时，EMA 最终批准了两种剂量：3 mg/kg 或 10 mg/kg，而后者的成本是前者的 3 倍。

对于醋酸阿比特龙，不同 HTA 机构所关注的不确定性来源不同。

在法国，该药品获评 SMR "重要"等级和 ASMR 4 级。CT 认为，该药品对降低死亡率的预期影响难以明确，因为中位总生存期在第二项中期分析时未能达到且缺乏统计学意义（危险比 = 0.752，95% 置信区间：[0.606, 0.934]，$P = 0.0097$、未达到设定的 0.000 08），当允许出现进展后换药的第三项中期分析中也未取得统计学差异。

然而，值得注意的是，由于死亡率显著下降，指导委员会终止了临床试验，此后所有患者均接受醋酸阿比特龙治疗。由于该研究提前终止，无进展生存期的结果未显示统计学显著差异。即使次要结局指标为阳性结果，且该适应证尚无获批的对照药品，该药物仍被评为 ASMR 4 级。

在德国，医疗保健质量和效率研究院（IQWiG）认为醋酸阿比特龙与观察等待（watchful waiting）相比具有相当程度的附加获益，但这是基于其风险的不确定性，而不是其疗效带来的获益。

在英国、瑞典和荷兰，该药在未接受过化疗的患者中的适应证尚未接受评估。

在西班牙和意大利，醋酸阿比特龙获得了报销资格，同时意大利对其实施了 P4P 协议管理。

8.8.3 对案例研究的讨论

整体上，上述案例研究表明 EMA 和 HTA 机构在不确定性/风险管理方面存在差异，EMA 总是在衡量是否批准上市所带来的获益与风险，而 HTA 机构则不愿意接受不确定性/风险，亦不愿意做出支付以及实施风险管理工具。因此，不确定性和风险造成了市场准入的推迟。

不同 HTA 机构之间的决策也存在很大的差异。总体而言，法国的 HTA 机构通常选择规避风险，而英国和德国的 HTA 机构在某些情况下会显得更加具有开放性。意大利则倾向于系统性地实施按绩效支付（例如醋酸阿比特龙）或财务协议（例如奥法木单抗）。伊匹木单抗也是一个很好的例子，它说明了 EMA 在要求进一步研究的同时批准其上市，但各个 HTA 机构则通过形式各样的评估推迟了准入。

药品监管部门和 HTA 机构/支付者之间的决策分歧，很大程度上可以归因于他们在管理策略中对不确定性和风险的态度上的差异。对EMA来说，公众健康是核心问题。如果创新性疗法的可及性被推迟，患者也可能失去治疗机会，这一点须与潜在的安全性问题进行权衡。因此，监管部门会不断地评估药品的获益与风险平衡，并将不确定性作为评估的一部分。利用其开发的特定工具，他们可以评估不确定性和风险的程度，甚至识别和解读更早期的证据。是否接受不确定性是通过完善和标准化的上市前和上市后医疗风险管理工具来平衡的。

然而，HTA机构和支付者并不习惯接受不确定性，并且越来越厌恶风险。尽管可以使用风险分担协议和（有或无第三方托管的）CED协议等风险管理工具，HTA机构/支付者主要还是寻求优化其预算管理。在实践中，风险管理工具通常是为了控制成本而使用的，这使它们偏离了最初的目的。

事实上，支付者进行风险管理的案例是有限的，但成本控制策略却得到了极大的发展。因此，与监管机构不同，支付者在决策过程中未考虑患者丧失的治疗机会，而是只考虑了是否有高水平的有效性证据，以确保他们只针对明确的医疗获益提供报销。大部分欧洲的支付者采用了这种手段，因为它可以有效地降低新技术带来的预算影响。确实如此，支付者愿意为有保证的获益提供支付，并且在其为HTA过程预设的决策分析框架中只考虑确凿的证据。

尽管HTA机构/支付者和药品监管部门之间的差异似乎导致了僵局，但实际上是存在解决方案的。一方面，欧洲药品市场的三个主要角色——EMA、HTA机构/支付者和制药企业——应该朝着更好的合作方向努力，特别是EMA和HTA机构/支付者应在既往合作基础上进行进一步改善，以便更好地为患者和社会的利益而调整他们的决策。不同国家的HTA机构和制药企业应进行早期对话，以更好地理解HTA机构的期望（例如EUnetHTA），特别是关于临床研究结果在现实生活中的可转化性。另一方面，支付者应该更多地使用风险分担计划、P4P协议和CED协议等旨在管理风险而不是控制成本的工具，以对患者获得创新疗法的可及性产生积极影响。虽然支付者似乎在管理不确定性和风险方面尚有不足，但积极的趋势也已显现，特别是在瑞典和荷兰，支付者越来越多地寻求实施CED协议以便管理风险。

8.9 结论

临床试验数据缺乏向真实世界的可转化性是HTA机构做出负面决策的主要原因，制药企业在设计Ⅱ期和Ⅲ期临床试验时应考虑到这一点，与HTA机构进行早期对话将有助于优化试验设计。

风险管理策略的制定能够使产品更加快速地获得市场准入。然而，即使使用了CED等工具，支付者对风险的厌恶仍然是新药市场准入的一种障碍。成本控制措施的增加很可能会助长支付者对风险的厌恶，而降低其针对有效性存在不确定性的产品的支付意愿。

如果不能切实地进行有效的合作和制定风险管理战略，支付者和药品监管部门之间的差异将继续扩大，患者获得创新疗法的机会将被进一步推迟。

参考文献

1. Frank, H. K. *Risk, Uncertainty, and Profit*. Boston, MA: Hart, Schaffner and Marx; Houghton Mifflin, 1921.
2. EMA. Risk Management Plans. Available on http://www.ema.europa.eu/ema/index.jsp?curl=pages/regulation/document_listing/document_listing_000360.jsp (Last accessed on December 6, 2013).
3. ANSM. The compassionate use of medicinal products. An example: The French ATU system, March 2012. Available on http://ansm.sante.fr/var/ansm_site/storage/original/application/ebc8e366f2fedd9cc6c32ccdc4e0faa9.pdf (accessed September 29, 2016).
4. EMA. Adaptive Licensing: A useful approach for drug licensing in the EU? Presentation London, March 2012. Available on http://www.ema.europa.eu/docs/en_GB/document_library/Presentation/2012/04/WC500124930.pdf (accessed September 29, 2016).
5. Toumi, M., J. Zard, A. Kornfeld, and C. Rémuzat. Gap between payers and regulators management of risk prevents and delays patient access to new therapy. *ISPOR 19th Annual International Meeting*, Montreal, Canada, May 31–June 4, 2014. PHP31.

9
早期准入计划

9.1 概述

早期准入计划（early access program，EAP）是一种特定国家采用的监管程序，即在满足特定标准的前提下，根据特定的条款向特定的患者授予未上市药品的市场准入方式。

国际上针对这种程序使用了多种名词来冠名。根据《欧盟条例（*European Regulation*）》第 726/2004/EC 条，欧盟将"同情使用（compassionate use）"界定为一种允许使用未上市药品的治疗选择。"同情使用计划（compassionate use program，CUP）"适用于患有没有令人满意的已上市治疗方法的疾病或者无法进入临床试验的欧盟患者，旨在促进向患者提供正在研发中的新治疗方案[1]。但欧盟的条例不具有约束力，CUP 具体由欧盟各成员国自行管理。这导致了针对欧盟条例的解释和执行出现差异，包括名词的区别。

在欧洲之外，相应的名词和定义更加多样。在美国，自 1987 年以来，美国食品药品管理局（FDA）法规已经允许患者通过"拓展性使用（expanded access）"获得试验性药品和生物制品。拓展使用也称为同情使用，这项规定使有希望的药品和医疗器械可用于患有严重或即将危及生命的疾病的患者。目前 FDA 针对拓展使用的审批方式为"逐案分析（case-by-case basis）"，具体可针对单一患者个体层面、针对无法参加临床试验的中等规模患者群体层面以及针对没有其他治疗选择但获知试验性药品的临床试验已完成或进行中，且已显现出安全性和潜在效果的足够信息的大规模患者群体层面。就像在临床试验中一样，这些试验性药品 / 医疗器械尚未获得 FDA 的批准，也没有被证明是安全有效的[2]。

由于术语的不同，我们倾向于将这些程序称为 EAP，本章的其余部分将使用这一名词。虽然 EAP 一词可能不会出现在具体的法规中，但它比"同情使用"一词的使用范围更广，并可以囊括目前全球范围内的不同项目。

尽管不同国家的 EAP 存在差异，但一般都遵循以下原则[3]：
1. 主要目的是为重症患者提供早期治疗（即在药品未获得上市许可之前）。
2. EAP 与临床试验不同，不能用于研究目的或商业性预授权。
3. 通常情况下，EAP 与药物临床试验是同时进行的，或在监管部门已对药品的上市许可进行评估或已获批准但尚未上市销售的情况下进行。因此，EAP 可能早在 Ⅱ / Ⅲ 期临床试验时就已开始，但也可以在上市审评过程中开始，或开始于获得上市许可之后、实际上市销售之前的任何时间（这段时间可能长达 1～2 年）。由于 EAP

的批准需要足够的安全性和效率数据，因此在药品研发的后期更加可行。然而，在特殊情况下，药品也可能在临床信息很少的情况下（例如埃博拉病毒或禽流感病毒大流行）获批 EAP。

4. EAP 与药品超说明书使用或适应证拓展计划［例如法国的"临时性推荐使用（Temporary Recommendation for Use；Recommandation Temporaire d'Utilisation，RTU）"和比利时的"医疗需求计划（medical need programs，MNP）"］不同，后者用于批准已上市的药品在已批准的适应证之外使用。而 EAP 则用于尚未在该国获得上市许可也未被用于治疗任何疾病的药品[4]。

5. EAP 与适应性许可/快速审评通道不同。后两者有时也被称为"交错批准（staggered approval）"或"进展性授权（progressive licensing）"［例如欧洲药品管理局（EMA）的有条件上市许可（MAu）和加拿大的"有条件合规通知（Notice of Compliance with conditions，NOC/c）"］，是在限制性患者人群中的早期许可，后续应进行证据收集并修改上市许可以扩大更广泛人群的用药可及性。适应性许可应建立在已有的监管程序之上（例如 EAP）[5]。

6. EAP 是一种特殊的临时性措施，只有在满足以下条件时才能批准：
    a. 药品用于严重疾病或罕见病的治疗、预防和诊断。
    b. 在该国没有任何适当的替代治疗药品。
    c. 有强有力的证据支持药品的获益/风险比为正面结果。

临床急需的创新药的早期准入显然是有价值的，并能使各个医疗保健利益相关者受益。

对于医生和患者来说，当没有其他已上市的治疗方法时，EAP 可为患有危及生命的疾病或严重疾病的患者提供一种治疗选择。

对于药品监管部门和支付者来说，EAP 为他们提供了评估药品在真实世界中的有效性和安全性的机会，以针对 RCT 数据进行补充，并可以对药品的价值有更多的了解。此外，EAP 期间所收集的数据将有助于为定价部门确定目标人群、获益、使用和避免误用等方面提供帮助。

对于制药企业而言，EAP 期间产生的数据为其产品的安全性（至少）和有效性（在允许的情况下）提供了基础性证据。从 EAP 中获得的经验将有助于为上市做好准备，并优化操作流程。最后，EAP 期间的药品价格可以作为后续定价和报销谈判的参考。

9.2 EAP 的类型：指定型和队列型

EAP 可分为两大类型："指定型（nominative）"和"队列型（cohort）"。

指定型［或称为"定名型（named）"］EAP 通常是由医生为非常需要某药品的患者个体而发起的，由医生负责管理。企业通常对这类 EAP 项目影响不大。然而，企业可以尝试着预测这些需求，并预先设定一套标准用于保障可及性安全和患者管理[3]。

队列型 EAP 通常是由制药企业发起，允许一组患者使用尚未上市的药品[5]。

不同的国家的称谓可能有所不同，但所有的 EAP 都可归属于这种二元分类。当然，每个项目的监管要求是各不相同的。

9.3 EAP 在全球的趋势

表 9.1 和表 9.2 对选定国家的 EAP 进行了摘要总结:
- 大多数国家同时拥有指定型和队列型 EAP 项目(法国、意大利、西班牙、丹麦、挪威、巴西和韩国)。英国、瑞士、澳大利亚、以色列和土耳其只有指定型项目,而德国只有队列型项目。
- 所有项目都在相关政府部门的管辖范围内。
- 在项目授权期限和续期方面没有模式可循。有些国家的授权期限为 1 年,有些国家的授权期限多样,其他国家的授权期限从 60 天至 5 年不等,只要无法满足的医疗需求仍然存在或直到药品获得上市许可。对于项目能否续期的要求也各不相同。
- 在大多数 EAP 项目中,商业化的药品供应都是可行的,其价格通常是自由制定的。在其他情况下,价格由通过与有关部门谈判确定。对相关药品的报销通常是有条件的。完全报销只可能在法国、意大利、西班牙实现,以及在瑞典的上市许可程序中实现。

9.4 关键成功因素与 EAP 的管理

根据欧盟条例和各国法律,以下情况可以允许早期准入:
- 需要治疗的患者患有严重或危及生命的疾病。
- 患者使用已上市药品无法得到的满意治疗,或患有尚无已上市药品可治疗的疾病。
- 患者不能参加正在进行的临床试验以获得治疗。
- 有足够的临床数据来评估药品的获益和风险,有足够的证据表明患者将从该药品的治疗中获益。

患者的病情越严重,现有治疗方法的效果越差,就越有可能实施 EAP。因此,未满足的医疗需求是一个关键因素。

当制药企业希望能够成功实施 EAP 时,应该考虑以下几个因素:
- 应仔细考虑国家监管框架和要求,因为各国的监管要求存在多样性。这可能导致针对具体国家出现明确或潜在的障碍,阻碍 EAP 的成功实施。在决定是否实施 EAP 时,必须考虑定价策略的关键因素,包括价格决定、报销可能性和潜在的支付者[3]。
- EAP 需要得到良好的管理。创建一份 EAP 协议用于明确指导如何确定患者纳入和排除标准、药品使用、随访、安全性问题报告以及物流供应链(例如适宜药品的生产和供应)等方面的问题是一种有价值的做法。EAP 协议可以使 EAP 的实施更加高效,数据收集实现最大化,资源的规划也能更加合理。
- EAP 的启动时机对于项目的成功也至关重要。在药品研发后期申请 EAP 通常是可行的,因为监管部门需要足够的安全性和有效性数据来批准这些项目。
- 在药品研发过程中,应尽早规划 EAP 的启动时机,并使所有利益相关者参与其中。启动 EAP 的时机应考虑监管方面的要求,例如 EAP 文档和其他相关文件的准备、

9 早期准入计划

表 9.1 欧洲国家的早期准入计划

国家	项目名称	指定型/队列型	相关政府部门	申请者	授权时间范围与续期	是否商业化销售	药品定价方式	是否报销及比例	支付者
法国	指定型 ATU	指定型	ANSM	医生	最长1年，可续期	是	自由定价；ATU定价和谈判价格的差异必须被报销	100%	国家医疗保险基金
	队列型 ATU	队列型	ANSM	上市许可申请者	1年，可续期	是	自由定价；ATU定价和谈判价格的差异必须被报销	100%	国家医疗保险基金
德国	CUP	队列型	BfArM 和 PEI	法人（制药企业）	1年，可续期	否	不适用	不适用	制药企业
意大利	特别使用（根据国家法律648/96）	队列型	AIFA	关键意见领袖、学协会、患者组织	医疗需求持续期间或AIFA做出指令	是	自由定价	100%	NHS [通过AIFA 5%基金（Fondo AIFA 5%）]
	部长令（decreto ministeriale）08/05/2003	指定型和队列型	AIFA	处方医生	信息不明	否	不适用	不适用	制药企业
西班牙	个体化准入授权（individual access authorization）	指定型	西班牙药品和医疗产品管理局（Spanish Agency of Medicines and Medical Devices; Agencia Española de Medicamentos y Productos Sanitarios, AEMPS）	医院	过渡性质，但时间范围和是否可续期未明确	是	与CIPM谈判定价	100%	NHS
	临时性使用（temporary use）	队列型	AEMPS	制药企业	过渡性质，但时间范围和是否可续期未明确	是	与CIPM谈判定价	100%	NHS

（续表）

国家	项目名称	指定型/队列型	相关政府部门	申请者	授权时间范围与续期	是否商业化销售	药品定价方式	是否报销及比例	支付者
英国	药品早期准入计划（Early Access to Medicines Scheme, EAMS）	指定型队列型	MHRA	制药企业	1年，可续期	否	不适用	不适用	制药企业
	未上市医药产品供应（"specials"）	指定型	MHRA	医生、企业等	不明确	是	自由定价	可报销，根据药品价格目录（Drug Tariff）第Ⅷ部分	NHS
丹麦	同情使用许可	指定型和队列型	丹麦健康和药品管理局（Danish Health and Medicines Authority; Sundhedsstyrelsen）	医生	最长5年，可续期	是	自由定价	视情况而定	各地方支付，国家给予补贴
挪威	CUP	队列型	挪威药品管理局	制药企业	时间范围多样，可续期	是	自由定价	视情况而定	国家医疗保险
	患者指定批准豁免（approval exemption）	指定型	挪威药品管理局	医生或医疗机构	1年，是否可续期不明确	是	自由定价	视情况而定	国家医疗保险
瑞典	CUP	队列型	医疗产品管理局（Medical Products Agency, MPA; Läkemedelsverket）	制药企业	直到获得上市许可或企业申请终止	否	不适用	不适用	制药企业
	许可程序（license procedure）	指定型	MPA	医生、药房	1年，MPA有权缩短	是	TLV可以调整价格	100%（目前在评估中）	郡议会
瑞士	特别许可（Sonderbewilligung）	指定型	瑞士治疗产品管理局（Swiss Agency for Therapeutic Products, Swissmedic; Schweizerische Heilmittelinstitut）	医生（含牙医）、药师	不明确	是	自由定价	视情况而定	医疗保险

注：ATU，临时使用授权；ANSM，国家药品和医疗产品安全管理局；BfArM，联邦药品和医疗产品研究院；PEI，保罗·埃利希研究所；CUP，同情使用计划；AIFA，意大利药品管理局；CIPM，医药产品部际定价委员会；MHRA，药品和医疗产品管理局；NHS，国家卫生服务体系。

表 9.2 非欧洲国家的早期准入计划

国家	项目名称	指定型/队列型	相关政府部门	申请者	授权时间范围与续期	是否商业化销售	药品定价方式	是否报销及比例	支付者
澳大利亚	特别准入计划（Special Access Scheme）	指定型	药品管理局（Therapeutic Goods Administration, TGA）	医生	时间范围多样	是	自由定价	否	患者
	授权处方者（Authorised Prescribers）	指定型	TGA	医生	时间范围多样	是	自由定价	否	患者
巴西	CUP	指定型	国家医疗监督局（National Sanitary Surveillance Agency; Agência Nacional de Vigilância Sanitária, ANVISA）	医生	不明确	否	不适用	不适用	制药企业
	拓展使用项目（Expanded Access Program）	队列型	ANVISA	制药企业	不明确	否	不适用	不适用	制药企业
加拿大	特别准入项目（Special Access Program, SAP）	指定型和队列型	加拿大卫生部（Health Canada）	医生	6个月，可续期	是	自由定价	视情况而定	患者，医院或医疗保险
以色列	同情使用	指定型	以色列国家卫生部（State of Israel Ministry of Health; משרד הבריאות）	医生或医疗机构	时间范围多样	是	与健康维护组织[Health Maintenance Organization, HMO（קופת חולים）]谈判定价	视情况而定	HMO
韩国	试验性新药的治疗使用	队列型	食品药品安全管理局（Ministry of Food and Drug Safety, MFDS; 대한민국 식품의약품안전처）	制药企业	时间范围多样，是否可续期不明确	是	与国民健康保险公团[National Health Insurance Service, NHIS（국민건강보험공단）]谈判定价	视情况而定	NHIS
	试验性新药的紧急使用	指定型	食品药品管理局	医生	信息不明确	是	与NHIS谈判定价	视情况而定	NHIS
土耳其	CUP	指定型	TITCK	医生	直到获得上市许可	否	不适用	不适用	制药企业

注：CUP，同情使用计划；TITCK，土耳其药品和医疗产品局。

- 物流供应链以及与医生、患者人群和监管部门的关系建立等。
- EAP 的终止也应得到妥善管理，并应考虑"离场（walk away）"的时间点。这在大多数国家是可行的，但单方面终止 EAP 则不被允许。在土耳其，制药企业必须向入组的患者提供产品，直到他们的治疗结束，并承担所有费用。在西班牙，药品的供应必须持续得到保证，直到其获得上市许可。
- 需要跨职能（cross-functional）团队来处理 EAP 的计划、启动、实施和终止。
- 财务和人力资源的管理也是至关重要的方面。来自 EAP 的收入是没有保证的，这取决于不同的国家和项目类型。此外，一些国家需要收取申请费，尽管大多数国家并不需要。此外，内部资源成本——例如管理、人力资源、生产、供应、物流以及建立一套随访和安全性问题报告注册表的成本，也应该被纳入 EAP 的预算。
- 制药企业应该考虑到，当存在以下情况之一时，EAP 可能并不是一种有价值的选择：
  - 由于临床试验的安全性数据并不稳健，在早期启动药品的实际使用可能会妨碍其获得上市许可的可能性。
  - 由于初始投资的规模可能相当大，物流和供应方面出现的困难可能会对（企业）组织结构产生干扰。
  - 一旦药品获得上市许可，就会出现支付者延迟报销谈判和强烈"定价对抗（price opposition）"的风险。因为支付者了解到患者已经有机会获得该药品，因此不需施加压力使其进入市场[6]。

目前没有证据表明 EAP 加快了药品获得上市许可的速度。同样，EAP 不是药品获得上市许可的保证，目前也没有综合性的证据表明实施 EAP 是药品在获得上市许可后取得报销/覆盖资格的保证。

参考文献

1. European Medicines Agency. Compassionate Use. Accessed October 2014, from http://www.ema.europa.eu/ema/index.jsp?curl=pages/regulation/general/general_content_000293.jsp.
2. U.S. Food and Drug Administration. Understanding Expanded Access/Compassionate Use. Accessed January 2015, from http://www.fda.gov/ForPatients/Other/ExpandedAccess/ucm20041768.htm.
3. Sou, H. EU Compassionate Use Programmes (CUPs): Regulatory Framework and Points to Consider Before CUP Implementation. *Pharm Med* 2010;24(4):1–7.
4. Whitfield, K. et al. Compassionate Use of interventions: results of a European Clinical Research Infrastructures Network (ECRIN) survey of ten European countries. *Trials* 2010;11:104.
5. European Medicines Agency. Adaptive Licensing. Accesses October 2014, from http://www.ema.europa.eu/ema/index.jsp?curl=pages/regulation/general/general_content_000601.jsp&mid=WC0b01ac05807d58ce.
6. Creativ-Ceutical Internal Database. Data on File (Last accessed on December 19, 2014).

10
罕见病药物的市场准入

10.1 罕见病药物的定义

罕见病药物也被称为"孤儿药（orphan drugs）"，是指专门为了治疗罕见性疾病［通常被称为"孤儿病（orphan disease）"］而研发的一类药品。"无家可归的（homeless）药品或孤儿药"这一标签由乔治·普罗沃斯特（George Provost）[①]于1968年在美国首次使用，目的是对制药业似乎兴趣不大的所有药品种类进行归类[1]。顾名思义，罕见病发生在极少数的人群中。

罕见病药物被认为是"无利可图"的主要原因在于，就其研发所涉及的费用而言，预计的使用者人数是明显不足的。因此，要使得罕见病药物变得有利可图，就需要在那些人数较少的患者人群中设定高价。

目前，罕见病还没有统一的定义，各国的定义也不尽相同[2]。

10.1.1 美国

在美国，罕见病药物在《罕见病药物法案》（*Orphan Drug Act*）中被定义如下："罕见病药物被用于在美国很少见的疾病或临床情况，即无法对能否通过该药品在美国的销售来补偿研发和使该药品在美国可及所需的成本做出合理的预期[3]。"

在美国，每种罕见病定义下的患者总数上限为20万人。

在1985年和1990年，罕见病药物的定义扩大到药品以外的产品，如生物制品、医疗器械和医用食品。

10.1.2 欧盟

欧盟的罕见病药物法规是在美国法规出台近20年后才开始实施的。根据欧洲理事会（EC）第141/2000号条例[4]的定义，如果药品符合下列标准，可被认定为罕见病药物：

- 必须用于治疗、预防或诊断某种危及生命或使人长期衰弱的疾病。
- 该疾病在欧盟的患病率不得超过5/10 000，或者不太可能通过该药物的销售产生足够的回报来证明其研发的投资具有合理性。
- 该疾病尚无令人满意的诊断、预防或治疗方法，或尽管存在上述方法，但该药品

[①] 原《美国卫生系统药学杂志》主编。——译者注

必须能为罹患这种疾病的患者带来显著获益。

10.1.3 日本

在日本，如果药品符合以下标准[5]，可被认定为罕见病药物：
- 该药品针对的疾病必须是不可治愈的，必须没有可替代的治疗方法，或该药品的疗效和预期的安全性必须优于其他现有药品。
- 在日本国内，受该疾病影响的患者总数必须低于 50 000 人，相当于最高患病率为 4/10 000。

10.1.4 韩国

在韩国，罕见病被定义为没有合适疗法或替代药品，且患者总数不超过 20 000 人的疾病。2003 年发布的《罕见病药物指南》(Orphan Drugs Guideline)中，规定了罕见病药物具有 6 年的市场独占权，以鼓励研究开发。其中的支持措施包括为医疗费用提供报销，以及由韩国保健福祉部 (Ministry of Health and Welfare；보건복지부) 和韩国疾病预防本部 (Korean Centers for Disease Control and Prevention，KCDC；질병관리본부) 支持的国家资助研究项目。韩国罕见病信息数据库 (Korean Rare Disease Information Database, http://helpline.cdc.go.kr/cdchelp/index.jsp) 和韩国罕见病组织 (Korean Organization for Rare Diseases；한국희귀·난치성질환연합회；http://www.kord.or.kr) 为患者、研究人员、制药公司和管理人员提供了有关罕见病的大量信息[6]。

10.2 罕见病药物注册和评估的法律框架及发展动机

10.2.1 欧盟

欧洲议会 (European Parliament) 和欧洲理事会 (European Council) 于 1999 年 12 月 16 日通过了《欧洲罕见病药物条例》(European Regulation for Orphan Drugs) (EC No.141/2004)[4]。

其中，用于治疗患病率不高于 1/50 000 的疾病的药品被称为"超级罕见病药物 (ultra-orphan drugs)"，但该定义的使用仅限于英国境内[7]。

该规定旨在鼓励制药企业研发和销售那些在一般情况下不会被研发的罕见病药物。

该条例未提及罕见病药物的特殊优惠的定价和报销地位。由于后者属于各个成员国的权责范围，造成不同成员国在罕见病药物市场准入方面存在差异。欧盟委员会针对罕见病采取了若干举措，以提高认知、加强合作、鼓励开展更多的研究，并且支持国家级的罕见病防治规划。

欧盟成员国为罕见病药物的研发提供了一些激励措施，包括：
- 协助企业制订研究方案。
- 在提交上市许可申请之前，允许企业向欧洲药品管理局 (EMA) 申请提供研发和监管方面的建议。
- 协助上市审批。
- 快速审评。

- 这种快速审评不仅适用于罕见病药物，还可用于针对符合"重大公共卫生利益"的、替代疗法匮乏或较为不足的、"严重的、使人长期衰弱或危及生命的疾病"的药品。
- 降低监管费用。
  - EMA 为特定的罕见病药物提供费用减免，包括：
    · 研究方案协助的初始申请费用；
    · 研究方案协助的后续费用；
    · 获批上市前的审评费用；
    · 首次上市许可的申请费用；
    · 获批上市后首年内的相关事项，包括年费和变更费用等。
  - 然而，对中小企业以外的申请者而言，随着时间的推移，这一激励措施的效果受到了严重侵蚀。
- 市场独占权。
  - 特定的罕见病药物可享有 10 年的市场独占权。这意味着在 10 年内，EMA 和各成员国的监管机构都不会批准对同一适应证的类似药品的上市许可申请。
  - 每个罕见病药物享有的市场独占权是针对特定适应证的，即一种药品可以针对不同的适应证有多项市场独占权。
  - 市场独占权起始于获得上市许可之后。这就是为什么在某些情况下，市场独占权是优于专利权的。因为专利可能在研发的早期阶段被授予，并在药品上市之前就结束了。

某个药品获得了上市许可并不意味着在所有欧盟成员国都可以买到该药品，它将在每个成员国经历必要的程序，以确定其报销条件（通常指价格）。

尽管各方做出了共同努力，但各国监管办法的差异，使患者获得罕见病药物的过程变得十分复杂。

对于那些没有已上市且令人满意的治疗方法可用，同时也无法进入临床试验的患者来说，同情使用可以使他们能够用上处于研发阶段的未上市药品。在一些国家，如果制药企业希望销售那些仍处于临床研发阶段的罕见病药物，这也是一个有效的选择。

10.2.2 法国

2005 年，法国成为第一个制订罕见病药物国家计划的欧盟国家，而且该计划还包含了资助条款。同时，法国还是欧洲一些从事罕见病领域工作的组织所在地，例如欧洲罕见病组织 [Rare Disease Europe，EURORDIS（www.eurordis.org）]、Orphanet 网站（www.orpha.net）和 Orphanet 罕见病杂志（the Orphanet Journal of Rare Diseases，www.ojrd.com）。

10.2.2.1 同情使用

该授权通常被称为临时使用授权（temporary authorization for use；autorisation temporaire d'utilisation，ATU），即允许药品在获得上市许可之前进行销售。这一特殊和临时性的准入措施由监管机构——国家药品和医疗产品安全管理局（ANSM）负责管理[8]。

ATU 包括两种类型：指定型 ATU（ATU nominative）和队列型 ATU（ATU de cohorte）（表 10.1）。

表 10.1 法国两种临时使用授权（ATU）类型比较

队列型 ATU	指定型 ATU
同一适应证的一组患者	以单一指定为基础（named-patient basis）的某一位患者
由生产企业提出申请，并承诺在未来会提交上市许可的申请	针对无法参与临床试验和患者，由医生提出申请并对此负责
药品应具有显著的有效性和安全性	药品应具有可期的（presumed）有效性和安全性
ATU 期限为 1 年，可申请续期	ATU 期限为治疗期间
应根据治疗性使用方案对所有患者进行随访并收集数据（有效性和安全性）	应根据治疗性使用方案对所有患者进行随访并收集数据（有效性和安全性）
应定期向 ANSM 上报信息（包括任何新发现的、可能影响患者安全的信息）	/

注：ANSM，国家药品和医疗产品安全管理局。

要获得 ATU，药品必须符合以下条件：
- 必须是一种正式药品（而不是临时制剂）。
- 在法国尚未（针对任何适应证）获得上市许可。如果该药品在法国之外获得了上市许可，则其亦应在法国申请上市。
- 用于治疗、预防或诊断严重或罕见的疾病。
- 该疾病在法国没有已上市且令人满意的替代疗法。
- 患者的预期获益/风险比为正值。
- 该疾病的治疗不能拖延。
- 该药品的供应和使用仅限于医院内部，处方权可能亦仅限于某些专业人员。
- 不允许对该药品进行广告宣传。
- 该药品的使用目的应是治疗性的（对于研究性目的，应申请获得临床试验许可）。

这一计划广泛适用于罕见病药物，尤其是在没有替代方案或仅有少数效果不佳的替代方案时[9-10]。

10.2.2.2 研发激励措施

研发治疗罕见病的新药的企业可以从 ANSM 获得免费的科学建议。根据其基于公开价格的销量，罕见病药物还可享受高达 100% 的税收减免[11]。

10.2.3 德国

与法国形成对比的是，德国还没有制订针对罕见疾病的早期国家计划。不过，这个计划正在最后定稿中，应该很快就会发布。由于相关立法进展缓慢，一个名为罕见病患者国家行动联盟（National Action League for People for Rare Diseases；Nationales Aktionsbündnis für Menschen mit Seltenen Erkrankungen，NAMSE）的利益相关者组织已在 2010 年成立。

10.2.3.1 同情使用

在德国，同情使用必须由企业免费提供药品，在某些情况下，超说明书使用也可以报销：
- 该药品用于治疗某种致命的或危及生命的疾病。

- 目前在德国尚无针对该适应证的药品获批上市。
- 有科学性证据表明，该药品的治疗效果是积极的。
- 负责决定药品清单的专家小组将会在个体化基础上，向联邦联合委员会（Gemeinsamer Bundesausschuss，G-BA）提交关于超说明书使用的建议。

10.2.3.2 研发激励措施

在德国，针对罕见病药物的卫生技术评估（health technology assessment，HTA）有着特殊的规定。Social Code Book（SGB V）的一项修正案［第 35a（1）节 法条 10］中规定，如果某个被欧盟认定的罕见病药物在过去的 12 个月中的医院外销售额低于 5000 万欧元，则不需要提交新的数据以证明该药品与对照药品相比具有增量获益。对于这些药品，医疗保健质量和效率研究院（IQWiG）仅评估接受治疗的患者人数及罕见病药物的使用成本。如果评估结果证实其年度销售额确实未超过 5000 万欧元，联邦联合委员会（G-BA）应自动确认其具有增量获益。这项规定旨在加快针对罕见病药物的报销给付并鼓励该领域的创新。

在此之后，如果药品的年度销售额超过了上述阈值，生产企业则需通过 IQWiG 的评估路径来证明其具有增量获益。

对于年度销售额超过 5000 万欧元的药品，IQWiG 将其视为其他普通药品进行评估。对于罕见病药物的早期小样本研究，更宽松的 P 值统计学显著性要求是可以被接受的（例如 10% 的显著性），然而，随机对照试验（RCT）仍然是该机构针对罕见病药物的首选证据类型。

10.2.4 西班牙

2008 年，西班牙成为第二个公布罕见病国家计划的欧盟国家。安达卢西亚（Andalucia）、埃斯特雷马杜拉（Extremadura）和加泰罗尼亚（Catalonia）等一些地区已经制订了自己的罕见病计划。第 29/2006 号法律的第 2 项对罕见病药物的生产、进口、销售、处方等问题做出了特别规定。

10.2.4.1 同情使用

第 29/2006 号法律第 24.2 条中规定："针对未能纳入临床试验的患者，可通过同情使用程序，使未获批上市的药品能够被处方和使用，以满足特定患者临床情况的特殊治疗需要[10]"。这条法规涵盖了未获批上市的药品以及已上市药品的超说明书使用的情况。从其他国家进口未获批上市的药品之前，必须事先向西班牙药品和医疗产品管理局（AEMPS）提出申请，并附上一份医学报告。

同情使用的条件包括：
- 针对某种慢性的、使人严重衰弱或危及生命的疾病，使用已上市药品（或已获得批准但未在西班牙销售的药品）不能获得令人满意的效果。
- 该药品必须正处于申请上市许可或临床试验的状态中。

临床试验的发起者或者上市许可的申请者必须同意提供该药品。

10.2.4.2 研发激励措施

通常，对于所有由西班牙国家卫生服务体系（National Health Service；Servizio Sanitario

Nazionale，SNS）支付的、用于门诊或住院使用的且未包含在参考定价系统中的药品而言，企业必须在扣除增值税后的公开价格基础上提供7.5%的强制性返利。但对于罕见病药物来说，这一比例被限定为4%。

10.2.5 意大利

自1998年以来，罕见病一直是意大利公共卫生服务的重点[11]。2001年颁布的第279/2001号卫生部令中列出了284种罕见病，免除了这些疾病的患者在国家卫生服务体系中的共同支付部分。同时，该政策还构建了一个罕见病预防、诊断和治疗中心的全国性网络。

10.2.5.1 同情使用

第94/1998号法律也被称为《迪贝拉法》（*Legge Di Bella*）。该法律允许在医生的负责之下为患者使用尚未获批上市的药品。同时，患者需要接受知情同意。对于某种特定的疾病，当没有其他可选的治疗方法时，意大利药品管理局（AIFA）的技术委员会可以将特定的药品列入一份特殊清单中，由国家卫生服务体系（NHS）为其支付费用。

可纳入的药品包括以下三类：
- 已在国外获批上市，但尚未在意大利获批的创新药。
- 尚未获批，但已经行临床试验的药品。
- 用于治疗已获批的适应证之外的临床指征。

此外，意大利已发布的三项国家级医疗保健规划（1998—2000年；2003—2005年；2006—2008年）和地方性规划中均强调了政府对罕见病的重视。

10.2.5.2 研发激励措施

AIFA在2005年建立了名为"AIFA 5%基金"的项目，其目的是促使制药企业将其销售推广费用（除去薪资）的5%捐赠给这项特别基金。该基金的一半将支付给公立或非营利机构，以开展针对获得欧盟批准或指定的罕见病药物的独立研究、药品信息项目或药物警戒研究；另一半将用于支付患者使用尚未上市药品的成本。这使得AIFA可以用于报销罕见病药物的预算资金增加[12]。

10.2.6 英国

10.2.6.1 苏格兰

罕见病药物申请的评估程序与所有其他药品是相同的。但是，除了常规的临床和成本-效果评估之外，苏格兰药品联合会（SMC）可能还会考虑其他因素，比如该药品是否用于治疗危及生命的疾病，是否能提高生活质量和（或）延长预期寿命，是否能够扭转而不仅仅是稳定患者的临床状况，是否能够缩小与"确定性"治疗之间的差距[13]。

SMC认识到，罕见病药物的临床试验设计可能相对不够完善，因此对于申请程序中的部分环节，可用的信息可能比常规药品更少。无独有偶，对于罕见病药物而言，可能还需要其他方面的更多细节信息，例如替代性结局指标的可靠性。

如果某种罕见病药物缺乏长期结局指标方面的数据，则可能需要通过特定的临床稽查和相关的患者注册登记来进行监测。

SMC 没有设定固定的增量成本-效果比（ICER）阈值——即超过某个阈值的药品将不被推荐。但 ICER 是 SMC 决策时的一个考察因素。如果 ICER 相对较高，可能将考虑以下因素：

- 有证据表明，该药品可显著延长预期寿命（有足够的生活质量使患者期待获得额外的寿命）。预期寿命的显著改善通常是指中位生存期延长 3 个月，但 SMC 在做出决策时会针对特定的临床情况进行评估。
- 有证据表明，该药品可显著改善生活质量（不论是否存在生存获益）。
- 有证据表明，该药品的使用可为某个亚组的患者带来增量获益。此时，该药品在实践中可以在这一组患者中使用。
- NHS 体系中尚无其他已被证实的、对该疾病有益的治疗方案。
- 该药品可以使一部分患者具备接受另一种确定性治疗（例如骨髓移植或治愈性手术）的条件。
- 在苏格兰 NHS 的临床实践中，出现了某种可替代未上市药品的已上市药品，并能成为某个特定适应证的唯一治疗选择。

10.2.6.2 英格兰和威尔士

英国国家卫生和保健评价研究院（NICE）将每个质量调整生命年（QALY）的 ICER 阈值作为针对常规药品做出决策建议的基石。然而，NICE 规划了一项名为"高度专业技术（highly specialized technology，HST）"的新分类来专门评估超级罕见病药物。NICE 将超级罕见病药物定义为用于治疗那些患者总数低于 1000 人或患病率低于 1/50 000 的疾病的药品。

HST 的界定标准包括以下方面：

- 疾病的基本属性。
- 新技术的影响。
- NHS 需要支付的成本以及在个人社会服务体系（PSS）中的性价比。
- 该技术在直接健康获益之外的影响。
- 该技术对于提供个体化服务的影响。

HST 评估的程序始于针对"临时主题清单（provisional list of topics）"的咨询。然后，卫生部将这些主题提交给 NICE。评估委员会将考虑来自制药企业、患者、临床专家、NHS、证据评审小组（evidence review group，ERG）报告、会前简报（pre-meeting briefing）以及随后为期 4 周的公众咨询等方面的所有证据。在程序结束时，将形成最终的评估决定并发布指南。整个程序大约需要 27 周。

HST 评估还考虑了一些其他因素："在评估 NHS 和 PSS 所需支付的成本时，委员会将考虑个体化服务的总预算及其分配方式，以及其他可比的药品领域的投资规模。此外，该委员会还将考虑，在可以通过向有限数量的患者销售药品来收回研发和制造成本的背景下，药品成本处于何种水平才是合理的。"

对于超级罕见病药物，NICE 像"经纪人（broker）"一样，将所有利益相关者聚集在一起，共同寻找出一个合理的、各方都满意的价格水平。尽管这些药品对预算的预期影响很小，甚至可以忽略不计，但对于具体的患者来说，其价值可能是巨大的。作为经纪人，

NICE 会避免在决策程序中使用 ICER，这将使更多的患者能够获得这类药品。

对于用于终末期疾病患者的药品，NICE 单独有一项名为"临终关怀（end-of-life）"补充决策建议的评估程序。根据规定，这类药品与常规药品相比具有更高的 ICER 也是可以接受的。提高 ICER 的阈值使 NICE 能够对这类药物给出正面的决策建议。符合上述定义的药品需要满足以下条件：

- 被批准用于治疗通常每年不高于 7000 名新患者的疾病。
- NHS 内部没有其他具有相似获益的替代方案。
- 用于治疗平均寿命预计不会超过 24 个月的终末期疾病患者。
- 有足够的证据表明，与目前的治疗方法相比，该药品可显著延长平均寿命（通常至少应延长 3 个月）。
- NICE 的 ICER 评估结果超过 3 万英镑。

10.2.7 亚洲

在亚洲，日本、韩国、新加坡等国家已针对罕见病药物设立了相关法规或规定[15]。相关的激励措施在鼓励生产企业研发罕见病药物方面发挥着重要作用。目前，上述法规和规定只说明了加快罕见病药物上市审评的总体标准，但具体细则尚未充分落地，也没有提出进一步的研发激励措施[16]。

10.2.7.1 日本

在日本，相关的监管机构是厚生劳动省（Ministry of Health，Labor and Welfare，MHLW；厚生労働省）。该国的罕见病药物法规是 1993 年发布的《药品管理法修正案》。日本针对罕见病药物的激励措施包括[14, 17]：

- 罕见病药物享有 10 年的市场独占权[15]：申请人可以获得 10 年的市场独占权以避免受仿制药的影响。MHLW 可能会缩短独占权的时间。罕见病药物的产品更新周期为 10 年，其他药物则为 4～6 年。
- 罕见病药物可享受多种税收优惠，例如针对任一类型的研究提供 6% 的税收抵免和上限为 10% 的企业税抵免。
- 补偿研发成本的 50%：国家生物医学创新、健康和营养研究所（National Institute of Biomedical Innovation，Health and Nutrition，NIBIO；医薬基盤・健康・栄養研究所）为罕见病药物的研发提供高达总成本 50% 的资助。
- 监管协助：NIBIO 提供免费的临床试验设计建议，相关的申请费用也会降低 25%。
- 上市审评快速通道：在审评程序的每一个步骤中，罕见病药物的申请都优先于其他药品。
- 目标审评时间为 6 个月。罕见病药物的平均评审时间约为 10 个月，而其他药品则为 12 个月。

10.2.7.2 韩国

在韩国，相关的监管机构是食品药品安全管理局（Ministry of Food and Drug Safety，MFDS；韩文见第 133 页、表 9.2）[15]。罕见病药物的法律框架载于 MFDS 的第 2013/222 号通告——《关于罕见病药物认定的规定》（Provision on Designation of Orphan Drugs）

（1998 年）和《罕见病药物认定规定（Orphan Drug Provision Designation）》（2003 年）中。罕见病药物会得到 MFDS 的快速审评以及 50% 的申请费用减免，但未被授予市场独占权。

10.3 罕见病药物的定价程序

接下来，我们将介绍针对罕见病药物定价的专门信息。这部分内容应以第 12 ～ 20 章关于定价的讨论内容作为补充。

10.3.1 法国

在法国，新药的定价和报销申请是相结合的，并形成了一个三步走的程序：

- 卫生高级权力机关（HAS）下设的透明委员会（CT）负责开展药品的实际医学获益（SMR）和增量实际医学获益（ASMR）评估。广义上，SMR 将影响报销比例，而 ASMR 则影响定价。没有任何增量获益的药品不予报销。
- 医疗产品经济学委员会（CEPS）负责基于 SMR/ASMR 评估结果、药品在特定欧洲国家的价格、目标用药人群的规模、未来 5 年的销量预测、药品的使用条件以及相同治疗学分类下的其他药品在法国的价格等信息，与企业就最高销售价格进行谈判。
- 全国医疗保险基金联盟（National Union of Health Insurance Funds；Union Nationale des caisses d'assurance maladie，UNCAM）向居民提供补充医疗保险，可以在 CT 提出的报销水平的基础上调整 ±5%。最后，CEPS 和制药企业签署价格协议。

在法国，罕见病药物是作为常规药品并根据前述规则被评估的。到目前为止，大部分经 CT 评估的罕见病药物的 SMR 评估结果均为"重要"（即"不可替代而且价格相当昂贵"），因此符合完全报销的条件。然而，影响着价格的 ASMR 评估结果是多样的，对其进行重新评估后出现降价的情况也并不罕见。

10.3.2 德国

在德国，只有被证实具有增量获益的药品才有资格与医疗保险公司进行报销谈判。然而，该国没有针对罕见病药物设立特殊的评估程序。与那些需要制药企业证明增量获益并由 IQWiG 进行确认的常规药品相比，如果某种罕见病药物的年销售额连续两年未超过 5000 万欧元，则自动视为该药品的增量获益已被证明。这些药品有资格进行价格谈判，最终价格由企业和法定医疗保险协会通过协商确定。

然而，尽管 IQWiG 不对年销售额低于阈值的药品进行增量获益评估，G-BA 也会根据企业准备的"精简材料（lean dossier）"进行评估，其中包括用于上市审评的材料和相关补充数据。

某些临床证据有限的罕见病药物获得了对其疗效的认可，但有时也会被认为其效果是"不可量化的"。这些判断显然会对法定医疗保险协会和企业之间的价格谈判产生影响。

此外，免于接受 IQWiG 评估的另一类药品是对法定医疗保险基金的医院外部支出影响"微不足道（insignificant）"的药品（即 12 个月的销售额低于 100 万欧元）。但是，相关企业必须主动向 G-BA 提交豁免评估申请。

10.3.3 意大利

在意大利，AIFA 需要就所有申请由国家医疗服务体系报销的药品的最高价格达成一致，这些药品的报销比例通常为 100%。定价过程包括企业和 AIFA 之间的非正式谈判，并可能涉及保密性折扣和返利。

10.3.4 西班牙

在西班牙，定价和报销决策是相结合的，并由卫生部下属的药品和医疗产品质量副总局（General Subdirectorate of Quality of Medicines and Health Products；Subdirección General de Calidad de Medicamentos y Productos Sanitarios）管理，但其决策建议通常需要医药产品部际定价委员会（CIPM）的批准，由后者做出最终决定。

在定价决策方面，考虑的因素包括疾病的严重程度、未满足的医疗需求、药品的治疗和社会效用、创新性程度、在选定的欧盟国家和原产国的价格、类似药品在西班牙的价格、国外 HTA 机构（例如英国 NICE、德国 IQWiG 和法国 HAS）的决策、未来 3 年的销售额预测以及企业的利润等。当药品在国家层面实现了定价和报销之后，还需要在地方层面进行列名，以便进入市场并使患者用药可及。

10.3.5 英国

在英国，尽管药品的价格不受任何政府部门的管制，但面临 NICE 负面决策建议的高值药品可能需要与卫生部商定保密性折扣或返利，即所谓的患者可及性计划（PAS）。在英国，对药品价格的管制是通过"药品价格管制计划（Pharmaceutical Price Regulation Scheme，PPRS）"间接实施的。

10.3.6 日本

在日本，大多数创新性罕见病药物都是通过成本计算来定价的，但如果有类似的已上市药品，则以其价格为基准。在后一种情况下，可以根据对新药的可用性、创新性和（或）市场规模的认知水平来增加额外的溢价。有限的"适销性（marketability）"溢价专门适用于日本认定的、通过成本比较定价的罕见病药物，但只有一种药品实现了 20% 的最高溢价。最终算得的价格以国外价格调整规则为准。整个定价程序相对较快，目标完成时间为 60 天（最长 90 天）。在临床实际处方之前，还需要列入国家医疗保险清单中。一部分原因是日元汇率走强，导致日本罕见病药物的价格可能是全球最高的，有 9 个品牌药在日本国内获得了超过 100 亿日元的年销量。由于需求侧的管制有限，罕见病药物在日本的可及性较好。

在药品获得上市许可后，国家医疗保险会与企业围绕价格展开谈判，允许罕见病药物按照"成本加 10%"定价。在日本市场上销售的罕见病药物中，几乎一半都来自欧盟或美国。此外，在日本认定的 130 种罕见病中，有 56 种可给予医疗费用报销，其中 30% 由保险公司支付，其余由国家和地方政府支付[18]。2010 年，报销中金额已扩大到 280 亿日元，相关患者数则增长到约 700 000 人[19]。

10.3.7 韩国

在韩国,罕见病药物和非罕见病药物的定价程序是相同的。据报道,由此确定的罕见病药物价格往往令跨国企业失望[6]。

10.4 罕见病药物的价格比较

一般来说,在定价和报销制度不同的国家之间,罕见病药物的出厂价格并没有太大的差异。罕见病药物在实行药品自由定价的国家(例如英国)的公开价格可能高于实行价格管制的国家(例如西班牙)[20]。然而,由于国家预算的限制,其中可能会存在保密性的折扣和返利,使我们无从得知这些药品的实际价格。

10.5 罕见病药物和超级罕见病药物的 HTA 框架

在不同国家和地区,罕见病药物 HTA 标准的侧重点各异,可包括成本-效果、预算影响、疾病严重程度、临床治疗需求和社会效益。目前没有通用的罕见病药物 HTA 框架,而且现有的方法面临着许多挑战。

当把标准化的 HTA 方法应用于罕见病药物时,对于 RCT 数据的要求通常会比较宽松[15]。这是由于可能缺乏可用的数据或数据的质量较低(例如临床试验纳入的患者例数较少,使用了替代性结局指标),甚至尚存在问题的药品也被获批上市。由于数据匮乏,部分国家可以接受罕见病药物的临床疗效、安全性、ICER 和预算影响等方面存在更高程度的不确定性。此外,在 HTA 评估中还可以考虑其他标准,例如治疗价值、对临床实践的影响、国际定价水平和报销情况、患者组织的意见、经济重要性、伦理学争论和政治环境[15]。同样,尽管对超级罕见病药物进行成本-效果建模研究是可行的,但其结果通常不会符合成本-效果阈值[21]。

然而,这些不同的方法导致各国在罕见病药物的可获得性方面存在差异。例如,对于 43 种 EMA 所批准的罕见病药物,英国 NICE 仅推荐报销其中的 2 种药品,而在瑞典,其中 69% 的品种可报销,这一比例在意大利和法国则分别为 94% 和 100%[15]。

有趣的是,法国和意大利关注的标准包括已证实的临床价值、队列研究证据和创新性,但并不要求对罕见病药物进行正式的成本-效果分析。尽管罕见病药物价格高昂,但由于患者人数较少,它们对医保的预算影响相对较低,因此在这些国家获得了报销资格。相比之下,英国则注重每 QALY 的增量成本和 ICER 估计值。这说明存在一种趋势,即对于罕见病药物的报销覆盖率而言,需要开展标准 CEA 的国家通常比不需要的国家更低。因此,在仅采用 CEA 的国家,罕见病患者获得药物的权利可能会被剥夺。

10.6 罕见病药物的伦理学和公平性问题

如前所述,基于 ICER 的决策侧重于有限资源的合理分配,以便最大限度地发挥其健康价值,但这可能与追求社会公平产生矛盾。社会层面倾向于评估疾病的严重性和干预措施的紧迫性,而个体层面则倾向于使用传统的 CEA 方法评估从干预措施中获益的可能性。

然而,在将社会价值纳入 HTA 框架之前,需要更多的实证研究来衡量特定社会中的社会偏好性。但是,这些调查数据可能会被受访者对选择自己偏好所产生的后果的理解所混杂。例如,一项研究发现,尽管社会希望罕见病患者享有平等的治疗权利,但如果罕见病患者的治疗与普通疾病患者的治疗成本相当,则人们的这一偏好几乎消失了[22]。这是因为公众持有的公平性概念有两种:横向公平(horizontal equity,即平等的个体应接受平等的治疗,这意味着社会上每个人生而平等,在罕见病上花费更多的医疗保健预算是不公平的)和纵向公平 [vertical equity,即不平等的个体接受的治疗应有差别,这意味着人们生而不平等(例如从基因构成的角度而言),因此有权利接受相应的特殊治疗][28]。从有限资源配置的实用主义视角看,对罕见病药物的资助必须以支持纵向公平为前提。

10.7　罕见病药物 HTA 和定价的潜在替代方法

由于单凭 ICER 阈值不足以评估罕见病药物的价值,因此需要考虑其他标准。多准则决策分析(MCDA)可以使决策者能够明确地权衡各种非财务性因素,同时兼顾成本-效果。要运用 MCDA,首先需要评估各个因素在社会或决策环境中的相对权重。

一项针对罕见病药物 MCDA 的先导研究提出了两类非财务性标准[23]:
- 罕见病的影响和相关的未满足需求:
  在没有新药的情况下,当前有效的治疗方案或最佳支持治疗的可获得性。
  在现有标准治疗下,患者的疾病生存预后。
  在现有标准治疗下,疾病的发病率和患者的临床伤残情况。
  在现有标准治疗下,疾病对患者和照护人员日常生活的社会性影响。
- 新药的影响:
  新药的治疗创新性,定义为新疗法的科学进步性和对患者结局的贡献。
  新药的临床有效性和患者临床结局的证据。
  新药的治疗安全性。
  新药治疗对患者和照护人员日常生活的社会性影响。

有趣的是,研究人员发现,受访者更看重所治疗疾病的性质,而不是使用药品治疗的结局。这意味着即使治疗结局不确定,被研究人群也愿意重视对罕见病的治疗。然而,许多罕见病药物由于价格昂贵,即使使用 MCDA 也未能被建议报销。

因此,罕见病药物定价时可以考虑"成本加成(cost plus)"或"回报率(rate of return)"等方法。但是,客观地评估一种药品的研发成本,以及如何解释那些被中止研发的、不能带来经济回报的候选化合物分子所产生的成本,都是很复杂的事情。

在 HTA 和定价方法中都应该考虑到,某些罕见病药物可能具有多种适应证,而且通常并不都是罕见病。为了获得更高的价格,生产企业可能会采取一种反常的策略,即首先使此类药品获批为罕见病药物,然后再为同样的分子获得非罕见病药物的专利。在这种情况下,HTA 和定价程序需要根据新的适应证进行修订,定价和(或)报销比例也需要调整。

然而，目前还不清楚如何对这些调整进行测算，以及这些调整是应该适用于所有适应证，抑或只适用于非罕见病。

很明显，无论今后采用何种方法，对罕见病药物的评估都不能遵循与普通药品相同的路径。否则，这些药物不太可能被建议纳入报销范围，患者也将无法获得必要的治疗。

10.8　罕见病药物的定价问题

罕见病药物的研发成本通常是普通药品研发成本的25%，制药企业可以通过获得有条件的早期上市许可来迅速收回投资[24]。尽管目标人群的规模较小，但这些药品的价格较为高昂，对企业来说，其与普通药品的盈利能力是相当的。事实上，罕见病药物的年用药费用往往超过每位患者10万欧元。例如，针对一种罕见的遗传疾病——法布里病（Fabry disease）的阿加糖酶-α（agalsidase-α），平均年费用为每位患者265 987.20美元。

由于罕见病的替代治疗方法很少或者根本没有，罕见病药物生产企业占据了市场垄断地位，而且FDA和EMA都延长了罕见病药物的市场独占权。此外，由于对新治疗方法的需求所带来的政治压力，使支付者的谈判能力往往较为有限[22]。有趣的是，我们对美国批准的抗肿瘤罕见病药物的初步研究表明，它们的价格与目标人群的规模之间并没有相关性[29]。

10.9　展望

当前的罕见病药物政策加快了罕见病治疗药品的研发和获批的速度；然而，由于罕见病药物的价格高昂，这些政策的可持续性不高。造成上述情况的原因有以下几点（Cote et al.）[25]：

- FDA和EMA对罕见病药物审批采用快速通道，包括在制订临床研发计划时提供免费或有优惠的帮助。
- 适应证的过度分层导致了"三步走"策略：①申请罕见病药物资格；在研发、审评和上市阶段获得可观的经济效益；以初始目标人群患病率为基础采取高定价；②上市后，说服医生在临床实践中使用该药；③在保持原价的基础上，通过获得新的治疗适应证（罕见病或非罕见病）来扩大销售规模。
- 通过在新的罕见病适应证中重新利用以往的化学实体，以显著降低研发成本。
- 定价基于支付意愿，而不是企业的实际研发成本。
- 针对非罕见病的超说明书用药。

加拿大安大略省公共药物项目（Ontario Public Drug Programs）提出了一个新的政策框架，其中包括在计算成本-效果之前了解药品价值的标准：

- 疾病的改善是否与药品的使用密切相关。
- 在考虑了患者人群、疾病阶段和治疗方面的差异后，疾病的改善是否仍与药品的使用保持密切相关。
- 药品的获益是否与特定的疾病或其机制相对应。
- 疾病的改善是否出现在使用药品之后。

- 最佳的疾病改善是否与最佳的药品剂量呈相关性。
- 药品的作用机制是否与疾病潜在的病理生理学相关。
- 药品作用的观察结果是否与该疾病的自然史和生物学的一般已知事实一致。
- 是否有实验性数据证实用药可以改善疾病。
- 作用机制相近的药品是否可以改善相似的疾病。

应将模型研究的结果向临床专家和其他利益相关者进行咨询。即使模型假设可获得足够的疾病发生率和自然史信息，它仍然需要基于与该疾病相关的当前数据和专家意见，并在疾病进程中某个最有可能的时间点做出合理的有效性预期[26]。

10.10　结论

罕见病药物政策的激励措施，促进了制药业针对尚存在显著未满足医疗需求的疾病开展研究。尽管罕见病患者数量明显偏少，但罕见病药物的创收潜力与非罕见病药物是类似的[27]。此外，如果从政府的财政激励、较小的临床试验规模、较短的临床试验时间和较高的审评成功率等研发驱动因素的角度考虑，罕见病药物的盈利能力可能更高。然而，由于成本-效果仍是相对唯一的决策标准，使得罕见病药物的价格高昂且覆盖面有限，限制了患者的用药可及性，因此这一现有政策的可持续性不强。

参考文献

1. Provost G. 1968. Homeless or orphan drugs. *American Journal of Hospital Pharmacy*, 25:609.
2. Richter T, Nestler-Parr S, Babela R, Khan ZM, Tesoro T, Molsen E, Hughes DA. Rare Disease Terminology and Definitions-A Systematic Global Review: Report of the ISPOR Rare Disease Special Interest Group.
3. FDA, Orphan Drug Act. Available at: http://www.fda.gov/ForIndustry/DevelopingProductsforRareDiseasesConditions/HowtoapplyforOrphanProductDesignation/ucm364750.htm.
4. Regulation (EC) No 141/2000 of the European Parliament and of the Council of 16 December 1999 on orphan medicinal products, OJ L 18, 22.1.2000, p. 1–5.
5. Orphanet, Orphan drugs in Japan. Available at: http://www.orpha.net/consor/cgi-bin/Education_AboutOrphanDrugs.php?lng=EN&stapage=ST_EDUCATION_EDUCATION_ABOUTORPHANDRUGS_JAP#policy.
6. Just Pharma Reports, 2010. Orphan Drugs in Asia-Pacific: From Designation To Pricing, Funding & Market Access.
7. Process for appraising orphan and ultra-orphan medicines and medicines developed specifically for rare diseases, 2015. Available at: http://www.awmsg.org/docs/awmsg/appraisaldocs/inforandforms/AWMSG%20Orphan%20and%20Ultra%20Orphan%20process.pdf.
8. ANSM, Autorisations temporaires d'utilisation. Available at: http://ansm.sante.fr/Activites/Autorisations-temporaires-d-utilisation-ATU/Qu-est-ce-qu-une-autorisation-temporaire-d-utilisation/(offset)/0.
9. Benefit Assessment of pharmaceuticals according to s. 35a SGB V, Available at: http://www.english.g-ba.de/downloads/17-98-3042/Chapter5-Rules-of-Procedure-G-BA.pdf.
10. Law 29/2006 on the guarantees and rational use of medicines and healthcare products, Available at: http://www.boe.es/boe/dias/2006/07/27/pdfs/A28122-28165.pdf.
11. Just Pharma Reports, Orphan Drugs In Europe. Pricing, Reimbursement, Funding & Market Access Issues, 2013 Edition.
12. AIFA, Fondo AIFA 5%. Available at: http://www.agenzia-farmaco.gov.it/it/content/fondo-aifa-5.
13. SMC Modifiers used in Appraising New Medicines. Available at: http://www.scottishmedicines.org.uk/About_SMC/Policy_statements/SMC_Modifiers_used_in_Appraising_New_Medicines.
14. NICE, Highly Specialised Technologies Guidance, Available at: https://www.nice.org.uk/about/what-we-do/our-programmes/nice-guidance/nice-highly-specialised-technologies-guidance.
15. Gammie T, Lu CY, Babar ZU-D. 2015. Access to Orphan Drugs: A Comprehensive Review of Legislations, Regulations and Policies in 35 Countries. *PLoS ONE*, 10(10):e0140002.
16. Song P, Gao J, Inagaki Y, Kokudo N, Tang W. 2012. Rare diseases, orphan drugs, and their regulation in Asia: Current status and future perspectives. *Intractable & Rare Diseases Research*, 1(1):3–9.
17. MacArthur D. Orphan drugs in Asia-Pacific: From designation to pricing, funding and market access. *The Pharma Letter*, February 8, 2010.
18. Japan Intractable Diseases Information Center. What is an intractable disease? http://www.nanbyou.or.jp (access December 9, 2015).
19. Kanazawa I. Measures for dealing with "Intractable Diseases"? Past, present and future. *ICORD 2012 Conference*.
20. Simoens S. 2011. Pricing and reimbursement of orphan drugs: The need for more transparency. *Orphanet Journal of Rare Diseases*, 6:42.
21. Schuller Y, Hollak CE, Biegstraaten M. 2015. The quality of economic evaluations of ultraorphan drugs in Europe—A systematic review. *Orphanet Journal of Rare Diseases*, 10:92.
22. Desser AS, Gyrd-Hansen D, Olsen JA, Grepperud S, Kristiansen IS. 2010. Societal views on orphan drugs: Cross sectional survey of Norwegians aged 40 to 67. *British Medical Journal*, 341:c4715.

23. Sussex J, Rollet P, Garau M, Schmitt C, Kent A, Hutchings A. 2013. A pilot study of multicriteria decision analysis for valuing orphan medicines. *Value in Health*, 16(8):1163–1169.
24. Thornton P. 2010. *Opportunities in Orphan Drugs—Strategies for Developing Maximum Returns from Niche Indications*. London: Business Insights.
25. Côté A, Keating B. 2012. What is wrong with orphan drug policies? *Value in Health*, 15(8):1185–1191.
26. Winquist E, Bell CM, Clarke JTR, Evans G, Martin J, Sabharwal M, Gadhok A, Stevenson H, Coyle D. 2012. An evaluation framework for funding drugs for rare diseases. *Value in Health*, 15(6):982–986.
27. Meekings KN, Williams C, Arrowsmith J. 2012. Orphan drug development: An economically viable strategy for biopharma R&D. *Drug Discovery Today*, 17(13–14): 660–664.
28. Drummond M, Towse A. 2014. Orphan drugs policies: A suitable case for treatment. *European Journal of Health Economics*, 15:335–340.
29. Jarosławski S, Toumi M. Association between the prices of orphan drugs in oncology and the patient population sizes. PR1, *ISPOR 19th Annual European Congress*, Vienna, Austria, October, 2016.

11
疫苗的市场准入（发达国家）

11.1 概述

"疫苗（vaccine）"一词源自拉丁文"*variola vaccinae*（天花疫苗）"，根据爱德华·詹纳（Edward Jenner）①于1796年的描述，天花疫苗本身即是一种病毒，当接种于健康儿童时可预防天花。此后，多种疫苗研发方法和技术日益发展起来。

疫苗的接种显著地减少了多种传染性疾病的发生。1994—2003年被称作美国的"儿童疫苗时代（vaccines for children era）"，据估计，通过疫苗接种，这10年间美国有超过3.22亿例传染性疾病得以预防，同时避免了2100万次住院和73.71万例死亡[1]。

当前，支付者、公共卫生政策制定者和监管部门均要求疫苗研发应符合日益提高的循证预防标准。同样，民众在对疫苗的耐受性和安全性越发关切的同时仍信心不足[2-3]。

11.1.1 定义和分类

根据世界卫生组织（WHO）的定义，疫苗是一种"用于提升机体针对特定疾病免疫力的生物制品"，通过激发机体的免疫系统对抗疫苗介质（疫苗与致病病原体或其成分相似）而达到预防疾病的目的。接种的疫苗介质通常是减毒或灭活的病原体或病原成分。当接种疫苗后，人体的免疫系统将识别和消灭这种介质，同时保持或多或少的免疫记忆。未来，当人体再次感染这种病原体时，免疫记忆功能将发挥作用，帮助机体快速高效消灭病原体[4]。

根据疫苗的成分、针对的病原体、作用形式以及生产技术等方面的差异，疫苗可被分为不同的种类，目前主要的分类方式为：①基于传统预防传染病理念的预防性疫苗（preventive vaccine，PV）；②基于治疗已有疾病而非局限于传染性疾病的新理念的治疗性疫苗（therapeutic vaccine，TV）。

11.1.2 预防性疫苗

毋庸置疑，除安全的饮用水之外，预防性疫苗是降低人类死亡率的最重要举措[5]，并已成为重要的公共卫生手段。当前，所有发达国家都为国民制定并执行全国性或区域性的免疫接种项目，而提升国民健康水平对经济发展有促进作用，例如通过延长可工作年限、提高生育率、改善教育效果、维护健康、提高独立期望寿命（与老年预防性疫苗相

---

① 英国医学家（1749—1823）。——译者注

关）以及降低健康花费，都可以达到促进经济发展的效果[6]。

经济合作与发展组织（OECD）于 2013 年发布的健康指数显示，欧洲各国卫生总费用占国内生产总值（GDP）的平均比例约为 9.0%，其中有 3% 用于疾病预防，用于疫苗的则不超过 0.5%[3, 7]。用于疾病预防的支出涵盖多个方面，包括禁烟、限酒、营养、运动、筛查、诊断以及免疫接种等。

医务工作者、支付者、政策制定者以及全世界的民众都在密切关注新疫苗的研发进展。值得注意的是，从新生儿（例如白喉、破伤风、脊髓灰质炎疫苗）到老年人（例如肺炎和带状疱疹疫苗），疫苗接种贯穿了人的生命周期，政策制定者将其称为"终生接种（life-course approach to vaccination）"。预防性接种具有不确定性，随着疫苗对已知抗原的表达减弱和新型病原体的出现，人们对预防性接种的有效性越发担心。此外，2009 年的金融危机导致全球很多国家削减了医疗保健领域的预算，由此而产生的长期影响将逐步体现。

因此，疫苗的市场准入已成为当下一门极具挑战的学科，要求从业人员具备专业的知识。部分发达国家已经成立了疫苗专家委员会，其目的是在将疫苗纳入国家免疫计划并进行定价和报销之前进行评估并做出建议。

11.1.3 治疗性疫苗

随着人们对肿瘤免疫治疗领域的了解逐步加深，部分疫苗被认为是具有治疗效果的。这个领域正在逐步发展中，目前已有部分治疗性疫苗获批上市，例如用于治疗前列腺癌的 sipuleucel-T（Provenge，在欧洲和美国等国上市）、用于治疗卵巢癌的 CVac（在阿联酋迪拜上市）；用于治疗肾细胞癌的 CreaVax-RCC（在韩国上市）[8]。

研究人员通过开展Ⅲ期临床试验考察了治疗性疫苗的疗效，但总体而言，此类试验的失败率很高。与预防性疫苗不同，治疗性疫苗通常遵循类似于药品的定价和报销程序。

11.2 疫苗的特点

预防性疫苗与治疗药物相比有很多差异，主要体现在以下三个方面：①疫苗的目标人群规模比治疗药物更大且健康程度更高；②使用者感知到获益所需的时间长短不同；③公众对疾病治疗药物所引发的不良事件的接受度高于对用于健康人群的预防性疫苗所引发的不良事件的接受度（表 11.1）。

表 11.1 预防性疫苗和治疗药物的特征和认知差异

方面	预防性疫苗	治疗药物
作用目的	预防	治愈或降低风险
目标人群	健康人群	疾病或风险人群
人群规模	一般为整个相关健康人群	视患病率情况而定
获益层面	患者个体和社区层面（群体免疫）	患者个体层面
获益时间	未来	当前
外部性	高	中等
对不良事件的接受度	低	中等

除此之外，疫苗从抗原开始到成品出厂需耗时 12～24 个月。其他特点还体现在疫苗的研发、制造、作用机制/靶点、获益和市场准入等方面。

11.2.1 疫苗研发

一种疫苗从研发到上市，通常需经历近 10 年的漫长临床研发历程。与治疗药物相比，预防性疫苗与预防性药物相似，均被要求在研发过程中开展更大规模的临床试验和更密切的监测。

此外，疫苗研发的风险更高。事实上，临床前试验的疫苗候选物最终成功上市的比例仅有 20%。每种成功上市的疫苗所需的研发费用为 2 亿～5 亿美元，使其成为最昂贵和最具风险的投资领域之一[9]。因此，疫苗研发领域的全球年投资额可能低至 7.5 亿美元，而药品领域则高达 264 亿美元[10]。

11.2.2 安全性

由于疫苗用于更广泛的健康人群，其安全性备受关注。在这个方面，支付者和全社会对预防性疫苗的期望是高于药品的。例如，在接种禽流感病毒疫苗后观察到了患吉兰-巴雷综合征（Guillain-Barré syndrome，GBS）的病例，或在接种人乳头瘤病毒（human papilloma virus，HPV）疫苗后观察到了疑似患复杂区域疼痛综合征（complex regional pain syndrome，CRPS）和体位性心动过速综合征（postural orthostatic tachycardia syndrome，POTS）的病例，但根据科技主管机构的推断，这些症状与疫苗接种没有直接联系[11]。总体而言，疫苗上市后需考虑在广泛人群中进行常规监测，并对不良事件进行随访，这可能也需要监管部门和 HTA 机构的参与。

11.2.3 获益和成本-效果

支付者在考虑为某项健康干预服务付费时更倾向于那些能够立即或短期内达到治疗疾病目的的药品或治疗方法，而不是那些预防尚未发生的疾病的干预措施（尤其是当治疗该疾病的有效药或治疗方法已上市时）。因此，评估和证明疫苗的有效性，包括其在人道主义和经济学方面的获益，对获得支付者的认可是十分重要的。疫苗在真实世界中的影响/效果与其在人群中的接种率密切相关。除了临床试验数据，监管部门和 HTA 机构可能需要真实世界的证据来验证疫苗接种的获益。

11.2.3.1 人道主义获益

许多实例都可以证明大规模免疫所带来的人道主义获益（humanistic benefit）。例如，极具毁灭性的天花病毒业已被消灭；自 1989 年以来，美国细菌性脑膜炎发病率已降低 99%；此外，得益于从出生到青春期充分接种嗜血杆菌流感疫苗，在美国每年可避免 1400 万例感染和 3.3 万例死亡。

接种疫苗的人道主义获益还体现在群体免疫力的获得，即不仅可在接种疫苗的人群中建立免疫保护屏障，更重要的是可阻止相应传染病蔓延和流行到未接种疫苗的人群。在较高的免疫接种率下，全社会获得了更大的健康获益。由于部分疫苗可持续地发挥免疫作用，甚至终生各个阶段均可接种，因此接种的获益是终生的。

11.2.3.2 经济学获益

疫苗的经济学获益与其预防特定疾病并避免相关治疗花费有关。以流感疫苗为例，相比染病后再使用奥司他韦（oseltamivir）治疗流感，预防性接种疫苗最多可为每人节省25美元的花费[12]。

通过预防广泛的疾病并发症和合并症，并优化医疗保健体系内的资源配置，免疫接种将促进经济增长并节约支出，尽管针对疫苗进行经济学评估时通常并没有考虑这一点。假如政策制定者在计算疫苗的经济学价值时将其针对预防多种疾病的因素（无形的健康获益）纳入考察范围，就会发现此前计算得到的疫苗经济价值被低估了10～100倍[13]。

11.2.3.3 成本-效果

针对疫苗的成本-效果分析较为复杂，其中的敏感性分析至关重要。同时，对疫苗的获益进行价值分析需要开展基于模型的研究，并需考虑儿童群体中质量调整生命年（QALY）计算、偏好、贴现值以及视角选择等4个具有挑战性的因素[14]，此外还应考虑到疫苗的特异性，例如群体免疫力、年龄变化和血清型替代等因素。动态模型（dynamic model）似乎是可综合考察上述因素的最适宜模型[15]。

11.2.4 市场的类型

疫苗价格的持续上涨和接种率（销量）的提升是疫苗相关支出保持增加的主要原因之一。单就美国来说，过去十年中一名儿童用于接种所有被普遍推荐的疫苗的费用就增长了4～5倍[16]。然而，在欧盟国家，某些疫苗的价格则有所下降（例如流感疫苗和HPV疫苗）；如果一位公民完全按照国家免疫规划（national vaccination calendar，NVC）进行疫苗接种，其终身花费为443～3395欧元，具体则取决于各国接种计划和接种机构的范围[7]。但是，相比于免疫接种的获益，这些花费是相对较低的终身投资。需要特别说明的是，2001年，全球药品销售额超过3000亿美元，然而疫苗的同期销售额仅约50亿美元[17]。

在欧洲，疫苗市场可分为公共的和私营的，或者两者兼具。在西班牙、意大利、英国、瑞典、奥地利和荷兰，公共市场占主导地位，由国家、区域和地方各级卫生主管部门管理，通过政府采购（招标）购买疫苗，疫苗接种则在公共基础设施（例如疫苗接种中心）内进行。

私营医疗保险主导的报销方式可见于法国和德国等国家。儿科医生、全科医生、配送企业和药师会参与整个流程。医生通过开具处方（类似于药品处方）为人群提供疫苗接种，整个过程为疫苗生产企业创造了大量利润。因此，免疫接种相关的宣传通常由生产企业推动。

此外，部分疫苗市场因疫苗类型的不同（适用于儿童/青少年/成人）而兼具公共支付或私营两种形式，例如瑞典。

11.3 发达国家疫苗市场准入概览

疫苗的市场准入是一个漫长而复杂的过程，需要考虑公共卫生、临床、伦理和预算等多方面因素。与各国疫苗市场准入紧密相关的是专家咨询委员会，他们为政策制定者和支付者提供决策建议。这类委员会被称为"国家免疫专家咨询委员会（National Immunization Technical Advisory Groups，NITAG）"。

NITAG 综合考虑流行病学、疾病负担和新疫苗引入带来的社会影响，评估特定疫苗在本国的接种需求。他们很少针对特定疫苗提出倾向性的建议，但会陈述特定免疫计划的公共卫生目标。这些建议主要为决定是否将新疫苗纳入国家免疫计划的政策制定者（卫生部）使用。若该疫苗被纳入国家免疫计划，则可免费为目标人群进行接种。

11.3.1　NITAG 工作程序概述

发达国家的 NITAG 各有特色，但普遍缺少明晰的组织结构。玛吉·布莱森（Maggie Bryson）[①]等对 NITAG 的工作程序进行了深入研究，并指出，欧洲各国在 NITAG 的运行模式方面缺乏可用的公开信息[19]。很显然，由于 NITAG 缺少明确的组织架构和信息公开，其决策分析框架容易受到政治因素的影响。

在这方面，欧盟 27 个成员国以及挪威和冰岛发起了欧洲疫苗新综合合作项目（Vaccine European New Integrated Collaboration Effort，VENICE；venice.cineca.org），旨在为欧洲各国的疫苗接种项目提供透明的信息环境。

11.3.1.1　NITAG 的成员

各国 NITAG 的成员数量迥异。瓜蒂耶罗·里卡迪（Gualtiero Ricciardi）[②]等的研究发现，成员数最少的是匈牙利 NITAG，由 12 人组成，而最多的为美国，共有 48 位成员[20]。

11.3.1.2　NITAG 的运作

NITAG 通常自主地开展各项业务，但可获得政府部门和特设专家委员会的支持，例如美国的 NITAG——免疫接种咨询委员会（Advisory Committee on Immunization Practices，ACIP）和德国的 NITAG——疫苗接种常设委员会（Standing Vaccination Committee；Ständigen Impfkommission，STIKO）。这两个委员会分别由美国疾病预防控制中心和德国罗伯特·科赫研究所管理。NITAG 的所有工作最终均对卫生部负责。

11.3.1.3　决策标准

一种疫苗能否被纳入国家免疫规划取决于若干标准（表 11.2）。

并非所有发达国家都采用了明确的决策框架。实际上，德国和美国使用了标准化方法（推荐意见分级的评估、制定及评价）进行决策，加拿大、意大利、西班牙和瑞典的委员会也分别采用了不同且清晰的标准。而法国、瑞典和英国仅有部分决策标准，但没有明确清晰的决策分析框架。根据瓜蒂耶罗·里卡迪等的研究，澳大利亚、比利时和匈牙利亦尚无明确的决策标准[20]。

---

① 加拿大渥太华大学教授。——译者注
② 意大利圣心天主教大学公共卫生学教授。——译者注

表 11.2 疫苗决策建议的标准

决策标准	欧洲国家								非欧洲国家
	瑞士	德国	西班牙	法国	意大利	荷兰	瑞典	英国	美国
疾病负担	√	√	√	√	√	√	√	√	√
效能和效果	√	√	√		√		√	√	√
安全性	√	√	√	√	√			√	√
项目实施的可行性	√	√	√		√		√		
成本-效果评估	√						√	√	√
临床试验结果		√			√		√	√	√
疫苗可及性的公平度	√	√			√		√	√	
其他相关机构的意见								√	√

资料来源：Ricciardi，G.W. et al.，Vaccine，33，3-11，2015.

11.3.2 NITAG 决策建议的应用

政策制定者会参考 NIATG 作出的建议制定决策。在德国，联邦联合委员会（G-BA）根据 STIKO 的建议调整疫苗接种指南，最终由国家卫生部根据 G-BA 发布的指南决定国家免疫计划[21]。在英国，疫苗接种和免疫联合委员会（Joint Committee on Vaccination and Immunisation，JVCI）负责制定疫苗接种战略并为卫生部提供决策建议，由后者决定是否采纳这些建议并通过国家集中采购与生产企业进行价格谈判[22]。在意大利和西班牙，由国家卫生部制定国家层面的疫苗接种计划和时间安排，在地方层面，由各卫生主管部门负责接种计划的具体实施，并提供资金支持[23]。

11.3.3 市场准入所需时间

在欧洲，新疫苗从上市到接种于目标人群要历经多年的漫长过程，平均 6.4 年（95% 置信区间：5.7～7.1 年）[22]，具体的时间长短主要由国家层面围绕疫苗接种范围和资金来源做出决策建议所需的时间决定。

11.4 部分欧洲国家和美国的疫苗市场准入情况概述

11.4.1 奥地利

在奥地利，联邦卫生部的最高医学咨询机构——高级卫生委员会（High Sanitary Council）下设的疫苗专家委员会（Vaccine Expert Committee；Impfausschuss des OSR）每年针对疫苗接种时间规划作出一次建议；联邦卫生部通常会采纳相关建议并公布时间表，9 个联邦州将遵照执行其疫苗接种安排。

疫苗接种的费用由联邦卫生部、9 个联邦州和社会保障系统（social security system；Hauptverband der Versicherungsträger）共同承担。根据奥地利法律的特殊规定，只有儿童和青少年的疫苗接种费用由政府支付，政府不负担成人疫苗接种的相关费用。图 11.1 总结了奥地利的疫苗市场准入路径[24]。

11.4.2 丹麦

在丹麦，国家健康和药品管理局负责审评疫苗的上市许可和制定报销决策，疫苗生产企业需向该局提交相关资料。

丹麦国家卫生委员会（National Board of Health）是国家医疗保健管理部门，负责向卫生部、地方卫生部门和其他相关部门提供与医疗保健相关的专业建议。

丹麦全国 5 个大区的政务委员会（Council）负责决定本区域的疫苗接种、资金支持和报销等事宜。各地方卫生部门在决策前需先同国家健康和药品管理局进行充分沟通，并通过集中采购的形式购买疫苗。

在丹麦，没有相应的机制要求在政策制定、计划起草或行政管理时必须采用 HTA。然而，在国家层面，大量 HTA 评估已为医疗保健政策的制定奠定了基础。图 11.2 总结了丹麦的疫苗市场准入路径[24]。

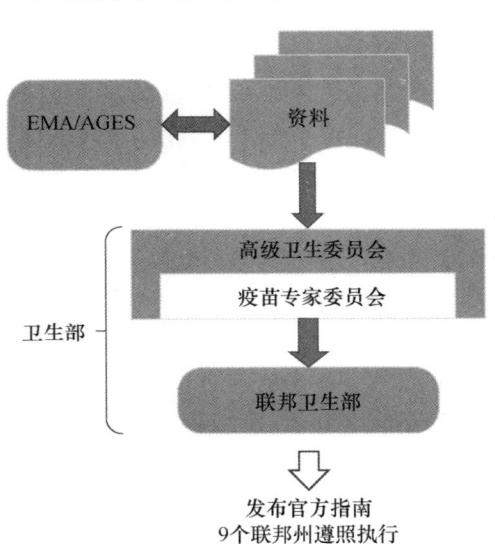

图 11.1 奥地利疫苗市场准入路径。EMA，欧洲药品管理局；AGES，澳大利亚健康和食品安全署

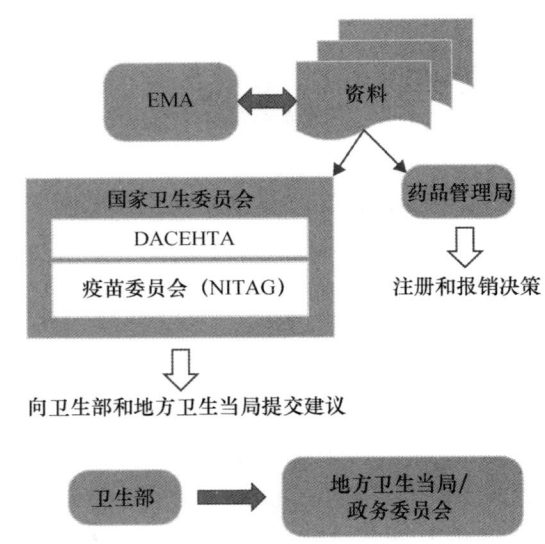

图 11.2 丹麦疫苗市场准入路径。EMA，欧洲药品管理局；DACEHTA，丹麦卫生技术评估中心

11.4.3 法国

在法国，当疫苗获得上市许可后，生产企业便可以向免疫接种技术委员会（Technical Committee on Vaccinations；Comité technique des Vaccinations，CTV）提交资料，以启动将该疫苗纳入接种指南的程序。

之后，基于 CTV 的决策建议，相关定价和报销的材料将被提交至透明委员会（CT）以评估疫苗的医学价值，并被同时提交至 CEPS 进行价格谈判。CTV 通过法国公共卫生高级委员会（High Council of France for Public Hygiene；Haut Conseil de la santé publique，

HCSP）向卫生部提供建议。

最终，卫生部负责制定疫苗报销和价格决策，其中可能参考真实世界数据等补充信息。法国疫苗接种计划中的疫苗目录适用于全国。基于卫生部2016年1月宣布的体系框架，政府将推进国家免疫接种体系改革，将成立国家公共卫生署（Public Health Agency），CTV将隶属于卫生高级权力机关（HAS）。图11.3总结了法国疫苗的市场准入路径[24]。

11.4.4 德国

STIKO是德国联邦卫生部组建的联邦级别委员会，主要负责疫苗接种事宜（即NITAG）。该委员会的各项决策建议由专门服务于联邦卫生部的国家级学术机构罗伯特·科赫研究所负责发布和出版，但其决策建议缺少法律权威性。

G-BA负责对STIKO提交的决策建议进行审查，并会在3个月内向卫生部提出正式建议；但是，G-BA的最终建议可能与STIKO的建议并不一致。

尽管免疫接种计划是在全国内推荐的，但各地区可以根据本地的流行病学情况，自主决定是否补充纳入其他疾病的疫苗。

在德国，由德国各联邦州的法定医疗保险负责对获得上市许可且被STIKO推荐的疫苗予以报销。未获得STIKO推荐的疫苗可由私营医疗保险公司自愿报销。图11.4总结了德国的疫苗市场准入路径[24]。

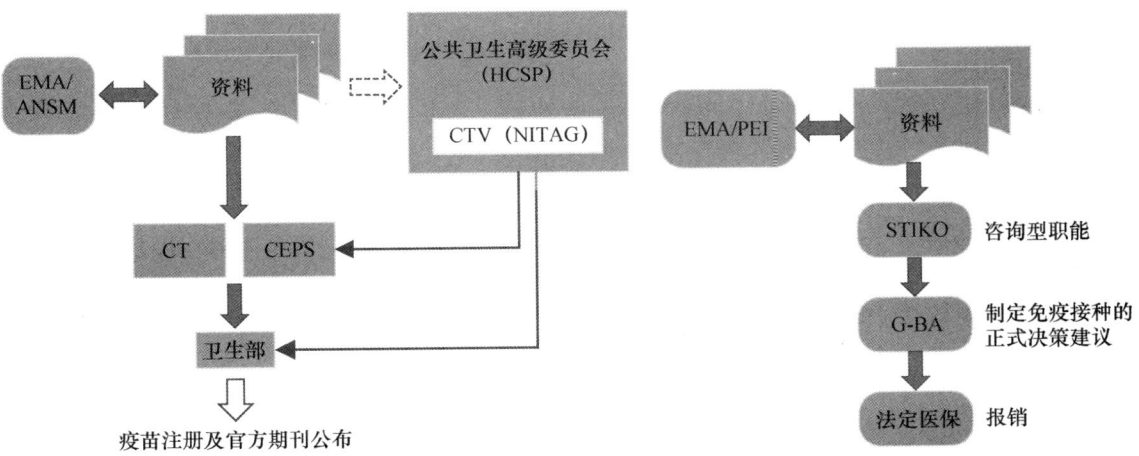

图11.3 法国疫苗市场准入路径。EMA，欧洲药品管理局；ANSM，国家药品和医疗产品安全管理局；CT，透明委员会；CEPS，医疗产品经济学委员会；CTV，免疫接种技术委员会；NITAG，国家免疫专家咨询委员会

图11.4 德国疫苗市场准入路径。EMA，欧洲药品管理局；PEI，保罗·埃利希研究所；STIKO，疫苗接种常设委员会；G-BA，联邦联合委员会

11.4.5 意大利

在意大利，由卫生部联合国家卫生研究院（National Institute of Health；Istituto Superiore di Sanità，ISS）、学（协）会、专家和地方卫生部门，每3年对国家疫苗接种规划进行一次调整。

定价和报销委员会负责药品定价和报销谈判事宜。如果免疫接种需覆盖较为广泛的人群、占用较高的预算规模，则在定价和报销谈判中可引入管理准入协议（例如财务性或基于疫苗临床结局的协议）。

地方卫生部门则负责本地免疫接种计划的实施，并根据当地的流行病学情况自主决定国家免疫计划的实施细则，还可制定疫苗接种的本地补充政策（例如水痘疫苗接种以及为男性接种 HPV 疫苗）。图 11.5 总结了意大利的疫苗市场准入路径[24]。

11.4.6 荷兰

2016 年，荷兰完成了疫苗准入决策体系的改革。国家卫生、福利和体育部负责审议卫生委员会（Health Council，HC；Gezondheidsraad）提供的决策建议并制订国家免疫接种计划。

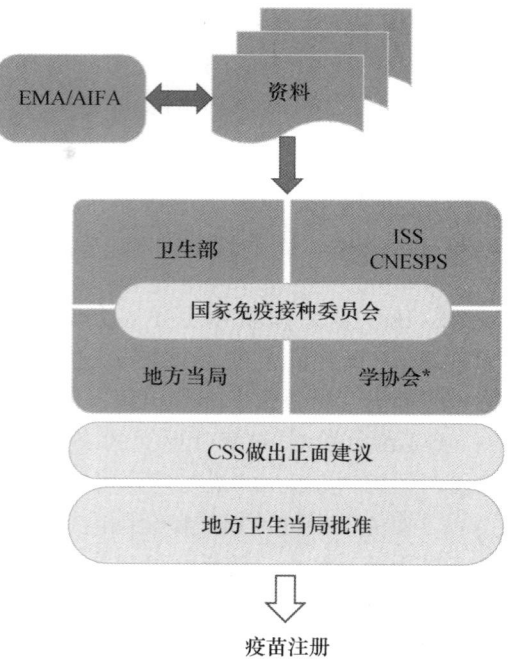

图 11.5 意大利疫苗市场准入路径。EMA，欧洲药品管理局；AIFA，意大利药品管理局；ISS，国家卫生研究院；CSS，国家卫生理事会；CNESPS，国家流行病学监测和健康促进中心

HC 是独立的科学咨询委员会，负责决定某种疫苗是否纳入国家免疫接种计划（National Immunization Program，NIP；Rijksvaccinatieprogramma）（政府出资占 100%）、公立医保报销（政府出资占 80%～100%）以及个人自费购买或私营医疗保险报销（无政府资助）的范围。同时，荷兰已发布了相关的 HTA 评估标准[24]，由国家公共卫生和环境问题研究院（RIVM）负责向 HC 提供流行病学和卫生经济学相关评估数据。此外，荷兰国家医疗保健研究院（Dutch National Health Care Institute；Zorginstituut Nederland，ZIN）也可向 HC 提供决策建议。

荷兰的各个省以及阿姆斯特丹市（Amsterdam）和鹿特丹市（Rotterdam）均设有疫苗注册登记处，负责疫苗的分发和相关管理事务。

在荷兰，疫苗市场准入的另一条路径是直接进入医院与纳入临床指南。绝大多数为高危人群提供免疫保护的疫苗（例如流感疫苗和保护风湿病患者避免罹患带状疱疹的疫苗）均采用了这种途径。迄今为止，荷兰尚未对疫苗使用参考定价政策，但 HC 在最新的文件中强调了在疫苗定价工作中引入参考定价体系的重要性。图 11.6 总结了荷兰的疫苗市场准入路径[24]。

11.4.7 西班牙

在西班牙，卫生部直属的公共卫生委员会设有技术工作组（technical working group；Ponencia de vacuñas），由该工作组负责向国家医疗体系地区间委员会（Spanish Interterritorial Council；Consejo Interterritorial del Sistema Nacional de Salud，CISNS）提供全国免疫接种的政策建议。CISNS 由国家和地方卫生（19 个自治区的代表）组成，负责针对疫苗决策制定基本政策共识。

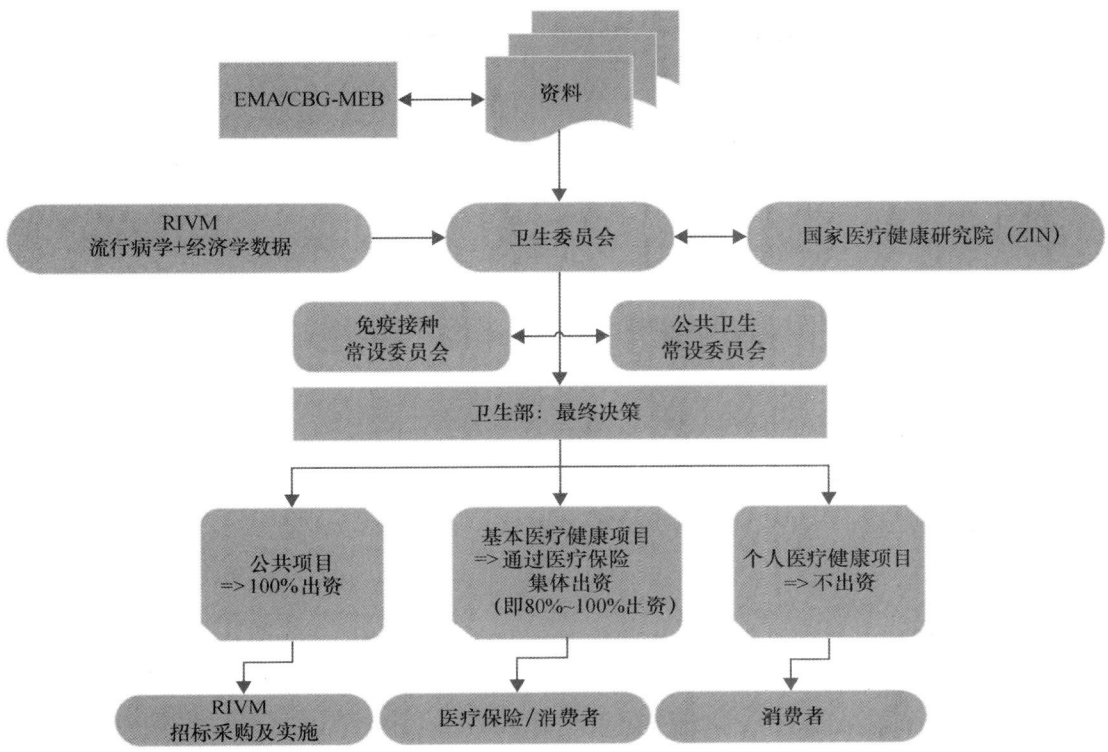

图 11.6 荷兰疫苗市场准入路径。EMA，欧洲药品管理局；RIVM，国家公共卫生和环境问题研究院；CBG-MEB，药品评价委员会

之后，区域和地方卫生部门负责资金分配和执行国家疫苗政策。各自治区负责采购本地区使用的疫苗。部分地区还提供国家建议接种目录之外的疫苗（例如甲型肝炎疫苗）。在地方层面，各自治区可直接面向疫苗生产企业进行公开招标采购。图 11.7 总结了西班牙的疫苗市场准入路径[24]。

11.4.8 瑞典

在瑞典，医疗产品管理局（Medical Products Agency，MPA；瑞典文见 133 页表 9.2）负责批准疫苗的上市许可。2015 年，瑞典成立了国家公共卫生署（Public Health Agency，PHA；Folkhälsomyndigheten），负责提出疫苗相关的决策建议，卫生部则据此决定是否将某种疫苗纳入国家免疫接种计划并使用公共资金支付。

如果具有报销资格的疫苗未被列入国家免疫接种计划，则需向牙科和药品福利局（TLV）提交定价和报销联合申请，以获得定价批准。

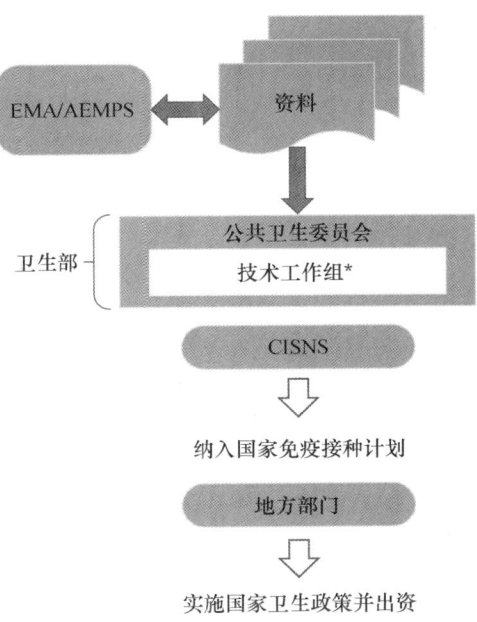

图 11.7 西班牙疫苗市场准入路径。EMA，欧洲药品管理局；AEMPS，药品和医疗产品管理局；CISNS，国家医疗体系地区间委员会

在瑞典，由郡议会负责选择药品品种、采购并支付相关费用，对创新药和疫苗在区域内的使用加以额外限制。郡议会负责采购疫苗和执行国家免疫接种计划，多个郡议会可联合公开招标。图 11.8 总结了瑞典的疫苗市场准入路径[22]。

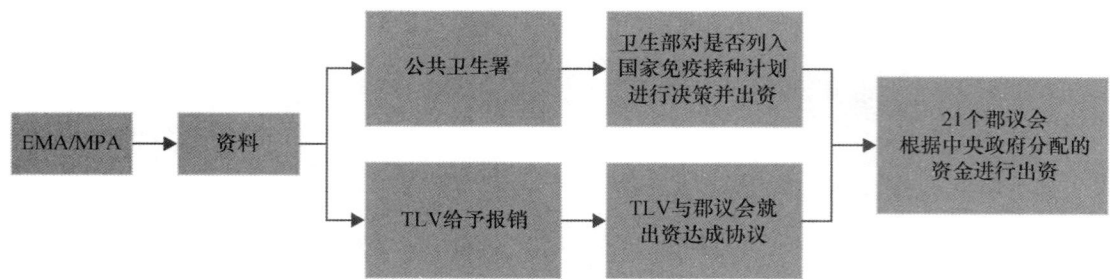

图 11.8 瑞典疫苗市场准入路径。EMA，欧洲药品管理局；MPA，医疗产品管理局；TLV，牙科和药品福利局

11.4.9 英国

在英格兰，疫苗必须首先获得药品监管部门的上市许可，之后由英格兰公共卫生部（Public Health England，PHE）下属的疫苗接种和免疫联合委员会（Joint Committee on Vaccination and Immunisation，JCVI）做出决策建议。同时，JCVI 可能会要求疫苗生产企业事先获得 EMA 的批准。

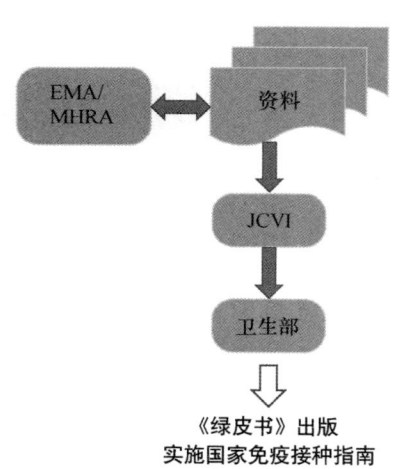

图 11.9 英国疫苗市场准入路径。EMA，欧洲药品管理局；MHRA，药品和医疗产品监管局；JCVI，疫苗接种和免疫联合委员会

根据 2009 年英国 NHS 章程的规定，卫生部应在合理可行的范围内确保遵从 JCVI 提出的建议。

JCVI 是直属于 NHS 的常设咨询委员会，其职责是向卫生事务大臣和威尔士首席大臣提供免疫接种相关建议。尽管苏格兰或北爱尔兰的卫生部长也可能会采纳 JCVI 提出的免疫接种建议，但 JCVI 的法定权责并不涵盖这两个区域。JCVI 每年会针对特定疾病的特定治疗方法发表一份提案，具体时间并不固定。尽管 NICE 不负责处理疫苗接种事宜，但 JCVI 会像 NICE 那样考察疫苗的效果和经济性[24]。

一旦 JCVI 做出了决策建议，卫生部即通过国家集中招标采购与企业进行价格谈判，并发布免疫接种《绿皮书》（*Green Book*）。

迄今为止，英国的 4 个组成部分都遵照并执行了绿皮书中的免疫接种安排。图 11.9 总结了英国的疫苗市场准入路径。

11.4.10 美国

在美国，疫苗由 FDA 生物制品评估和研究中心（Center for Biologics Evaluation and Research，CBER）监管，疫苗开发者必须向其提交批准疫苗研发和上市销售的申请。一旦疫苗获得上市许可,免疫接种咨询委员会(ACIP)将从公共卫生视角提出建议。该委员会为美国卫生与公众服务部(Health and Human Services,HHS)和疾病控制与预防中心(Centers for Disease Control and Prevention,CDC)提供疫苗可预防性疾病的防控指南。该指南是关于疫苗接种特点的书面文件,包括目标人群、疫苗剂量和禁忌证,并需经HHS和CDC批准后方能生效。到目前为止,所有ACIP提出的决策建议都得到了认可。这些建议是儿童和成人年度免疫接种计划的基础,并由公立和私营的医疗保健服务提供者所使用[25]。

在费用方面,儿童的常规疫苗接种由儿童疫苗计划(Vaccines for Children,VFC)承担,该计划涵盖了有资格获得医疗补助的、无保险的、原住民或保险覆盖不足的儿童人群,这些儿童均可免费接种疫苗。根据《全民医保改革法案》(Affordable Health Care Act),医疗保险公司应免费向参保人提供被推荐的疫苗,且不能从中获取溢价。另外,还有针对其他人群的医疗保险计划。图11.10列出了美国的疫苗计划准入路径。

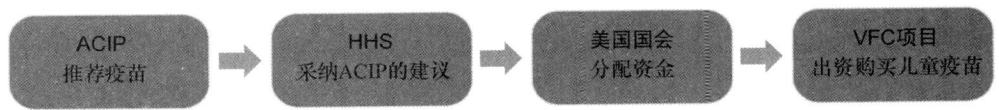

图11.10 美国儿童疫苗计划准入路径。ACIP,免疫接种咨询委员会;HHS,卫生与公众服务部;VFC,儿童疫苗计划

参考文献

1. Zhou, F., Singleton, J., Schuchat, A., Whitney, C.G. 2015. Benefits From Immunization During the Vaccines for Children Program Era—United States, 1994–2013. *Morb Mortal Wkly Rep* 63(16): 352–355.
2. Ricciardi, G.W. Market Access for Vaccines in Italy. [Paris]. 2014. Presented at European Market Access Diploma (EMAUD).
3. European Centre for Disease Prevention and Control. *Vaccine Hesitancy among Healthcare Workers and Their Patients in Europe—A Qualitative Study*. Stockholm: ECDC; 2015.
4. World Health Organization (WHO). Health Topics: Vaccines
5. Plotkin SL, Plotkin SA. A Short History of Vaccination. S Plotkin, W Orenstein and P Offit. Vaccines 5th edition. 2008. China, Saunders Elsevier.
6. Barnighausen, T. et al. 2014. Valuing Vaccination. *Proc. Natl. Acad. Sci. U.S.A* 111(34): 12313–12319.
7. Olivier Ethgen, Murielle Cornier, Emilie Chriv., Florence Baron-Papillon. 2016. The cost of vaccination throughout life: A western European overview, Human Vaccines & Immunotherapeutics. Accepted.
8. Boukhebza, H. et al. 2012. Therapeutic Vaccination to Treat Chronic Infectious Diseases: Current Clinical Developments Using MVA-Based Vaccines. *Hum. Vaccin. Immunother.* 8(12): 1746–1757, PM:22894957.
9. Andre, F.E. 2002. How the Research-Based Industry Approaches Vaccine Development and Establishes Priorities. *Dev. Biol. (Basel)* 110: 25–29, PM:12477303.
10. Berman, S., Giffin, R.B. 2004. Global Perspectives on Vaccine Financing. *Expert. Rev. Vaccines* 3(5): 557–562, PM:15485335.
11. HPV vaccines: EMA confirms evidence does not support that they cause CRPS or POTS. Available from: http://www.ema.europa.eu/docs/en_GB/document_library/Referrals_document/HPV_vaccines_20/European_Commission_final_decision/WC500196773.pdf.
12. Muennig, P.A., Khan, K. 2001. Cost-Effectiveness of Vaccination Versus Treatment of Influenza in Healthy Adolescents and Adults. *Clin. Infect. Dis.* 33(11): 1879–1885, PM 11692300.
13. Rappuoli, R., Miller, H.I., Falkow, S. 2002. Medicine. The Intangible Value of Vaccination. *Science* 297(5583): 937–939, PM:12169712.
14. Bo Standaert. Valuing Vaccines. 2014. Paris, GSK Vaccines. Presented at the European Market Access Diploma (EMAUD) Module 5.
15. Mondher Toumi. Medical Decision Analysis in Vaccines. 2014. Paris, Presented at the European Market Access Diploma (EMAUD) Module 5.
16. William Schaffner. Cost-Benefit of Vaccines: Considering Everyones Perspective. 2011. Healio Infectious Disease.
17. Thomas, P. The Economics of Vaccines. Harvard Medical International (HMI) World. 2002.
18. Christelle Saint Sardos. Vaccines Access in Europe. 2014.
19. Bryson, M. et al. 2010. A Global Look at National Immunization Technical Advisory Groups. *Vaccine* 28 Suppl 1: A13–A17, PM:20412990.
20. Ricciardi, G.W., Toumi, M., Weil-Olivier, C., Ruitenberg, E.J., Dankó, D., Du-u, G., Picazo, J., Zöllner, Y., Poland, G., Drummond, M. Comparison of NITAG policies and working processes in selected developed countries. Vaccine. 2015 1;33(1):3–11.
21. Bryson, M. et al. 2010. A Global Look at National Immunization Technical Advisory Groups. *Vaccine* 28 (Suppl 1): A13–A17, PM:20412990.
22. Blank, P.R. et al. 2013. Population Access to New Vaccines in European Countries. *Vaccine* 31(27): 2862–2867, PM:23632307.
23. Christelle Saint Sardos. Vaccines Access in Europe. 2014.
24. Creativ-Ceutical Primary Research. 2013.
25. Centers for Disease Control and Prevention. Advisory Committee on Immunization Practices (ACIP). February 2, 2014.

12 法 国

12.1 利益相关者

12.1.1 国家定价和报销决策者

在法国，社会事务和卫生部（Ministry of Social Affairs and Health；Ministère des Solidarités et de la Santé，以下简称卫生部）和经济财政部（Ministry of the Economy and Finance；Ministère de l'économie et des Finances）是负责报销立法和决策的政府部门[1-2]。社会事务和卫生部是报销方面的最终决策机构。

医疗产品经济学委员会（Comité Economique des Produits de Santé；Economic Committee of Health Products，CEPS）是由各部部长和医疗保险基金相关人员组成的联合委员会。该机构负责制定零售药品和一些医院制剂的价格以及参考价格（tarif forfaitaires de responsabilite，TFR）[1-2, 4]。

国家医疗保险联合会（National Union of the Medical Insurances；Union Nationale des Caisses d'Assurance Maladie，UNCAM）是一个第三方支付机构（即医疗保险基金负责单位）。这个机构负责确定药品的报销比例[1-2]。

12.1.2 国家卫生技术评估机构

卫生高级权力机关（High Authority of Health；Haute Autorité de Santé，HAS）是一个独立的机构，负责为能够将药品列入正面报销目录提供技术性建议，同时也负责提供决策建议并开展药物经济学评价。HAS 下设的两个委员会参与卫生技术评估（HTA）工作[1-2]：

- 透明委员会（Transparency Committee；Commission de la Transparence，CT）；
- 经济学和公共卫生评估委员会（Economic and Public Health Evaluation Committee；Commission évaluation économique et de Santé Publique，CEESP）。

12.1.3 其他重要的利益相关者（地方/本地层面）

- 地方卫生局（Regional Health Agencies；Agences Régionales de Santé ARS）负责公立和私营的住院及门诊组织[2]；
- 公立和私营医疗机构[1-2]。

12.2 定价和报销政策

12.2.1 体系概述

欧洲药品管理局（European Agency of Medicines，EMA）和国家药品和医疗产品安全管理局（National Agency for the Safety of Medicines and Health Products；Agence Nationale de Sécurité du Médicament et des Produits de Santé，ANSM）分别在全欧洲层面和国家层面审评药品的上市许可[①]。在药品获批上市后，制药企业需要同时向 CT 和 CEPS 提交定价和报销申请。在法国，有两类针对药品的正面报销目录：

- 零售药店药品目录（Liste des spécialités remboursables aux assurés sociaux）；
- 医院用药品目录（Liste des spécialités agrees aux collectivités）。该目录又被分为两类，一类是纳入按疾病诊断相关分组（diagnosis-related group，DRG）系统（即基于医疗活动的定价系统，tarification à l'activité，T2A）的药品，另一类在医院门诊使用的药品（Liste de retrocession）。同一类药品可以同时被列入上述两种目录中。
- 对于某些只在医院内使用的高值药品，除了根据 DRG 目录（liste T2A）收取住院费用外，还要由医疗保险承担部分费用。

"强制性医疗保险基金（Assurance maladie）"针对住院费用的报销比例为 90%，门诊费用的报销比例则为 2/3。

在法国，由 CT 负责根据药品的临床价值进行报销评估，即所谓的实际医学获益（Actual Medical Benefit；Service Médical Rendu，SMR）分级。同时，SMR 评估还负责确定报销比例。SMR 共分为显著（major）、重要（important）、中等（moderate）、较小（weak）和不足（insufficient）等 5 个级别，具体分级的依据包括：

- 疾病的严重性及其对发病率和死亡率的影响；
- 药品的临床效能/效果和安全性；
- 用药目的：预防、对症或治疗；
- 相对于替代治疗方案的治疗策略；
- 对公共卫生的影响（疾病负担、社区层面的卫生影响、临床试验结果的可转化性）。

被报销药品的价格必须与企业谈判，并以 CT 评估的增量实际医学获益（Added Actual Medical Benefit；Amélioration du Service Médical Rendu，ASMR）分级为基础。除非该药品是具有首创性的（first-in-the-class），否则 ASMR 评估均须与已列入目录的现有治疗方法进行比较。

ASMR 共分为以下 5 个级别：

- ASMR Ⅰ：重大创新药/具有显著治疗获益的创新药；
- ASMR Ⅱ：在治疗效果和（或）减少副作用方面具有重要改善；

[①] http://www.has-sante.fr/portail/upload/docs/application/pdf/2011-11/presentation_de_la_commission_de_la_transparence.pdf；http://www.sante.gouv.fr/IMG/ppt/Presentation_de_l_evaluation_des_medicaments_a_la_Haute_autorite_de_sante-2.ppt；http://www.has-sante.fr/portail/jcms/c_1267546/rapport-annuel-d-activite-2011；地方监管信息。

- ASMR Ⅲ：在治疗效果和（或）效用方面具有中等程度的改善；
- ASMR Ⅳ：在治疗效果和（或）减少副作用方面有较小的改善；
- ASMR Ⅴ：与现有治疗方法相比未出现改善，但仍建议予以报销（例如仿制药和"me-too"类药）。

同时，HAS还负责决定目标患者人群的规模。

目前，HAS致力于引入一种新的治疗指数（therapeutic index），以用于药品的定价和报销评估。这种指数被称为"相对治疗指数（relative therapeutic index；Index Thérapeutique Relatif，ITR）"，旨在比较药品与适宜的对照组的获益，并将取代目前的SMR/ASMR体系。

在上述程序结束时，卫生部将对目录中的药品报销比例和定价做出决策。理论上，CT提供的决策建议并不等同于卫生部在报销方面的决策。然而，在大多数情况下，卫生部都会遵循CT的建议。一旦其关于定价和报销的决策在官方公报中公布，即具有法律效力。

12.2.2 报销程序

UNCAM负责根据CT做出的SMR分级结果来确定报销比例。药品列入目录的有效期为5年。当有效期结束或可获得重要的新信息时，CT会重新评估药品的SMR和ASMR级别。

药品的报销比例共分为以下4个级别：
- 100%：适用于被公认为不可替代（irreplaceable）和特别昂贵的药品。对于糖尿病、严重动脉高血压和艾滋病等慢性疾病药品，无论其SMR分级和通常的报销比例如何，都会给予100%报销；
- 65%：适用于SMR分级为显著（major）或重要（important）的药品；
- 30%：适用于SMR分级为中等（moderate）的药品；
- 15%：适用于SMR分级为较小（weak）的药品。

SMR分级为不足（insufficient）的药品不能被列入报销目录中。

12.2.3 定价程序

对于具有报销资格的药品，其价格是受管制的。一旦确定了药品的报销资格和报销比例，制药企业和CEPS就将根据CT的ASMR分级结果进行价格谈判。同时，价格还取决于以下因素：
- 市场上已有的、具有相同治疗适应证的药品的价格；
- 预计或观察到的销售量；
- 可预测的或实际的使用条件；
- 目标患者人群的规模。

制药企业被要求向CEPS药品定价委员会提交新药品的经济性信息，列出患者的获益、对总体基金支出的影响以及任何相关的政治性考虑。自2013年10月以来，凡是预计将对公共财政产生重大影响的（年销售额超过2000万欧元的）创新药（ASMR Ⅰ、Ⅱ、Ⅲ）的成本-效果均由CEESP负责评估[1]。对于不具有报销资格的药品则实行自由定价，其中包括：

- 未列入报销目录的非处方药；
- 具有报销资格药品的非处方药规格；
- 强制性处方但不予报销的药品；
- T2A 目录（即 DRG 分组）中包含的医院用药品，由企业和医院药房自由协商。

对于以下两类医院用药品，则需与 CEPS 进行价格谈判：
- 列入 T2A 排除目录（或非 T2A 目录）的药品；
- 列入门诊药品目录中的品种。

虽然零售药店中具有报销资格的药品价格是受到管制的，但对于创新药（ASMR Ⅰ、Ⅱ、Ⅲ）和价格低于对照组的 ASMR Ⅳ 药品则给予了更大的定价自由。在某些情况下可以由制药企业为这些药品设定报销价格。对于 ASMR Ⅰ、Ⅱ、Ⅲ 药品，其价格应与德国、意大利、西班牙和英国的价格一致，条件是需获得 CEESP 的药物经济学评估建议。

12.3　准入所需时间

对于新药而言，从其获得上市许可到患者用药可及的平均时间为 316 天[3]，比其他欧盟国家都更长。对于仿制药，获得定价和报销决策的平均时间为 60 天[4]。

12.4　价格管制

12.4.1　上市许可后的价格政策

在法国，药品在获得定价和报销决策之前不能进入市场销售[1]。

12.4.2　外部参考定价

对于 ASMR Ⅰ～Ⅲ 的创新药以及与其相比被评估为 ASMR Ⅴ 的药品而言，外部参考定价（external reference pricing，ERP）是主要的定价工具。CEPS 和制药行业协会（pharmaceutical industry association；Les Entreprises du Médicament，LEEM）在 2008—2012 年期间的"框架协议（accord-cadre）"中商定，不会使药品的定价低于其在法国的参考国家的最低价格（例如德国、西班牙、意大利和美国）[5]。该协议覆盖了批准报销日期之后的 5 年时间，并规定对于高值药品可能还需要进一步研究。对于某些儿童用药和针对不同目标患者人群获得适应证扩展的 ASMR Ⅰ～Ⅲ 药品，可再延长 1 年。

如果药品针对扩展适应证获得了 ASMR Ⅳ 或 Ⅴ 分级，而该患者人群的规模明显大于最初的人群，则上述价格保证时间可能被缩短[5]。

12.4.3　内部参考定价

法国于 2003 年 9 月推出参考定价系统（tarif forfaitaire de responsabilite，TFR），针对的是仿制药市场渗透率（penetration）较低的治疗领域的专利过期药品。

该政策规定，对于仿制药上市 12 个月后市场替代率低于 50%（对于高周转率者则为

60%）的药品，将设立新的参考价格组。在 24 或 36 个月后，替代率极低和（或）未出现进展的药品，可被纳入 TFR 系统[4]。截至 2012 年 7 月底，共设立了 337 个新价格组。对于这些药品而言，报销的参考价格是由 CEPS 根据法国市场上专利过期的分子实体的仿制药平均价格确定的。如果药品实际售价高于该价格，须由患者自己支付报销定价与实际售价之间的差额。

12.4.4　出厂价格水平层面的价格管制

具有报销资格的药品的出厂价格是受到管制的。对于门诊使用的所有不具有报销资格的药品以及医院用药目录中的几乎所有药品而言，则实施自由定价[6-7]。

12.4.5　配送层面的价格管制

对具有报销资格的药品实行价格控制，对药品配送企业实行"递减性加成（regressive mark-up）"方案[7]。

12.4.6　零售层面的价格管制

在法国，通过实行递减性加成方案，对具有报销资格的药品价格进行管制。卫生部可以对该方案进行审查[7]。

12.4.7　仿制药/生物类似药上市后原研药的强制性降价

在仿制药上市后，原研药的价格将被下调 20%。如果在原研药的专利期满 18 个月后，该有效成分仍未被纳入 TFR 系统，则会将其价格进一步降低 12.5%。然而，当生物类似药上市后，不会对相应的原研药实施强制降价[8]。

12.5　报销程序的特点

在法国，由卫生部负责在收到 CT 的技术性建议后制定具有报销资格药品的正面目录。只有那些能够改善医疗服务或节省治疗费用的药品才有资格获得报销资格。具体来说，有如下两类报销药品目录（即正面目录）[4]：
- 门诊报销药品目录；
- 医院（住院）药品目录。

根据 SMR 分级结果，确定的报销比例如下：
- **重要**：药品将被列入报销目录，报销比例为 65%；
- **中等**：药品将被列入报销目录，报销比例为 30%；
- **较小**：药品将被列入报销目录，报销比例为 10%～20%；
- **不足/无分级**：药品将被排除在报销目录之外。

当原研药在法国失去专利保护，其他任何获得上市许可的仿制药都可获得与原研药相同的报销比例[4]。

12.6 公开招标的特点

当医院采购那些存在替代品种（例如仿制药）的药品时，需履行招标程序。在公共采购的程序中，企业能否提供更优惠的价格是影响采购决策的一项重要因素[4]。

12.7 支出控制

12.7.1 折扣/返利

药品配送企业针对具有报销资格的药品向药师提供折扣的行为受到管制。此外，自2008年1月以来，仿制药企业被禁止向药师提供常规折扣之外的"额外折扣（marges arrières）"。自2008年1月3日起，折扣的上限修订如下：
- 原研药：企业销售价格（manufacturer selling price，MSP）的2.5%，但包括纳入TFR系统的专利过期原研药除外；
- 仿制药和纳入TFR系统的专利过期原研药：MSP的17%（无论它们是否被纳入TFR系统）[4, 7]。

12.7.2 款项收回

所有的药品生产企业都适用于款项收回（clawback）制度。如果它们与CEPS达成了协议，它们则不用这些规定的影响，而是根据与CEPS达成的框架协议中的规定进行谈判并付费[9]。

12.7.3 回赠

CEPS和制药企业之间可以商定一种"回赠条款（payback clause；clause de sauvegarde）"，要求企业在给定的1年里支付超出"国家药品报销支出目标增长率（objectif national des dépenses d'assurance maladie，ONDAM，taux L）"的任何额外支出。2013年的增长率被设定为0.4%，低于2012年和2011年的0.5%以及2010年的1.0%。这种条款适用于下列情况：
- 具有报销资格的零售药品；
- 医院门诊药品报销目录中的品种；
- 2010年之后被排除在T2A目录之外的高值药品。

企业回赠金额的计算是以相应药品的销售收入的百分比计算的，并取决于超出目标增长率的程度[4]。

12.7.4 量价协议

CEPS和LEEM在2010年10月达成的框架协议的附录中对围绕罕见病药物的量价协议作出了规定[4]。对于每位患者年用药费用超过5万欧元的罕见病药物而言：
- 在CEPS根据患者人群规模所设定的报销总额限制之下，其价格可以在全欧洲水平上确定（考察其在德国、意大利、西班牙和英国的价格）；
- 如果其销售额超过了预先设定的限制，企业须不设限地为所有符合条件的患者使用该药品提供资金。

12.7.5 其他市场准入协议

根据地方层面的监管信息，按证据研究进展支付（coverage with evidence development，CED）协议的使用频率越来越高。

12.7.6 价格冻结和下调

那些在框架协议下与 CEPS 签订了单独的药品定价协议的制药企业将会成为降价的目标[4]。

实施降价的原因包括：
- 自最初的报销申请被批准以来，药品的销售额出现大幅增长（例如在适应证扩展之后）；
- 某种效果相似但价格更低的药品获批上市；
- 药品支出的增长超出了 ONDAM。

企业还被要求在专利过期的原研药的第一个相应的仿制药上市之后将原研药的出厂价降低 15%。然而，自 2010 年 3 月以来，如果在原研药专利期满 5 年之后才有仿制药上市，则可以完全或部分豁免这一要求[4]。

除被纳入 TFR 系统的有效成分之外，在原研药专利期满 18 个月后将会实施进一步的降价：
- 专利过期的原研药：MSP 降低 12.5%；
- 相应的仿制药：MSP 降低 7%。

此外，仿制药的 MSP 不得超过原研药专利过期前 MSP 的 40%[4]。

12.8 针对配送企业、药师、医生和患者的政策

12.8.1 配送企业和药房的加成

对于具有报销资格的药品而言，配送企业和药师可通过递减性加成方案获得回报，而二者的加成比例都受到管制；对于不具有报销资格的药品而言，加成比例则不受管制。前者的增值税税率为 2.1%，后者为 5.5%[4]。

12.8.2 仿制药替换

法律并未规定医生必须使用仿制药，但根据与医疗保险基金达成的协议，医生选择开具仿制药可获得间接利益。医生与仿制药使用的增加是利益相关的，因为在与医保基金达成的协议下，就诊或咨询费用定价的上涨取决于药品支出的变化[4]。

12.8.3 通用名处方

通过协议的方式，医生被鼓励使用国际非专利名称（international nonproprietary name，INN）开具处方。互惠基金（mutual funds）开展的最新研究显示，医生在仿制药市场中使用 INN 开具处方的比例为 12%（按数量计算），仿制药的处方率显著上升[4]。

12.8.4 处方指南

在法国，HAS 必须为医疗保险基金完全报销的疾病制定指南。指南每 3 年修订一次。在此期间，报销程序目录（list of reimbursed procedures；la liste des actes et prestations）每年更新一次。

12.8.5 处方行为的监管

医疗保险可以对"开具大处方的医生"（high-prescribing doctors，与其他医生相比）进行识别和监管。例如，医疗保险方可以将医生的处方限制在"医疗保险优先协议（health insurance prior agreement；entente préalable）"的范围内[4]。

12.8.6 针对医生的药品预算

在法国，没有专门适用于医生或其他医疗服务提供者的药品预算，这意味着医疗保健专业人员没有固定的处方预算资金[9]。

在咨询 HAS 意见的基础上，医疗保险基金对全科医师（general practitioner，GP）和专科医师的处方量或处方习惯进行监测。通过这种方式，鼓励医生从几种治疗方面相当的药品中选择最经济者（仿制药）开具处方[9]。

12.8.7 处方配额

法国实行处方配额①。

12.8.8 对医生的财务性激励措施

在法国，有针对医生的间接财务性激励措施。如果药品支出增长过快，可能会影响国家层面对医生的咨询或诊察费的上调[4]。

12.8.9 对药师的财务性激励措施

法国致力于通过为药师实施仿制药替换提供财务性激励措施来促进仿制药行业的发展。对药师的财务性激励措施也是简洁的：如果替代率没有达到推荐的目标，政府会下调相应原研药的报销价格[9]。

---

① http://www.ameli.fr/fileadmin/user_upload/documents/medecins-convention_version_consolidee_avenant7_01-06-2012.pdf.

12.8.10 患者共付

需要患者共同支付的部分为药品零售价格（100%）和报销价格之间的差额[4]。

同时，对于以下情况，患者需支付固定的自付金额[4]：

- 购买每包药品：0.5 欧元。
- 每次就诊或咨询医生：1 欧元。

参考文献

1. Lopes, S., Marty, C., Berdai, B. PHIS Pharma Profile France 2011. April; Pharmaceutical Health Information System; Commissioned by the European Commission, Executive Agency for Health and Consumers and the Austrian Federal Ministry of Health http://whocc.goeg.at/Literaturliste/Dokumente/CountryInformationReports/PHIS_Pharma%20Profile%20FR_2011_final.pdf.
2. Ispor Global Health care system roadmap, France, 2009. Available at: http://www.ispor.org/htaroadmaps/France.asp#2.
3. Efpia. Patient WAIT report, 2011.
4. Carone, G., Schwierz, C., Xavier, A. Cost-containment policies in public pharmaceutical spending in the EU. (European Economy. Economic Papers. 461. September 2012. Brussels. 62 pp). Available at: http://ec.europa.eu/economy_finance/publications/economic_paper/2012/pdf/ecp_461_en.pdf.
5. Leopold, C., Vogler, S., Mantel-Teeuwisse, A., de Joncheere, K., Leufkens, H.G.M., Laing, R. 2012. Differences in external price referencing in Europe. A descriptive overview. *Health Policy*, 104(1):50–60.
6. Pharmaceutical Pricing and Reimbursement Information (PPRI), France, 2008.
7. Vogler, S. The impact of pharmaceutical pricing and reimbursement policies on generics uptake: Implementation of policy options on generics in 29 European countries-an overview. *Generics and Biosimilars Initiative Journal* (*GaBI Journal*), 1(2): 93–100. Available at: http://whocc.goeg.at/Literaturliste/Dokumente/Articles/GJ2%2009j%20Vogler%20European%20focus%20generics.pdf
8. Mutualité Française-Report on generics drugs 2012-December 2012-http://www.medicamentsgeneriques.info/wp-content/uploads/2009/12/2012_12_M%C3%A9dicaments-g%C3%A9n%C3%A9riques.pdf
9. Espín, J., Rovira, J. Analysis of differences and commonalities in pricing and reimbursement systems in Europe. June; Andalusian School of Public Health; Commissioned by the European Commission, Directorate-General Enterprise.

推荐阅读

Toumi, M. et al. 2015. Current process and future path for health economic assessment of pharmaceuticals in France. *Journal of Market Access & Health Policy*, 3. Available at: http://www.jmahp.net/index.php/jmahp/article/view/27902 (Accessed July 21, 2015).

13 德 国

13.1 利益相关者

13.1.1 国家定价和报销决策者

在德国，联邦联合委员会（Federal Joint Committee；Gemeinsamer Bundesausschuss，G-BA）负责将药品分为不同的参考定价组，决定是否将药品排除在社会医疗保险（Social Health Insurance，SHI；Gesetzliche Krankenversicherung）的"福利篮子（benefit basket）"之外，并针对药物治疗发布相关的指导[1]。

全国法定医疗保险基金协会（National Association of Statutory Health Insurance Funds；Gesetzliche Krankenversicherung-Spitzenverband，GKV-SV）是医疗保险基金在联邦层面的中央协会，负责制定参考价格和处方目标[2]。

联邦卫生部（Federal Ministry of Health；Bundesministerium für Gesundheit，BMG）负责制定医疗卫生的相关政策，包括起草法案、条例和行政法规。

13.1.2 国家卫生技术评估机构

医疗保健质量和效率研究院（Institute for Quality and Efficiency in Healthcare；Institut für Qualität und Wirtschaftlichkeit im Gesundheitswesen，IQWiG）负责为是否将医疗技术和药品纳入或排除在 SHI "福利篮子" 范围中提出决策建议[1]，但 IQWiG 没有任何决策权[1, 3]。

德国卫生技术评估机构（German Agency of Health Technology Assessment；Deutsche Agentur für Health Technology Assessment，DAHTA）是隶属于德国医学档案情报研究所（German Institute for Medical Documentation and Information；Deutsches Institut für Medizinische Dokumentation und Information，DIMDI）的组成机构，负责发布 HTA 报告，其主题涵盖疾病的预防、诊断、治疗、康复、护理和方法学等多个领域[4]。IQWiG 可能会委托 DIMDI 撰写 HTA 报告。然而，IQWiG 所开展的获益评估与 DIMDI 开展的 HTA 并不相同[5]。

13.1.3 其他重要的利益相关者（地方/本地层面）

地方层面的医师协会和医疗保险基金负责针对医疗保健服务的提供做出决策。

13.2 定价和报销政策

13.2.1 体系概述

德国医疗保健体系的特点是法定医疗保险占主导地位,有多种相互竞争的疾病基金,以及公立和私营混合的保险提供者。私营医疗保险可作为法定医疗保险的补充。

欧洲药品管理局(EMA)负责在全欧洲层面审评药品的上市许可;在国家层面,血液制品、血浆和疫苗的上市许可由保罗-埃利希研究所(Paul-Ehrlich Institute;Paul-Ehrlich Institut)负责审评,其他所有药品则由联邦药品和医疗产品研究院(Federal Institute for Pharmaceuticals and Medical Products;Bundesinstitut für Arzneimittel und Medizinprodukte,BfArM)负责审评。这两个机构是官方的国家药品注册机构,同时还负责药品和医疗器械的安全监管。

自 2011 年 1 月起,随着《医疗产品市场改革法案(Act of the Reform of the Market for Medicinal Products;Arzneimittelmarktneuordnungsgesetz,AMNOG)》的实施,强制性的获益评估程序从根本上改变了药品市场准入的环境[6]。该法案引入了对具有报销资格的创新药的价格管制,这就对临床试验中与对照组比较的证据提出了新的要求,并通过引入价格折扣谈判而显著改变了药品的定价程序。虽然新的处方药的价格仍然可以由制药企业设定,但这种定价的效力只在上市后的 6 个月内得以保证。在此之后,报销价格将取决于早期获益评估(early benefit assessment,EBA)[5]的结果。然而,药品对外标示的价格是保持不变的,针对 SHI 的价格折扣原则上是具有保密性的,同时也适用于有权享受同样折扣的私营保险公司。对于那些不含酒精的药品和那些豁免接受 EBA 评估的药品,仍然实施自由定价。

自 2014 年 1 月起,AMNOG 法案实施前上市的药品被豁免接受获益评估;取而代之的是,价格冻结和强制性返利则持续到了 2015 年。

13.2.2 报销程序

一旦获得上市许可,所有药品都有资格获得 SHI 的报销。但是,这种报销可以限于特定的患者亚组或适应证。有些类别的药品不包含在报销范围内,例如非处方药、作用于生活方式的药品、针对轻微疾病的药品和治疗效果未经证实的药品等。对于超说明书用药,只有在某些情况下才能予以报销,例如获得了 G-BA 的正面推荐[8]。

13.2.3 定价程序

随着 AMNOG 法案的实施,制药企业只能在药品获得上市许可后的前 6~12 个月内自由定价。

事实上,企业必须通过 G-BA 开展的 EBA 评估寻求定价。在这个评估程序中,企业必须证明新上市的药品与适宜的对照组相比具有增量获益。在 EBA 评估期间,G-BA 会根据增量的治疗获益对新药进行分级:显著的(major)、相当大的(considerable)、较小的(minor)、不可量化的(nonquantifiable)、没有的(none)以及与对照组相比治疗获益更少(lesser therapeutic benefit than the comparator)[7]。如果存在增量获益,药品的价格将由

GKV-SV 与制药企业根据增量获益的水平、药品在其他欧洲国家的真实价格以及对照药品的年治疗费用进行谈判确定[8]。

如果达成协议，该折扣价格将于药品上市后第 13 个月的第一天生效[9]。如果在上市后的第一年谈判失败，一个由疾病基金、制药企业和中立成员代表组成的仲裁小组将在 3 个月内确定折扣价格。仲裁小组将考察获益的证明资料、对照药品价格和欧洲参考价格等方面的材料[8]。如果企业或 GKV-SV 拒绝仲裁小组提出的价格，任何一方都可以要求 IQWiG 进行成本–效果评估。

如果不能被证明具有增量获益，药品将被分配到一个参考价格组；如果没有适宜的参考价格组，则会通过谈判形成报销价格，以使该药品每年的治疗费用不高于适宜对照组的治疗费用[8]。如果药品的效果尚不及对照组，则可能要求开展更多的研究，抑或该药品可能被排除在报销范围之外。

13.3 准入所需时间

在德国，原研药和仿制药一经获得上市许可，具有可及性的时间不会出现延迟。在德国，药品一经获得销售许可，可立即被投入市场[10]。

13.4 价格管制

13.4.1 上市许可后的价格政策

在药品获得上市许可后的 6 个月内，制药企业可以自由设定其出厂价格；在此之后，可以通过谈判定价（具有增量获益者），也可以通过将药品分配到一个参考价格组（不具增量获益者）来定价。由于价格谈判一般长达 6 个月，照此推算，具有增量获益的药品可享受长达 12 个月的自由定价[9]。

13.4.2 外部参考定价

自 2011 年起，德国开始采用外部参考定价（ERP）。德国的"国家篮子（country basket）"由奥地利、比利时、捷克、丹麦、芬兰、法国、希腊、爱尔兰、意大利、荷兰、葡萄牙、西班牙、斯洛伐克、瑞典和英国 15 个欧洲国家组成[11]。ERP 是针对具有附加价值的药品设定报销价格的标准工具，由仲裁小组在 GKV-SV 与制药企业进行价格谈判的过程中使用[8]。

在价格谈判开始前，企业应提供药品在参考国家中实际的出厂价。

13.4.3 内部参考定价

当新上市的药品不具有增量获益时，会将其分配到由具有药理学和治疗学可比性的药品组成的参考价格组。制定药品的参考价格是一个由 G-BA 和 GKV-SV 共同参与的两步骤程序。首先，由 G-BA 决定可以对哪一类药品实行参考定价，并根据有效成分是否一致、有效成分在药理学和治疗学方面是否具有可比性,或者是否具有可比的治疗作用机制来确定药品的分类。然后,由 GKV-SV 根据法律规定的标准为药品设定参考价格。药品的参考价格每季度更新一次,并在 DIMDI 的官方网站上公布[12]。

13.4.4　出厂价格水平层面的价格管制

和大多数欧洲国家一样,德国对具有报销资格的药品实施出厂价格管制,而对于不具有报销资格的药品实行自由定价[13]。

13.4.5　配送层面的价格管制

在德国,针对药品配送层面的价格管制适用于处方药(prescription-only medicines,POM)、具有报销资格的仿制药以及具有报销资格的非处方(over-the-counter,OTC)药品[13]。

13.4.6　零售层面的价格管制

在德国,药品零售层面的价格管制也适用于 POM 药品、具有报销资格的仿制药和具有报销资格的 OTC 药品[13]。

13.4.7　仿制药/生物类似药上市后原研药的强制性降价

在德国,仿制药上市后,必须对原研药实施降价[13]。仿制药上市对原研药价格的影响取决于仿制药竞争者的数量。

13.5　报销程序的特点

负面目录在德国被用作成本控制的工具[13]。事实上,G-BA 已经列出了一些不具有报销资格的药品负面目录,例如作用于生活方式的药品、针对轻微疾病的药品和 OTC 药品。

13.6　公开招标的特点

在德国,医院住院和门诊服务的药品采购都实行公开招标[13]。招标主要涉及仿制药和生物类似药,对于原研药只有部分品种涉及[13]。

13.7　支出控制

13.7.1　折扣/返利

在德国,折扣和返利被广泛用作控制成本的措施[13]。事实上,从 2010 年 8 月起,非参考定价的药品被施以 16% 的强制性返利。这项工作本应在 2013 年底结束[6],然而,由于取消了对 AMNOG 法案实施前上市的药品的效益评估，这项强制性返利持续到 2015 年。2014 年 1 月 1 日，返利的比例降至 6%，而在 2014 年 4 月 1 日则又增至 7%。这种强制性返利也适用于药品获得上市许可之后为期 12 个月的自由定价期间。

返利同样也被用于新药。事实上，制药企业和 GKV-SV 之间通过谈判在全国范围内解决了针对具有增量获益的药品的返利问题[6]。

此外，各个疾病基金还会与制药企业就一种或多种药品的价格折扣进行进一步谈判[8]。这类折扣的幅度差别很大，可达到原价的 20% 左右。

13.7.2 款项收回

在德国，款项收回未被用作控制支出的工具[13]。

13.7.3 回赠

在德国，回赠未被用作控制支出的工具[13]。

13.7.4 量价协议

制造企业可以与 GKV-SV 通过谈判确定药品采购的价格和数量[13]，但量价协议主要存在于地方层面。企业必须在谈判前提交关于自家药品和相关竞争对手产品的治疗费用和预期产量。

13.7.5 其他市场准入协议

除了量价协议之外，其他类型的市场准入协议（market access agreement，MAA）在德国的应用有限。一篇 2013 年发表的文献显示，可找到的协议只有 15 项[14]。

13.7.6 价格冻结和削减

在德国，价格冻结被广泛使用。AMNOG 法案规定，从 2010 年 8 月至 2013 年 12 月 31 日，所有药品的价格被冻结 3 年。这次价格冻结的目的是防止在 2010 年 8 月将强制性返利比例提高到 16% 之后，药品价格出现报复性上涨。

13.8 针对配送企业、药师、医生和患者的政策

13.8.1 配送企业的加成

药品配送企业的加成是在价格的基础上递减的[15]。药品配送企业对出厂价的加成幅度可以是药房购买价格的 6%～12%，平均为 5%[13]。

13.8.2 药房的加成

药房对于 POM 和 OTC 药品可以申请药品加成，包括针对每包药品的固定加成、针对 POM 药品在配送企业价格基础上的 3% 线性加成，以及针对具有报销资格的 OTC 药品

的递减性加成[13, 15]。

13.8.3 仿制药替换

自 2002 年起，德国实施强制性的仿制药替换[13]。实际上，这项名为"自动替换（aut-idem substitution）"的政策允许药师无须经医生同意即可实行仿制药替换。除非处方中另有规定，药师必须尽可能地使用较便宜的药品实施替换[16]。

13.8.4 通用名处方

就像在大多数欧洲国家一样，在德国，国际非专利名称（INN）处方只是一种"指示性的（indicative）"要求[13]。医生没有义务按照通用名而不是商品名开具处方。

13.8.5 处方指南

G-BA 发布了一系列对 SHI 体系内部的医生具有法律约束力的治疗指南[13]，其中说明了与开具药品处方和限制特定药品相关的基本原则。

13.8.6 处方行为的监管

和许多其他欧盟国家一样，德国也通过电子处方对医生的处方行为进行监控[13]。

13.8.7 针对医生的药品预算

2002 年，德国取消了针对医生的药品支出预算，而是以"目标数量（target volumes）"[17]代替。地方层面的医师协会负责根据每位医生前一年的药品使用量为其确定目标数量。

13.8.8 处方配额

从 2002 年开始，德国引入了"个人处方目标（individual prescription target）"[6]。这些目标以前一年其处方的药品数量为基础[13, 17]。

13.8.9 对医生的财务性激励措施

医生会由于他们的处方行为而得到经济上的奖励或处罚[13]。超过处方目标的医生会被要求审查他们自己的处方行为并提供说明函（explanatory letter）。

13.8.10 对药师的财务性激励措施

在德国，没有针对药师的财务性激励措施[13]。

13.8.11 患者共付

在德国，患者需要共同支付的费用为药品价格的 10%[13]，但金额不超过 10 欧元。

此外，患者每年共同支付的总金额不得超过其总收入的 2%，对于慢性病患者则不得超过其总收入的 1%。对于价格低于参考价格 30% 的药品，免除患者共同支付部分。同时，18 岁以下的少年儿童也不包括在共同支付的范围内。

参考文献

1. The Federal Joint Committee. Available from: http://www.english.g-ba.de/downloads/17-98-2804/2010-01-01-Faltblatt-GBA_engl.pdf (accessed September 26, 2016).
2. The National Association of Statutory Health Insurance Funds. Responsibility for Healthcare. November 2012. Available from: http://www.gkv-pitzenverband.de/media/dokumente/presse/publikationen/Imagebroschuere_GKV-Spitzenverband_Einzelseiten_Englisch_2012.pdf (accessed September 26, 2016).
3. Institute for Quality and Efficiency in Health Care. Responsibilities, working methods and aims of IQWiG. Available from: https://www.iqwig.de/download/IQWiG_informationflyer.pdf (accessed September 26, 2016).
4. German Institute of Medical Documentation and Information website. HTA at DMDI. Last modified: March 2014. Available from: http://www.dimdi.de/static/en/hta/basicinfo-hta.pdf (accessed September 26, 2016).
5. German Institute of Medical Documentation and Information. Available from: http://www.dimdi.de (accessed September 26, 2016).
6. Henschke C, Sundmacher L, Busse R. Structural changes in the German pharmaceutical market: Price setting mechanisms based on the early benefit evaluation. *Health Policy* 109(3)P263–P269. March 2013.
7. Gerber-Grote A. IQWIG – Early benefit assessment and health economic evaluation: Experiences and challenges under the new law since January 1st. ISPOR European Congress 2012.
8. Ognyanova D, Zentner A, Busse R. Pharmaceutical reform 2010 in Germany. *Eurohealth* 17(1):11–13. 2011.
9. Pirk O, Hind Bouslouk M, Fricke FU. Additional patient related benefits are the key to price negotiation in Germany—Practical experience with benefit dossiers and the assessment process- *ISPOR 15th Annual European Congress*. November 2012. Available from: http://www.ispor.org/congresses/Berlin1112/presentations/W17_All%20Slides.pdf (accessed September 26, 2016).
10. The European Federation of Pharmaceutical Industries and Associations. Patients W.A.I.T. Indicator (Patients Waiting to Access Innovative Therapies). 2011. Available from: http://www.efpia.eu/documents/33/64/Market-Access-Delays (accessed September 26, 2016).
11. Toumi M, Rémuzat C, Vataire AL, Urbinati D. External reference pricing of medicinal products: Simulation-based considerations for cross-country coordination. European Union—For the European Commission. 2014. Available from: http://ec.europa.eu/health/healthcare/docs/erp_reimbursement_medicinal_products_en.pdf (accessed September 26, 2016).
12. German Institute of Medical Documentation and Information website. Reference Pricing Lists. Available from: http://www.dimdi.de/static/de/amg/festbetraege-zuzahlung/index.htm (accessed September 26, 2016).
13. Carone G, Schwierz C, Xavier A. Cost-containment policies in public pharmaceutical spending in the EU. European Economy - Economic Papers 461. September 2012. Available from: http://ec.europa.eu/economy_finance/publications/economic_paper/2012/pdf/ecp_461_en.pdf (accessed September 26, 2016).
14. Ferrario A, Kanavos P. Managed entry agreements for pharmaceuticals: The European experience. April 2013.
15. Vogler S, Habl C, Bogut M, Voncina L. Comparing pharmaceutical pricing and reimbursement policies in Croatia to the European Union Member States. *Croat Med J* 15;52(2):183–197. April 2011.
16. Rosery H. Reimbursement of drugs in Germany: A road map for the approval process. *ISPOR 9th Annual European Congress*, Copenhagen, Denmark. October 2006.
17. Sturm H, Austvoll-Dahlgren A, Aaserud M, Oxman AD, Ramsay C, Vernby A, et al. Pharmaceutical policies: Effects of financial incentives for prescribers. *Cochrane Database Syst Rev* 2007;3:CD006731.

14 意大利

14.1 利益相关者

在意大利，与药品相关的主要决策者包括意大利药品管理局（Italian Medicines Agency；Agenzia Italiana del Farmaco，AIFA）、卫生部（Ministry of Health；Ministero della Salute）、经济财政部（Ministry of Economy and Finance；Ministero dell'Economia e delle Finanze）、意大利公共卫生研究院（Italian Institute of Public Health；Istituto Superiore di Sanitàand the Regions）以及各个大区（Region；Regione）。

14.1.1 国家定价和报销决策者

在卫生部的监督下，AIFA 负责所有药品的上市许可审评、药物警戒以及定价和报销事务。AIFA 由两个主要的咨询委员会组成：技术科学委员会（Technical Scientific Committee；Commissione Tecnico Scientifica，CTS）和定价与报销委员会（Pricing and Reimbursement Committee；Comitato Prezzi e Rimborso，CPR），具体如下：

- CTS 通过评估药品的治疗价值来决定是否予以报销。该委员会负责国家层面的上市审评、正面目录的修订、对处方专科医生设限以及对每种药物的治疗做出决策。
- CPR 负责评估制药企业的申请，与企业进行价格谈判，并利用国家药品使用监测中心（Medicines Utilization Monitoring Centre；Osservatorio sull'impiego dei medicinali，OsMed）的数据收集药品使用信息。

14.1.2 国家卫生技术评估机构

在意大利，尽管 HTA 对药品定价和报销方面的影响不尽透明，但其在国家、大区和地方等多个层面的重要性日益提升，具体时间线、方法学和规定亦不尽相同。

卫生部在 2006—2008 年的国家卫生计划中正式引入了 HTA。自 2009 年以来，AIFA 与其他国家级机构（即 OsMed）合作开展 HTA 评估。

国家区域性医疗服务管理局（National Agency for Regional Health Services；Agenzia Nazionale per i Servizi Sanitari Regionali，AGENAS）是非营利性的公立机构，负责为意大利国家卫生服务体系（Italian National Health Services；Servizio Sanitario Nazionale，SSN）的发展和实施提供技术和操作支持。2007 年，该机构开始针对地方层面的 HTA 项目发展提供技术和业务支持，尽管这项事务最终由各个大区负责。

目前，在意大利的 20 个大区中，有 5 个已将 HTA 纳入其医疗保健决策程序，包括威内托（Veneto）大区（Centro Regionale Unico del Farmaco，CRUF）、艾米利亚-罗马涅（Emilia-Romagna）大区（Osservatorio Regionale per l'innovazione，ORI；Gruppo regionale farmaci oncologici，GreFO）、伦巴第（Lombardy）大区、皮埃蒙特（Piedmont）大区和托斯卡纳（Tuscany）大区（Ente di Supporto Tecnicno Amministrativo Regionale，ESTAR）。

HTA 在地方层面的作用主要是评估药品并对其使用提出建议[13]，评估内容包括该技术的临床有效性、安全性以及成本-效果和预算影响，最终目的是评估其获益/风险情况。

14.1.3　国家层面的其他重要的利益相关者

表 14.1 简要说明了其他国家层面的利益相关者在药品领域中的作用。

14.1.4　地方和本地层面的利益相关者

意大利共划分为 21 个地区（19 个大区、2 个自治省），在每个大区都有称为地方卫生部门（Local Health Unit；Aziende Sanitarie Locali，ASL）的地方卫生管理机构。ASL 是国家卫生服务（Servizio Sanitario Nazionale，SSN）的运作部分。ASL 负责 SSN 体系的日常管理和医院之间的协作。他们还负责提供初级医疗保健服务，包括与全科医生和独立医院（Aziende Ospedaliere、大学医院和私营医院）签订协议，提供职业医疗服务、健康教育、疾病预防、药房服务、家庭咨询、儿童保健以及信息服务（表 14.1）[1]。

表 14.1　意大利国家层面利益相关者的职责

部门	职责
卫生部	管理 AIFA 的行动，并在制定药品政策和法规方面进行合作 管理药品配送、零售和药房政策 审批和管理 OTC 药品广告 管理麻醉和精神药品的生产、销售和使用 更新国家药典和植物药价格
经济财政部	管理 AIFA 的行动，并在制定药品政策和法规方面进行合作
意大利公共卫生研究院	合作审评生物制品的注册资料 管理药品质量 评估临床试验 开展药物警戒、药物流行病学和药物利用研究
地区	落实国家规定 监测药品支出 在区域内提供医疗服务，监督和协调 ASL 的工作。通过国家-大区会议（State-Regions Conference）向 AIFA 的几个委员会（CTS、CPR 和审计委员会）提名人选

资料来源：Folino-Gallo et al.，Pricing and reimbursement of pharmaceuticals in Italy，Eur J Health Econ.，9（3），305-310，2008.
注：AIFA，意大利药品管理局；CTS，技术科学委员会；CPR，定价与报销委员会；OTC，非处方药。

14.2 定价和报销政策

14.2.1 体系概述

意大利报销体系覆盖全国所有相关疾病,并向全体公众(意大利公民和合法居留卡身份)提供全民药品保障。具有报销资格的药品列入名为国家药品处方集(National Pharmaceutical Formulary;Prontuario Farmaceutico Nazionale,PFN)的正面目录中,每6～12个月更新一次[1]。

公共药品支出约占该国药品支出的75%[1]。定价和报销程序是相互关联的,既因为它们都由 AIFA 负责,也因为这两方面的决策都是在相同的程序中做出的[1]。

仿制药和生物类似药的定价和报销程序没有特殊性,尽管可能比创新原研药要快。根据2013年颁布的一项法令[2],如果企业不申请新的价格水平,则此类药品的价格无须谈判即可自动设置在报销参考类别中。该法令还规定了适用于仿制药和生物类似药的折扣比例,A 类药品的折扣为45%～75%,H 类药品的折扣为30%～50%(药品分类的描述见14.2.3部分)[4]。

不具有报销资格的药品的价格由制药企业自由确定,但存在一定的限制。药师可以针对 OTC 药品的价格要求返利;因此,药品的实际价格可能与最高官方价格不同,全国各地的价格也可能是不同的[1]。

14.2.2 程序

当药品获得欧洲药品管理局(EMA)或 AIFA 的上市许可,企业可以申请将其纳入国家药品处方集(National Pharmaceutical Formulary,PFN)的报销范围。

在 CPR 和 CTS 的协助下,AIFA 负责管理定价和报销程序中的不同步骤。谈判程序的标准基于药品的治疗价值、药物警戒数据、在其他欧盟成员国的价格、同一药物治疗学组内相似药品的价格、内部市场预测、潜在患者数量和治疗创新性。价格谈判在药品的出厂价水平开展,同时也确定了其零售价格。定价和报销程序分为以下五个阶段[1]:

1. 企业向 AIFA 的定价和报销部门提交申请。该部门会在举行 CPR 会议之前进行初步评估。

2. CTS 基于对药品临床治疗价值的评估,对其报销分类提出意见,宣布程序启动并向 CPR 发出启动谈判的书面命令。

3. CPR 针对企业提交的资料(请求和报销申请)开展评估,并将 OsMed 提供的药品使用和支出数据纳入考察范围。同时,CPR 与药品在其他欧盟国家的价格以及 PFN 中类似药品的价格进行比较。企业的售价一般按照欧洲的平均价格设定。最初2年的价格由 AIFA 确定。

4. CPR 将谈判结果将提交给 CTS,后者再提交给 AIFA 管理委员会做出最终决策和审批。

5. 上述程序结束后,相关决定将在意大利共和国的官方刊物——《官方公报(*Gazzetta Ufficiale*,GU)》上发布。

14.2.3 药品报销分类

药品的报销决策分为以下三类[3]：
- A 类：零售药店销售的药品，100% 报销；
- H 类：仅限于医院使用的药品，100% 报销；
- C 类：包括不被 SSN 体系报销的药品，例如处方药和 OTC 药品。

2012 年，又新增设了一种新的报销类别：C nn 类，其中"C"代表"未报销"，"nn"代表"未谈判"。基本上，一种新药一旦获得 EMA 的上市许可，就可以在意大利的市场上销售，同时等待 AIFA 的评估。这个新分类是一种尝试，旨在加速尚未被评估的新药的使用。

14.3 准入所需时间

在意大利，药品获得市场准入所需的时间可能很长。根据欧洲制药工业协会联合会（European Federation of Pharmaceutical Industries and Associations，EFPIA）发布的报告，对于新药而言，从获得上市许可到完成定价和报销程序之间的平均时间为 347 天[5]，对于仿制药，平均时间则为 90 天[6]。

地方和本地层面（ASL/医院层面）开展的评估进一步延长了这一时间。因此，C nn 分类的引入旨在加快新药在意大利市场上具有可获得性的时间。

14.4 价格管制

14.4.1 上市许可后的价格政策

基本上，一种新药一旦获得 EMA 的上市许可，就可以在意大利市场上销售，同时等待 AIFA 的评估。

14.4.2 外部参考定价

自 2011 年 4 月 15 日起，作为控制成本的一种措施，ERP 被用于确定仿制药和专利过期的原创药的价格。参考价格的计算是在参照德国、西班牙、英国和法国的药品出厂价格的基础上进行的，但预计会扩展所有欧盟成员国[7]。

14.4.3 内部参考定价

相互可替代的药品通常按相同的化合物分类（ATC-5 级）①或化学分类（ATC-4 级）划分。在每一组中都定义了参考价格，可以是每一组中药品的最低价格或平均价格。在意大利，药品的内部参考定价被分为三个级别，包括 ATC-5 级、ATC-4 级和 ATC-3 级[8]。

对于专利过期的原研药，SSN 在有效成分相同、剂型相同、给药途径相同、规格相同、

---

① ATC：解剖学、治疗学及化学分类系统（Anatomical Therapeutic Chemical Classification System）。——译者注

单位剂量相同的药品中选择价格最低者，按其价格予以报销。

14.4.4 出厂价格水平、配送和零售药房层面的价格管制

在意大利，对具有报销资格的药品在出厂价格水平、配送和零售药房层面实行价格管制[8]。

14.4.5 仿制药/生物类似药上市后原研药的强制性降价

在过去，仿制药或生物类似药进入市场后不强制要求原研药降价，但仿制药的价格必须比原研药价格水平低20%以上。如今，2013年颁布的一项关于仿制药和生物类似药的法令[4]规定，如果企业没有申请新的价格水平，这些药品的价格将自动设定在报销参考分类中，无须谈判定价。仿制药和生物类似药的价格将至少为A类药品的45%~75%、H类药品的30%~50%。

14.5 成本控制政策

14.5.1 处方指南

CTS通过发布"处方指南（note）"详细说明了特定药品在哪些情况下可以报销。截至2016年9月，共有94项指南发布[9]。

14.5.2 折扣/返利

在意大利，公立支付者可获得不同类型的折扣和返利[14]：
- 降价（出厂价格或配送/零售价格控制）；
- 由制药企业返还给支付者的费用金额取决于药品的销售额；
- 风险分担协议；
- 在预先确定的目标上分担潜在支出的风险。

14.5.3 回赠

2007年，意大利推出了一项"回赠（payback）"计划，允许制药企业选择要求AIFA暂停对某些药品实施降价，代之以向地方卫生管理部门支付同等金额的资金。如果年底药品支出超出了法定上限（或者年度期间的定期监测表明可能会超出上限），那么制药企业、配送企业、药师和地方必须退回超出的费用。

对于医院用药品，地方和制造商可返还50%的超额支出，而地方性药品（territorial drugs）则由制药企业和配送企业全额支付[10]。回赠适用于整个药品预算。零售部门的支出上限为11.35%，医院部门则为3.5%[6, 11]。

14.5.4 量价协议

如果药品超出了事先约定的销售量，制药企业必须向国家退还款项。退款的形式可采

用降低报销价格的方式[8]。

14.5.5 其他市场准入协议

在意大利，MAA 的使用频率有所增加，主要是在国家层面与 AIFA 谈判并决定，并且主要在地方层面进行管理。在实践中，许多 MAA 是财务性协议和按绩效支付（payment for performance，P4P）协议的混合形式，并且大部分针对抗肿瘤药[10]。

14.5.6 处方行为监管

在意大利，电子处方监测和与电子化系统相关联的指南（支持决策并向医生提供反馈）是改善处方行为的方法[8]。当系统全面运行后，电子处方将被发送给地方当局和财政部，以便于其合理控制药品处方和开支。从 2009 年起，意大利政府建立了一个具体的信息流程（flow of information），并对医院的药品使用和支出进行正式监测。因此，地方当局被强制要求将相关记录上报给卫生部[8]。

14.5.7 公开招标

为进一步控制药品支出，地方卫生部门和医院对制药企业实施公开招标[8]。

14.5.8 仿制药替换

根据第 135/2012 号法案的第 15 条规定，医生必须以不提及品牌为前提在处方中注明所使用药品的有效成分。医生可以选择以国际非专利名称（INN）或商品名开具处方。同时，他们也可以自由地指定某一特定品牌，在明确说明理由的情况下可要求药师不得进行仿制药替换[8]。

14.5.9 患者共同支付

意大利的所有地区都建立了一种叫作"门票（ticket）"的共同支付系统，对应于每张处方或每包药品支付 1～2 欧元。这一制度因地区而异。低收入者（年收入低于 36 151.98 欧元）和 65 岁以上的患者可以免于购买这些"门票"。在某些地区，特定的患者（例如糖尿病患者）可以针对降糖药免交"门票费"[1]。

如果患者执意不选择购买仿制药，或者医生不允许在处方中进行仿制药替换，患者还要支付可变的共付费用，相当于仿制药参考价格与同等药品较高价格之间的差额[8]。这个系统的目的是让患者对药品的价格更加敏感。

14.6 针对药品配送企业和药师的政策

14.6.1 配送企业的加成

根据法律规定，针对具有报销资格的药品，配送企业可以获得固定比例（3%）的加成[12]。

14.6.2 药房的加成

根据法律规定,针对具有报销资格的药品,药师可以在药房零售价格的基础上获得固定比例(30.35%)的加成[1, 14]。药房针对此类药品的加成是线性的(比例由 SSN 确定)。对于仿制药,在扣除企业加成后,8% 的加成需在配送企业和和药房之间重新分配[13]。

参考文献

1. Folino-Gallo, P., Montilla, S., Bruzzone, M., Martini, N. Pricing and reimbursement of pharmaceuticals in Italy. *Eur J Health Econ*. 2008 Aug;9(3):305–310.
2. Ministry of the Health. Decree 4 Apr 2013. Criteri di individuazione degli scaglioni per la negoziazione automatica dei generici e dei biosimilari.
3. Creativ-Ceutical, Paris, internal proprietary database.
4. Law n. 189 Year 2012. Conversione in legge, con modificazioni, del decreto-legge 13 settembre 2012, n. 158, recante disposizioni urgenti per promuovere lo sviluppo del Paese mediante un piu' alto livello di tutela della salute. (12G0212)
5. EFPIA. Patient WAIT report, 2011.
6. Carone, G., Schwierz, C., Xavier, A. Cost-containment policies in public pharmaceutical spending in the EU (European Economy. Economic Papers. 461. Sep 2012. Brussels. 62 pp). Available from: http://ec.europa.eu/economy_finance/publications/economic_paper/2012/pdf/ecp_461_en.pdf (accessed October 06, 2016).
7. Leopold, C., Vogler, S., Mantel-Teeuwisse, A., de Joncheere, K., Leufkens, H.G.M., Laing, R. Differences in external price referencing in Europe. A descriptive overview. *Health Policy*. 2012;104(1):50–60.
8. Vogler, S. The impact of pharmaceutical pricing and reimbursement policies on generics uptake: Implementation of policy options on generics in 29 European countries-an overview. *Generics and Biosimilars Initiative Journal (GaBI Journal)*. 1(2):93–100.
9. AIFA. Available from: http://www.agenziafarmaco.gov.it/it/content/note-aifa (accessed October 06, 2016).
10. AIFA. Order (Determina) 30 Octr 2014. Ripiano dello sfondamento del tetto del 11,35% della spesa farmaceutica territoriale 2013, ai sensi della legge n. 222/2007 e ss.mm.ii. (Determina n. 1238/2014).
11. AIFA. Order (Determina) 30 Oct 2014. Ripiano dello sfondamento del tetto del 3,5% della spesa farmaceutica ospedaliera 2013, ai sensi della legge n. 135/2012 e ss.mm.ii. (Determina n. 1239/2014).
12. Law n. 122 Jul 2010. Conversione in legge, con modificazioni, del decreto-legge 31 maggio 2010, n. 78, recante misure urgenti in materia di stabilizzazione finanziaria e di competitività economica.
13. World Health Organization, 2015. Access to new medicines in Europe: Technical review of policy initiatives and opportunities for collaboration and research. Available from: http://www.agenas.it (accessed October 06, 2016).
14. Negoziazione e rimborsabilità. AIFA. Available at http://www.agenziafarmaco.gov.it/it/content/negoziazione-e-rimborsabilità (accessed October 06, 2016).

15 西班牙

15.1 利益相关者

15.1.1 国家定价和报销决策者

国家医疗保健体系和药品基本服务总局（Directorate General of Basic Services Portfolio of the National Health System and Pharmacy；Dirección General de Cartera Básica de Servicios del Sistema Nacional de Salud y Farmacia）下属的药品和医疗产品质量副总局（General Subdirectorate of Quality of Medicines and Health Products；Subdirección General de Calidad de Medicamentos y Productos Sanitarios，SGCMPS）负责定价和报销综合申请和报销决策的评估[1]。同时，该部门从属于卫生、社会服务和平等部（Ministry of Health, Social Services and Equality；Ministerio de Sanidad, Servicios Sociales e Igualdad，MSSSI）[2]。

卫生部下设的医药产品部际定价委员会（Interministerial Commission for Pricing of Medicinal Products；Comisión Interministerial de los Medicamentos，CIPM）负责针对药品定价和报销/出资做出最后决策。

西班牙药品和医疗产品管理局（Spanish Agency of Medicines and Medical Devices；Agencia Española de Medicamentos y Productos Sanitarios，AEMPS）是负责药品质量和安全的监管机构。它也可以在定价过程中提出建议[3]。

15.1.2 国家卫生技术评估机构

国家HTA机构（National Health Technology Assessment Agency；Agencia de Evaluacion de Tecnologias Sanitarias，AETS）负责对新技术和药品的健康、社会、伦理学、组织机构和经济学影响进行评估[4]。

AETS与几个自治区的HTA机构并存，这种架构中还包括加泰罗尼亚技术评估和医学研究机构（Catalonian Technology Assessment and Medical Research Agency；Agencia d'Avaluacio de Tecnologia Medica）、安达卢西亚卫生技术评估机构（Andalusian Health Technologies Assessment Agency；Agencia de Evaluacion de Tecnologias Sanitarias de Andalucia）、加利西亚卫生技术评估机构（Galician Health Technologies Assessment Agency；Axencia de Avaliación de Tecnoloxías Sanitarias de Galicia）、巴斯克卫生技术评估服务机构（Basque Health Technologies Assessment Service；Osasunerako Teknologien Ebaluaketa）以及马德里技术评估机构（Madrid's Technologies Assessment Unit；Unidad de Evaluación de

Tecnologías Sanitarias）。它们的职能与 AETS 相同，包括开展 HTA 评估和支持决策。但是，它们开展的评估对决策者来说不是强制性的。

15.1.3　其他重要的利益相关者（地方/本地层面）

随着医疗保健权力的下放，基本医疗保健服务由 17 个自治区（autonomous communities；Comunidades Autónomas）提供。这 17 个自治区都有开展公共卫生服务、规划医疗保健服务和完全控制其预算的能力。

15.2　定价和报销政策

15.2.1　体系概述

国家卫生服务体系（National Health System；Sistema Nacional de la Salud，SNS）向西班牙公民和特定类型的西班牙定居者提供医疗保健服务[5]。由 MSSSI 负责对 SNS 进行监督。MSSSI 更加关注于药物警戒、药品审评、成本控制和长期政策等方面，而 17 个自治区负责提供具体的医疗服务和相应的资金。SNS 的资金来源于一般税收，中央政府根据人口统计数据向每个地区提供财政支持。

欧洲药品管理局（EMA）和 AEMPS 分别在全欧洲层面和国家层面审评药品的上市许可。一旦药品获批上市，上市许可持有人（marketing authorization holder，MAH）应提交关于药品定价和报销的综合资料。由 SGCMPS 对资料进行评估，并向 CIPM 提交报告。CIPM 由卫生部牵头，并由来自 MSSS 及工业和财政部的代表组成[6]。自 2012 年以来，随着第 16/2012 号皇家法令（Royal Decree）①的颁布，CIPM 引入了两名自治区轮换代表[11]。

CIPM 负责与制药企业进行价格谈判，并做出最终决策。

15.2.2　报销程序

西班牙针对每一种药品做出报销决策，其决策和报销水平均由 SGCMPS 确定。在决定是否报销某种药品时，需考虑的因素包括疾病的严重程度、药品的治疗价值、疗效和创新性、药品与其他治疗替代产品的价格，以及与相应产品相比对预算的影响。根据患者的收入情况，大部分具有报销资格的药品的报销比例在 40%～60%。但是，慢性病药品的报销率为 90%，医院用药品的报销率为 100%；而 OTC 药品则不予报销，也不受定价决策的影响[6]。

15.2.3　定价程序

对于具有报销资格的药品，主要的定价程序是在 SGCMPS 评估的基础上由 MAH 和 CIPM 进行的价格谈判。事实上，监管机构在与 MAH 谈判之后才制定药品的出厂价格。用于价格谈判的标准包括适应证的严重程度、药物的适用性、患者群体的需求、成本的合

---

① 以下简称法令。——译者注

理性、当前的治疗方案和创新性程度。根据我们的研究，尽管西班牙没有对ERP进行管理，但在药品的初始定价和后期价格修订时会考察其在16个欧盟成员国的价格。

整体上，西班牙的创新药定价程序与其他欧盟成员国是一致的，但其对于预算影响的考察更为充分。对于仿制药，其价格应至少比原研药的价格低40%[6]（即参考定价系统）。对于不具有报销资格的药品，实施自由定价；然而，企业必须向MSSSI申报这类药品的价格[11]。强制性定价适用于仿制药和"me-too"类药品，它们被包括在一组参考定价系统中[6]。

在西班牙，药品的定价程序仍处于变化之中。事实上，根据第9/2011号和第16/2012号法令，在决策中应尽快将成本-效果纳入考虑（但具体实施时间不详）。然而，目前企业提交的一些经济学研究证据不太可能显著地改变决策。在西班牙，对成本-效果分析的要求仍然没有被很好地正式确定下来。随着AEMPS的"治疗定位报告（therapeutic positioning reports）"不断发布，一种更加标准化的、基于价值的决策方法已开始实施。这些报告是公开的，以临床证据为重点，旨在支持决策者的定价和报销决定。然而，不同自治区当局对于经济性概念的理解和应用是不同的[14]。

15.3 准入所需时间

在西班牙，新药进入市场的时间非常迟缓。事实上，新药上市销售所需的平均时间为352天，仿制药为60天[7-8]。

15.4 价格管制

15.4.1 上市许可后的价格政策

制药企业必须在药品进入市场销售之前提交一份定价和报销的综合申请[6]。

15.4.2 外部参考定价

在西班牙，外部参考价格被用作辅助信息，并且仅当西班牙市场上没有类似药品时才会被使用[9]。西班牙的"国家篮子"是由16个欧盟国家组成的。尽管药品在其他国家的价格只是众多决策标准之一，但它们往往会极大地影响谈判价格。

15.4.3 内部参考定价

西班牙针对具有报销资格的仿制药和专利过期的原研药建立了内部参考定价系统。该系统以有效成分和给药途径为基础，根据最低的日治疗费用计算每组的参考价格水平[10]。没有替代选择的仿制药和专利过期的原研药的定价必须不高于参考价格水平[11]。根据第16/2012号法令，具有专利的植物创新药不再被排除在内部参考定价系统之外[11]。此外，医院用药品被纳入独立的参考价格组。

15.4.4 出厂价格水平层面的价格管制

CIPM 对具有报销资格的药品的出厂价格进行管制。

15.4.5 配送层面的价格管制

包括仿制药在内的所有药品的配送价格都受到管制[12]。

15.4.6 零售层面的价格管制

包括仿制药在内的所有药品的零售价格都受到管制[12]。

15.4.7 仿制药/生物类似药上市后原研药的强制性降价

在西班牙，当仿制药上市后，原研药价格必须降低 40%[8]。随着仿制药上市、参考价格组设立之后，原研药企业必须将其产品的价格调整到参考价格水平。

15.5 报销程序的特点

药品报销的正面和负面目录适用于门诊部门，因此它们均与住院部门无关[13]。然而，医院处方集本身就是由医院制定的本地化正面目录。根据第 16/2012 号法令，2012 年有包括 19 个药品类别的 417 种药品被从报销目录中排除，其中的 90 种药品仅在用于治疗某些严重或慢性疾病时方可报销[10]。

15.6 公开招标的特点

在西班牙，药品公开招标的程序是因医院和地区而异的。然而，这一趋势正在迅速发生改变。流感疫苗和部分其他成人疫苗的集中采购平台已于 2011 年创建并于 2012 年投入使用[14]。集中采购平台在国家层面通过招标方式购买选定的药品，由各个自治区对中标的产品进行报销，但仅适用于希望加入该平台的地区。同时，针对血友病治疗药物、促红细胞生成素和特定的免疫抑制剂的招标也已就绪[14]。

15.7 支出控制

15.7.1 折扣/返利

在西班牙，价格折扣被用作控制成本的工具，受到法律的管制[8,14]，并由制药企业、配送企业和药房分担[14]。根据第 9/2011 号法令，自 2010 年 6 月开始，对于创新药、零售专利药和医院用药品，在其公开价格的基础上实施 7.5% 的强制性价格折扣（罕见病药物为 4%）；自 2011 年开始，对于已上市超过 10 年但仍没有相应的仿制药的零售和医院用药品，实施 15% 的强制性价格折扣。

15.7.2 款项收回

在西班牙，款项收回政策适用于药店，具体的阈值和百分比按第 4/2010 号法令的规定执行[8]。

15.7.3 回赠

回赠适用于那些被要求按药品季度销售额的一定百分比（1.5%～2%）返还金额的制药企业[8,14]。

15.7.4 量价协议

在西班牙，国家层面不使用量价协议，但在自治区和医院层面，有时会将其用于高值创新药物[8]。

15.7.5 其他市场准入协议

在西班牙，市场准入协议（MAA）主要由自治区在地方层面签订，但大多数协议是保密的。在国家层面上只有少数几个案例。这些协议大多是针对高值药品的 P4P 协议。在国家层面没有相应的规定或激励措施[8,15]。

15.7.6 价格冻结和下调

在西班牙，降价是一种控制成本的手段，并受到法令的管制。按照 2010 年药品在其他欧盟成员国的价格计算，第 4/2010 号法令的实施使仿制药和一些创新药的零售价格被下调了（最高 30%）[8]。

15.8 针对配送企业、药师、医生和患者的政策

15.8.1 配送企业的加成

在西班牙，药品配送企业的加成是递减性的，并且受到法律管制[8]。

15.8.2 药房的加成

在西班牙，药房的加成也是递减性的，并且受到法律管制[8]。

15.8.3 仿制药替换

在西班牙，仿制药替换是强制性的。根据第 16/2012 号法令，药师有义务为患者调剂价格最低的药品[8,10]。

15.8.4 通用名处方

根据第 16/2012 号法令，医生按照国际非专利名称（International Nonproprietary Name,

INN）开具处方变为一项强制性要求。医生必须按照药品的有效成分开具处方，除非有特殊的医疗需求，或者仿制药尚未上市[10]。

15.8.5 处方指南

MSSSI 负责发布和实施与卫生政策、临床实践和医疗保健相关的指南。其中，临床实践指南（clinical practice guidelines；Guias de Practica Clinica）针对疾病的诊断和治疗做出了推荐，具有指示性[16]。2014 年初，MSSSI 还在国家层面启用了面向全国医生的循证临床知识系统。

15.8.6 处方行为监管

在西班牙，国家和地方层面均对处方行为进行监测[8]。在国家层面实施的授权制度［即"患者预审查签证（prior inspection patient visas；visados previos de inspeccion）"］，旨在确保高值和特定的药品被用于其预期用途[17]。一些自治区也在地方层面实行这种"签证"制度，例如在安达卢西亚，针对非典型抗精神病药就使用了该制度。此外，地方层面还使用电子处方系统以监督医生的处方行为[18]。

15.8.7 针对医生的药品预算

一些自治区为医生制定了药品使用的目标预算，具体指标因地区而异[8]。

15.8.8 处方配额

在地方层面，针对医生实施处方配额和仿制药处方占比管理[8]。

15.8.9 对医生的财务性激励措施

在地方层面，采用以目标为基础的激励措施来促进医生实践良好的处方行为[8]。

15.8.10 对药师的财务性激励措施

在西班牙，没有针对药师的财务性激励措施[8]。

15.8.11 患者共付

随着第 16/2012 号法令在 2012 年的实施，患者的共同支付开始与其收入水平挂钩（门槛为 18 000 欧元 / 年）。对于在职职工，共同支付比例为 40% ~ 60%，而对于退休职工，共付比例为 10% ~ 60%[19]。

参考文献

1. Directorate General of Pharmacy and Health Products Organisation: The Ministry of Health, Social Services and Equality. Available from: http://www.msssi.gob.es/organizacion/ministerio/organizacion/sgralsanidad/dgfarmayps.htm and https://www.msssi.gob.es/profesionales/farmacia/organizacion.htm (accessed October 06, 2016).
2. The Ministry of Health, Social Services and Equality. Available from: http://www.msssi.gob.es/en/organizacion/ministerio/home.htm (accessed October 06, 2016).
3. The Spanish Agency for Medicines and Health Products. Available from: http://www.aemps.gob.es/en/home.htm (accessed October 06, 2016).

4. The national Health technology assessment agency. Available from: http://www.isciii.es/ISCIII/es/contenidos/fd-el-instituto/fd-organizacion/fd-estructura-directiva/fd-subdireccion-general-investigacion-terapia-celular-medicina-regenerativa/fd-centros-unidades/agencia-evaluacion-tecnologias-sanitarias.shtml (accessed October 06, 2016).
5. The Ministry of Health, Social Services and Equality. National Health system in Spain. 2012. Available from: https://www.msssi.gob.es/en/organizacion/sns/docs/sns2012/SNS012—Ingles.pdf (accessed October 06, 2016).
6. Martínez Vallejo M, Ferré de la Peña P, Guilló Izquierdo MJ, Lens Cabrera C. PHIS Pharma Profile Spain. 2010. Available from: http://whocc.goeg.at/Literaturliste/Dokumente/CountryInformationReports/Spain_PHIS_PharmaProfile_2010.pdf (accessed October 06, 2016).
7. The European Federation of Pharmaceutical Industries and Associations. Patients W.A.I.T. Indicator (Patients Waiting to Access Innovative Therapies). 2011. Available from: http://www.efpia.eu/documents/33/64/Market-Access-Delays (accessed October 06, 2016).
8. Carone G, Schwierz C, Xavier A. Cost-containment policies in public pharmaceutical spending in the EU. European Economy—Economic Papers 461. September 2012. Available from: http://ec.europa.eu/economy_finance/publications/economic_paper/2012/pdf/ecp_461_en.pdf (accessed October 06, 2016).
9. Toumi M, Rémuzat C, Vataire AL, Urbinati D. External reference pricing of medicinal products: Simulation-based considerations for cross-country coordination. European Union - For the European Commission. 2014. Available from: http://ec.europa.eu/health/healthcare/docs/erp_reimbursement_medicinal_products_en.pdf (accessed October 06, 2016).
10. Dylst P, Simoens S, Vulto AG. Reference pricing systems in Europe: Characteristics and consequences. *Generics and Biosimilars Initiative Journal (GaBI Journal)*, 1(3–4): 127–131. 2012. Available from: http://gabi-journal.net/reference-pricing-systems-in-europe-characteristics-and-consequences.html#R13 (accessed October 06, 2016).
11. Lee JL, Fischer MA, Shrank WH, Polinski JM, Choudhry NK. A systematic review of reference pricing: Implications for US prescription drug spending. *Am J Manag Care* 18(11):e429–e437. 2012.
12. Vogler S. The impact of pharmaceutical pricing and reimbursement policies on generics uptake: Implementation of policy options on generics in 29 European countries-an overview. *Generics and Biosimilars Initiative Journal (GaBI Journal)*, 1(2):93–100. 2012. Available from: http://gabi-journal.net/the-impact-of-pharmaceutical-pricing-and-reimbursement-policies-on-generics-uptake-implementation-of-policy-options-on-generics-in-29-european-countries%E2%94%80anoverview.html (accessed October 06, 2016).
13. Vogler S, Habl C, Bogut M, Voncina L. Comparing pharmaceutical pricing and reimbursement policies in Croatia to the European Union Member States. *Croat Med J* 15;52(2): 183–197. 2011.
14. Vogler S, Zimmermann N, Habl C, Piessnegger J, Bucsics A. Discounts and rebates granted to public payers for medicines in European countries. *Southern Med Review*, 5(1):38–46. 2012.
15. Ferrario A, Kanavos P. Managed entry agreements for pharmaceuticals: The European experience. April 2013. EMiNet, Brussels, Belgium.
16. Clinical Practice Guidelines. Library of clinical practice guidelines of the National Health System. 2014. Available from: http://portal.guiasalud.es/web/guest/guias-practica-clinica (accessed October 06, 2016).
17. Schoonveld E. *The Price of Global Health: Drug Pricing Strategies to Balance Patient Access and the Funding of Innovation*. Gower Publishing, Surrey, England, 2011.
18. Medinilla Corbellini A, Giest S, Artmann J, Heywood J, Dumortier J. Country Brief: Spain. eHealth Strategies Report. October 2010. Available from: http://ehealth-strategies.eu/database/documents/spain_countrybrief_ehstrategies.pdf (accessed October 05, 2016).
19. Pharmaceutical Pricing and Reimbursement information. Recent changes in pharmaceutical policy measures and developments in pharmaceutical expenditure. 2013. Available from http://whocc.goeg.at/Literaturliste/Dokumente/CountryInformationPosters/Spain_PPRI%202013.pdf (accessed October 06, 2016).

16 瑞 典

16.1 利益相关者

16.1.1 国家定价和报销决策者

在瑞典，参与药品定价和报销决策的关键部门是牙科和药品福利局（Dental and Pharmaceutical Benefits Agency；Tandvårds-och läkemedelsförmånsverket，TLV），其前身是药品福利委员会（Pharmaceutical Benefits Board；Läkemedelsförmånsnämnden，LFN）。TLV 属于中央政府机构，负责决定药品或牙科护理程序是否应由国家提供补贴，在国家层面具有决定性的权力[1]。同时，TLV 还负责对药品的定价和报销做出决策。

16.1.2 国家卫生技术评估机构

TLV 是瑞典主要的卫生技术评估（HTA）机构，负责对所有零售药品开展评估，并直接影响其能否被纳入报销体系——药品福利计划（Pharmaceutical Benefit Scheme）。

另一个 HTA 机构是瑞典卫生技术评估和社会服务评估署（Health Technology Assessment and Assessment of Social Services；Statens beredning för medicinsk och social utvärdering，SBU）。该机构成立于 1987 年[2]。SBU 负责从医学、经济学、伦理学和社会角度对卫生技术进行评估。SBU 还负责制定指南和撰写报告，传播与新药和新技术有关的信息。SBU 开展的评估基于已发表研究的文献系统评价，不接受制药企业提交资料。

尽管 SBU 开展 HTA 评估，但它并不直接影响瑞典的定价和报销决策。相反，SBU 独立的、科学的评估既是国家卫生和福利委员会（National Board of Health and Welfare；Socialstyrelsen）、医疗产品管理局（Medical Products Agency，MPA；Läkemedelsverket）和 TLV 等决策部门的信息来源，也是医疗保健服务提供者和医学中心在制定标准医学指南时的信息来源。SBU 的 HTA 并非围绕上市的新药而开展，而总体上更侧重于对疾病管理的评估。SBU 评估的主题建议可有多种来源，例如个人、组织、政府部门以及 SBU 科学咨询委员会（Scientific Advisory Committee）等。

16.1.3 其他重要的利益相关者

在国家层面，总体上由卫生和社会事务部（Ministry of Health and Social Affairs；Socialdepartementet）负责医疗保健政策的制定。除了上述的 TLV 和 SBU 之外，其他直接参与医疗保健事务的关键利益相关者还包括 MPA、国家卫生和福利委员会、卫生和社会事务部以及郡议会（county councils；landsting）。

MPA 是瑞典的国家级机构，负责对药品和其他医疗产品的研发、生产和销售进行管理和监督[3]，药品的上市审评是其主要工作之一。新药的上市许可分别由欧洲药品管理局（EMA）和（或）MPA 在欧盟和国家层面授予。MPA 不参与药品的定价和报销程序，也不参与药品的实际使用。但是，它可以针对多种治疗领域中的医学治疗提供决策建议。

国家卫生和福利委员会属于政府机构，在社会服务、医疗保健服务、患者安全和流行病学等领域活动广泛且职责多样[4]，包括：通过数据收集、分析和信息传播等方面的工作提供支持并发挥影响；根据法规和数据制定标准；维护医疗注册登记数据和官方统计数据。医疗保健服务方面的总体责任由卫生和社会事务部承担，而对服务的监督则由国家卫生和福利委员会负责。

卫生和社会事务部属于管理部门，TLV、MPA 和国家卫生和福利委员会均向其汇报[5]。同时，统筹规划的职权和立法权也属于该部门。

根据 1982 年颁布的《卫生和医疗服务法（Health and Medical Services Act）》，瑞典的医疗保健体系是"去中心化（decentralized）"的，由各个郡议会负责为其居民提供医疗保健资金和服务[6]。郡议会是由公众选举产生的政治实体，每 4 年改选一次，对本地的医疗保健预算负责，并有权制定本地的药品处方集。

16.2　定价和报销政策

16.2.1　体系概述

瑞典的医疗保健体系是全国性的国家卫生服务体系，其资金主要来自各个郡议会和各市征收的比例税（proportional taxes），其余来自国家补贴和使用者的缴费[7]。

该体系是高度分散化的。尽管医疗保健目标和政策由国家决定，但具体服务则由郡议会决策（有时由各市决策）；二者在决定如何规划和提供医疗保健服务方面都有相当大的灵活性。

因此，虽然卫生和社会事务部负责制定医疗政策和提供部分资金，但郡议会最终承担了医院、初级医疗中心以及住院和门诊药品等方面的大部分业务和支出。此外，针对精神病患者和老年人的长期照护是由各市政府负责。

16.2.2　报销程序

在瑞典，零售药品可被纳入药品福利计划，但前提是制药企业的申请获得 TLV 的批准[8]。住院治疗所使用的药品则不包括在药品福利计划中，而是由医院预算为其提供资金。

瑞典的药品定价和报销申请程序和决策是合并的。同样，不具有报销资格的处方药（POM）和大多数非处方药（OTC）药品则可以自由定价。TLV 下设的药品福利委员会每月召开一次会议，针对所有定价和报销问题做出决策。

当企业向 TLV 提交申请时，意味着该决策程序启动。企业提交的申请必须包括以下内容：定价建议、产品一般信息、临床证据、卫生经济学分析、相关亚组信息、疾病治疗现状（替代疗法和对照组）、费用测算和治疗所需时间。由卫生经济学家、临床专家和法律顾问组成的专家委员会对上述资料进行评估。然后，TLV 在做出最终决策之前，还会向各郡议会的药品福利小组（Pharmaceutical Benefits Group for County Councils；Läkemedelsförmånsgrupps）进行咨询。

TLV 做出报销决策的考虑因素包括药品的成本-效果、与替代疗法相比的边际获益、疾病的严重程度以及尚未满足的医疗需求。TLV 针对生命质量、预期寿命、QALY 和节省的成本进行评估。此外，TLV 从全社会视角评估成本-效果，这意味着不论谁支付或受益，所有相关的成本和对治疗和健康的影响都要被纳入考虑。对于药品而言，这意味着在直接成本分析中需要将生产力成本考虑在内，例如请病假以及当患者可以重新开始工作时所提高的生产力[9]。

除了上述被评估的因素之外，TLV 的决策还应遵守 2002 年颁布的《药品福利法（Pharmaceutical Benefits Act）》的规定，并遵循促进良好健康水平和医疗保健公平可及这一首要政策目标。这涉及 3 项基本原则[10]：

- **成本-效果原则**：从医学、人道主义和社会经济的角度来看，药品使用的成本应该是合理的；
- **需求（need）和团结（solidarity）原则**：与其他患者相比，医疗需求最迫切的患者应该拥有更多的医疗保健资源；
- **人道价值原则**：医疗保健体系应该尊重所有人的生命是等价的。

TLV 在做出是否报销的决策时必须考虑和权衡上述这三个因素。

TLV 药品福利委员会以简单多数的方式进行决策投票。最后的决定可能是以下几种情况之一：报销、有限制的报销（reimbursed with restrictions）、有条件的报销（reimbursed with conditions）和不予报销[11]。企业可以就后三种情况提起申诉。

在瑞典，药品福利制度覆盖全国。各郡议会需要执行 TLV 在国家层面的报销决策，但具有灵活多样性。如果 TLV 在国家层面拒绝报销某种药品，郡议会仍然可以根据他们的需要决定予以报销。郡级药品委员会还可以在 TLV 规定的报销条款基础上增加条件或限制，或者不推荐使用该药品。

16.2.3 定价程序

如上所述，TLV 的定价和报销决策是合并的[12]。作为该程序的一部分，企业需向 TLV 提交定价建议。TLV 基于临床和成本-效果证据对价格进行评估，实施基于价值的定价（value-based pricing，VBP）方法。

瑞典的 VBP 方法有 3 项核心原则[13]：

- 采用明确考虑到医疗保健领域以外的经济影响的全社会视角。这可能包括照护者的时间及其损失的收入所对应的价值，这些属于社会性成本，在 HTA 体系中往往没有得到很好的认识。
- 瑞典没有针对 QALY 设置"门槛"，而是关注患者个体针对 QALY 的支付意愿。这个阈值会随着疾病严重程度的变化而变化。
- 瑞典的决策者明确地认识到，同一种药品用于某些适应证可能比用于其他适应证更加获益。这可以成为决定是否以及在何种程度上报销新疗法的因素之一。

TVL 不会就价格进行谈判。如果企业的申请定价过高，委员会就会拒绝该申请。随后，该企业可决定是否重新申请，在这种情况下，建议应降低定价申请。

16.2.4 药物经济学评价

TLV 针对药品的成本-效果及其边际获益进行评估[14]，边际效益越高，药品具有成本-效果的价格上限则越高。TLV 发布的药物经济学评价指南中要求：

- 评估应选用全社会视角，并应尽可能地使用瑞典的数据。
- 应将被评估药品的成本和健康效果与瑞典最适宜的替代治疗（例如使用普遍的治疗）进行比较。
- 评估应覆盖报销申请中所涉及的全部患者人群。对于成本-效果预期不同的患者人群应分别计算。
- 建议采用成本-效果分析，以质量调整生命年（QALY）作为衡量效果的指标。
- QALY 的权重应基于标准博弈法（standard gamble，SG）或时间权衡法（time trade-off，TTO）。
- 应识别、量化和评估所有与治疗和疾病相关的成本。
- 研究的时间范围应与主要健康效果和成本产生的时期相对应。
- 成本和健康效果都应以 3% 的比例进行贴现。
- 应清晰地展示评估方法、假设和详细数据，以便识别分析中的每个步骤。
- 经过同行评审（peer review）并发表在国际科学期刊上的经济学研究在质量控制方面有所保障。

应注意的是，上述指南内容并不具有约束性，仅作为支持性的工具。

16.3 准入所需时间

根据新药相关法规，TLV 应在 180 天内做出总体定价和报销决策[15]。由于提交资料的复杂程度不同，实际上所需时间可能会缩短。对于仿制药，时间则更短，平均为 5～30 天[9]。为了缩短上市时间，允许制药企业在获得上市许可前 90 天提交定价和报销申请[16]。

16.4 价格管制

16.4.1 上市许可后的价格政策

在药品获得上市许可后，企业可设定其价格并申请纳入药品福利计划。不具有报销资格的药品可以自由定价。

16.4.2 外部参考定价

瑞典于 2002 年取消了外部参考定价（external reference pricing，ERP）制度，并于同

年正式建立了 VBP 制度。

16.4.3 内部参考定价

在瑞典，内部参考定价并不适用，但是实施了仿制药替换和替代品价格上限管理措施。所有有效成分相同的药品均被划分为可相互替代的药品组。TLV 针对每个药品组计算并设定其药价上限。如果组内药品价格不高于此上限，则均可接受，且无须开展进一步调查。

为了促进制药企业之间的竞争，TLV 针对替代药品设计了相关的定价决策程序。在一个药品组内，企业可以申请药品价格的增减。如果新的价格不超过上限，则允许企业在不接受进一步调查的情况下降价或提价。这类决策每月更新一次，然而，应该指出的是，企业并不知道他们的竞争对手已经申请了何种价格。由于瑞典的药房强制性实施最低价仿制药替换，因此能提供最低价格的企业将获得大部分的销售份额。这就形成了有力的价格竞争[17]。

16.4.4 出厂价格水平层面的价格管制

瑞典一般不实行出厂价格管制[18]。但是，从 2014 年开始实施药品降价（见 16.7.6 部分）。

在 TLV 进行报销评估后，药品的价格也会降低，这可能发生在多种情况下，例如药品有新适应证获批上市，以及有新的对照疗法上市等治疗模式变化时[19]。

16.4.5 配送层面的价格管制

在瑞典，针对具有报销资格的药品实行配送价格管制，配送企业必须按 TLV 确定的价格向药店销售药品[8]，但可与制药企业进行自由谈判以获取利润。这些并不受 TLV 的管理，并且双方的协议是不公开的。

16.4.6 零售层面的价格管制

TLV 通过设置药房加成来控制具有报销资格的药品的价格。加成幅度是根据药房购买价格来计算的，并且是递减式的[8]。

16.4.7 仿制药／生物类似药上市后原研药的强制性降价

在瑞典的制度下，并不强制要求原研药在仿制药／生物类似药上市后进行降价。然而，依靠对仿制药替换和可替代药品组价格上限的规定，一旦药房针对最低价仿制药的采购价格比组内专利过期原研药价格低 70%，后者的价格即可降低 65%。

16.5 报销程序的特点

瑞典的报销制度旨在保护患者不受高额医药费用的影响[20]。

在高成本阈值系统中，患者在 12 个月期间购买处方药的最高费用不能超过 2200 瑞典克朗。因此，在此期间，患者共同支付的最高金额即为 2200 瑞典克朗。共同支付的水平随着总支出的增加而降低。对于 1100 瑞典克朗以内的药品费用，患者需全额支付；在另一种极端情况下，如果其年度医疗费用超过了 5400 瑞典克朗，则可予以 100% 报销，而患者不需支付任何费用。

如果患者在 12 个月内按处方购买了价值 2200 瑞典克朗的药品，那么在此期间的剩余时间内患者无须支付更多的药品费用。

TLV 有可能将这种高成本保护的范围限定在特定的领域或者特定的患者人群中，即所谓的"限制性补贴（restricted subsidy）"。

此外，患者也可以选择购买不具有报销资格的药品并支付。

16.6 公开招标的特点

医院（住院）使用的药品的公共采购是由郡议会实施的。每个郡议会的药品委员会根据专家组的建议接受投标并进行评估。各个郡可以进行集中采购谈判，以获得更优的折扣（由于采购量的扩大）。但是，公开招标采购不适用于门诊用药[21]。

16.7 支出控制

16.7.1 折扣/返利

具有报销资格的药品应根据 2002 年颁布的《药品福利法》定价，不针对门诊药品开展进一步的谈判或要求给予折扣[22]。然而，郡议会可以通过与制药企业，针对医院（住院）使用的药品获得折扣。这在瑞典是很常见的。

16.7.2 款项收回

在瑞典不使用该措施[8]。

16.7.3 回赠

在瑞典不使用该措施[8]。

16.7.4 量价协议

在瑞典，量价协议适用于医院[8]。郡议会可以自由地与制药企业就医院（住院）用药品、特别是高价药品进行谈判。

16.7.5 其他市场准入协议

瑞典采用了按证据研究进展支付（coverage with evidence development，CED）协议。根据不确定性的类型，企业必须提交与药品使用或其成本-效果相关的数据[23]。

16.7.6 价格冻结和下调

瑞典已经实施了药品降价措施。自 2014 年起，专利过期的原研药和仿制药降价 7.5%，并且未来将以 2 年一次的频率继续进行。

在瑞典，不适用价格冻结措施[8]。

16.8 针对配送企业、药师、医生和患者的政策

16.8.1 配送企业的加成

在瑞典，药品配送企业的加成是不受监管的，而是通过与制药企业进行谈判后确定，平均差价是药房购买价格的 3.5%。

16.8.2 药房的加成

在瑞典，药房的加成是受到管制且是递减性的，平均比例为其零售价格的 21%[8]。

16.8.3 仿制药替换

对于药效成分和处方相同的，并且被 MPA 认定为具有可替代性的药品必须实施仿制药替换[8]。药房必须调剂最便宜的仿制药。药品的价格每个月都在变化，竞争十分激烈。然而，医生或患者有权决定不进行替换，在此情况下，患者必须支付由此产生的差价。

16.8.4 通用名处方

在瑞典，并不强制要求医生使用国际非专利名称（INN）开具处方[8]。

16.8.5 处方指南

瑞典在国家和地区层面都有相关的治疗指南发布。这些指南是指示性的，只要医生没有"诊疗不当（malpracticing）"，他们就不会因为未遵循指南而受到惩罚[8]。

16.8.6 处方行为监管

在瑞典，郡议会通过"执业场所代码（workplace code）"对医生的处方行为进行监管。医生有义务在每张需要报销的处方上提供他们的代码，使用此代码可以对处方模式进行监测[24]。

16.8.7 针对医生的药品预算

郡议会负责为医生制定预算目标[25]。预算的规模与医生对地方层面的处方推荐意见的遵守情况相关。

16.8.8 处方配额

在瑞典，不实施处方配额制度[8]。

16.8.9 对医生的财务性激励措施

在瑞典，医生可能会由于对处方指南和预算目标的遵守而获得经济上的奖励[26]。不同的郡有不同的激励措施。有些郡议会与医生签订协议，在后者遵守预算目标和处方指南的情况下都会得到奖励。

16.8.10 对药师的财务性激励措施

在瑞典，没有针对药师的财务性激励措施。

16.8.11 患者共同支付

在瑞典，患者的共同支付比例取决于他们的医疗费用总额。在12个月期间，最初的费用由患者全额支付，补贴水平随之递增，超过5400瑞典克朗的费用将得到全额补贴。平均而言，针对门诊药品，患者的共同支付比例为29%。

参考文献

1. TLV. Accessed July 2016, from: http://www.tlv.se/in-english-old/organisation/our-mission/
2. The Swedish Council on Technology Assessment in Healthcare. Accessed July 2016, from: http://www.sbu.se/en/About-SBU/
3. The Medical Products Agency. Accessed July 2016, from: http://www.lakemedelsverket.se/english/
4. Socialstyrelsen. Accessed July 2016, from: http://www.socialstyrelsen.se/english
5. The Ministry of Health and Social Affairs. Accessed July 2016, from: http://www.government.se/sb/d/573
6. Health Systems in Transition: Sweden. 2012. Accessed July 2016, from: http://hspm.org/countries/sweden25022013/countrypage.aspx#
7. Ispor. Global Healthcare Systems Road Map—Sweden Pharmaceutical. Last updated: May 2009. Accessed from: http://www.ispor.org/htaroadmaps/Sweden.asp
8. TLV. Guide for companies when applying for subsidies and pricing for pharmaceutical products. 2012. Accessed July 2016, from: http://www.tlv.se/Upload/English/ENG-guide-for-companies.pdf
9. TLV. Health Economics. Accessed October 2015, from: http://www.tlv.se/In-English/medicines-new/health-economics/
10. TLV. The reimbursement decision process. Accessed October 2015, from: http://www.tlv.se/In-English/medicines-new/apply-for-a-price-or-reimbursement/the-decision-process/
11. TLV. Types of reimbursement. Accessed October 2015, from: http://www.tlv.se/In-English/medicines-new/pricing-and-reimbursement-of-medicines/types-of-reimbursement/
12. TLV. Guide for companies when applying for subsidies and pricing for pharmaceutical products. 2012. Accessed October 2015, from: http://www.tlv.se/Upload/English/ENG-guide-for-companies.pdf
13. Persson U. Value Based Pricing in Sweden: Lessons for Design? Accessed July 2016, from: https://www.ohe.org/publications/value-based-pricing-sweden-lessons-design
14. TLV. General guidelines for economic evaluations from the Pharmaceutical Benefits Board (LFNAR 2003:2). Accessed October 2015, from: http://www.tlv.se/Upload/English/Guidelines-for-economic-evaluations-LFNAR-2003-2.pdf
15. TLV. Processing times. Accessed October 2015, from: http://www.tlv.se/In-English/medicines-new/apply-for-a-price-or-reimbursement/processing/
16. TLV. Guide for companies when applying for subsidies and pricing for pharmaceutical products. 2012. Accessed July 2016, from: http://www.tlv.se/Upload/English/ENG-guide-for-companies.pdf
17. TLV. The Swedish Pharmaceutical Reimbursement System. 2007. Accessed October 2015, from: http://www.tlv.se/Upload/English/ENG-swe-pharma-reimbursement-system.pdf
18. Carone G, Schwierz C, Xavier A. Cost-containment policies in public pharmaceutical spending in the EU. European Economy—Economic Papers 461. September 2012. Accessed July 2016, from: http://ec.europa.eu/economy_finance/publications/economic_paper/2012/pdf/ecp_461_en.pdf
19. TLV. Pharmaceutical reviews. Accessed October 2015, from: http://www.tlv.se/In-English/medicines-new/the-pharmaceutical-review/
20. TLV. High-cost threshold. Accessed October 2015, from: http://www.tlv.se/In-English/medicines-new/the-swedish-high-cost-threshold/how-it-works/
21. PHIS. PHIS Hospital Pharma Report: Sweden. 2009. Accessed October 2015, from: http://whocc.goeg.at/Literaturliste/Dokumente/CountryInformationReports/V5%20PHIS%20Hospital%20Pharma%20report%20SE_final%20version.pdf
22. Vogler S, Zimmermann N, Habl C, Piessnegger J, Bucsics A. Discounts and rebates granted to public payers for medicines in European countries. *Southern Med Review*, 5(1):38–46. 2012.
23. Ferrario A, Kanavos P. Managed entry agreements for pharmaceuticals: The European experience. EMiNet, Brussels, Belgium. April 2013.
24. PPRI. Sweden. Accessed October 2015, from: http://whocc.goeg.at/Literaturliste/Dokumente/CountryInformationReports/Sweden_PPRI_2007.pdf
25. PPRI. Sweden. Accessed October 2015, from: http://whocc.goeg.at/Literaturliste/Dokumente/CountryInformationReports/Sweden_PPRI_2007.pdf
26. PPRI. Sweden. Accessed October 2015, from: http://whocc.goeg.at/Literaturliste/Dokumente/CountryInformationReports/Sweden_PPRI_2007.pdf

17 英　国

17.1 利益相关者

17.1.1 国家定价和报销决策者

在英国，卫生部（Department of Health，DH）是国家层面的药品定价和报销的决策者[1]。

17.1.2 国家卫生技术评估机构

在英国，有3个机构负责就药品在地方层面的性价比使用方面提供指导：
- **英格兰（England）和威尔士（Wales）**：由国家卫生和保健评价研究院（National Institute for Health and Care Excellence，NICE）负责开展评估和制定指南（guidance）。
- **苏格兰（Scotland）**：由苏格兰药品联合会（Scottish Medicines Consortium，SMC）负责评估新上市的药品在苏格兰是否具有成本-效果。
- **威尔士（Wales）**：由全威尔士药品战略小组（All Wales Medicines Strategy Group，AWMSG）向威尔士卫生和社会服务部（Minister of Health and Social Services）部长提供药品战略管理和处方方面的指南。国家HTA协调中心（National Coordinating Centre for Health Technology Assessment）负责国家卫生服务体系（National Health Service，NHS）中HTA项目的管理发展[2]。

17.2 定价和报销政策

17.2.1 体系概述

在英国，由NHS负责提供全民医疗保健服务，其资金由英国中央政府提供，主要来源为普遍性税收和居民缴纳的保费。

一旦制药企业获得了某药品的上市许可和定价批准，它就可以在英国自由地推广该药品，而且在大多数情况下，还将自动获得NHS的完全报销资格。医院可以在协议的基础上以低于NHS公布价格的折扣价采购药品。然而，仿制药、体外诊断、面向患者个体的未上市药品、牙科麻醉药以及OTC药品则不予报销。

英国通过实施药品价格管制计划（Pharmaceutical Price Regulation Scheme，PPRS）管理出售给 NHS 的原研处方药的价格，包括仿制药、疫苗、体内诊断、血液制品、透析液、生物技术产品以及通过招标或国家 / 地方层面协议采购的原研药。PPRS 是 DH 与英国制药行业协会（Association of the British Pharmaceutical Industry，ABPI）达成的自愿性、非合约性共识的产物[3]。

在英国，针对定价和报销的申请不是分开的。针对药品的评估主要包括以下两种程序：
- 多技术评估（Multiple-Technology Assessment，MTA）：此类评估通常需要 1 年左右的时间来完成，涉及对多种技术或同一技术的多个适应证的评估；
- 单一技术评估（Single-Technology Assessment，STA）：NICE 可以针对单一技术的单一适应证进行评估，并在该技术获得上市许可后的 6 个月内发布相关评估指南。

NICE 通过增量成本-效果比（ICER）对不同医疗保健干预措施进行比较。ICER 量化了使用某种技术与另一种技术相比所获得的单位获益（例如 QALY）所需的成本。根据 ICER 的数值，可将药品按照可能的建议类型分为三类[3]：
- ICER < 20 000 英镑：NICE 可能做出正面的决策建议；
- ICER 在 20 000 ～ 30 000 英镑：NICE 的决策建议无法预测；
- ICER > 30 000 英镑：NICE 可能做出负面的决策建议。

17.2.2　报销程序

在英格兰，理论上所有药品一旦获得上市许可（负面 / 灰色目录中的药品除外）后都应获得报销资格[3]；在苏格兰，由卫生理事会（Health Board）根据 SMC 的决策建议决定是否报销某种药品，该决策建议优先于 NICE 发布的指南[3]。然而，在威尔士，威尔士地方卫生理事会（Welsh Local Health Boards，LHBs）在决定是否为某种药品提供报销时则依赖于 NICE 的指南。此外，对于尚未接受 NICE 评估的药品，LHBs 则必须将 AWMSG 发布的指南纳入考虑范围[3]。

在北爱尔兰，卫生和社会保障信托机构（Health and Social Care Trusts）在做出报销决策时会考虑 NICE 制定的指南[3]。

在英国，药品价格目录（Drug Tariff，DT）每月设定并发布一次仿制药的报销价格（分类 A 和分类 M，以后者为主，见于其第Ⅷ B 部分）。

A 类药品的报销价格每月调整一次，药师在 DT 的基础上谈判以获得折扣而赚取利润。卫生部则根据制药企业提交的价格及成本数据，每季度调整一次 DT。药师同样通过谈判以获得折扣而赚取利润[3]。

17.2.3　定价程序

PPRS 通过调节企业在 NHS 体系中的销售利润来控制提供给 NHS 的原研药价格。在这个框架内，有自由定价、价格谈判和采购等方面的要素，以及针对未加入 PPRS 项目的企业的强制性定价，后者归属于"医疗服务原研药（Health Service Branded Medicines）"的范畴。

PPRS 并不在企业层面直接设定价格。相反，它负责制定 NHS 目录价格（即报销价格），其中包括配送企业和药房的利润。而药房采购仿制药的价格则由市场决定。

所有拟推出新药的企业必须向卫生部提交下列资料，并提前28天说明其意向[3]：
- 初始定价（NHS目录价格）提议；
- 产品属性总结（或草案）；
- 未来5年中每年的市场占有率预期水平和NHS目录价格提议。

如果PPRS成员的年度总NHS销售额（按目录价格计算）超过5000万英镑，企业必须向卫生部提供年度财务返款（annual financial return，AFR），用于计算企业盈利的容许水平。

AFR中必须包含以下信息[3]：
- 每个药品的每季度销售总额（按NHS目录价格）；
- 每个药品的每季度净销售额（销售总额减去任何适用的返利、折扣等）；
- 信息应按照分销渠道做出进一步细分；
- 企业的分解成本（例如研发成本和营销成本）和在英国资本使用量的明细。

对于那些年度销售额低于5000万英镑的企业则不需要向卫生部提供任何额外的财务信息[3]。

自2014年1月起，英国声明将在PPRS中推行基于价值取定价（value-based pricing，VBP）。但是，在此过程中并没有使用多准则决策分析（multi-criteria decision analysis，MCDA）方法。

此外，在新的PPRS框架下，新药可以由企业"自行定价（priced at the discretion）"以使NHS实现"物有所值（value for money）"。这是NICE技术评估的一部分，称为患者可及性计划（Patient Access Schemes，PAS）[3]。

17.3 准入所需时间

对于新药，从欧洲药品管理局（EMA）批准上市到具有可获得性的日期之间的平均时间为118天[4]。而对于仿制药，在其获得上市许可后可立即进入市场[3]。

17.4 价格管制

17.4.1 上市许可后的价格政策

在获得EMA以及药品和医疗产品监管局（Medicines and Healthcare Products Regulatory Agency，MHRA）在国家层面的上市许可后，企业可以自由定价。然而，原研药在NHS体系中的价格是由PPRS通过调节企业销售利润来管制的[3]，这些管制只适用于那些在NHS中年销售额超过5000万英镑的企业，并通过以下手段实现：
- 将容许的资本回报率（return on capital，ROC）设定为企业在英国年度资本使用量的21%；
- 公差界限（margin of tolerance，MOT）与ROC的容许水平相关：
  - 允许企业最多保留ROC容许水平150%的利润；
  - 若企业在任一年度调高了价格，则不能适用MOT。

17.4.2 参考定价

外部和内部参考定价在英国不适用[5-6]。

17.4.3 价格控制

英国针对具有报销资格的药品实行出厂价格和批发价管制[7]。在药店零售层面[7]，具有报销资格的药品接受价格管制，零售企业可以自行设定有竞争力的价格，即可以选择高于或低于企业建议的零售价格进行销售。建议零售价包含增值税和药师的利润[3]。

17.4.4 仿制药/生物类似药上市后原研药的强制性降价

仿制药和生物类似药在英国上市后，不强制降低原研药的价格。

17.5 报销程序的特点

列入负面目录中的药品不具有报销资格。因此，虽然允许全科医生为此类药品开具私人处方，但他们不得向 NHS 体系内的患者收取诊察费，患者必须自掏腰包支付其全部费用。

负面目录共包括 17 种治疗学分类，其中的药品在治疗学或临床方面不及其他药品、更便宜的品种、不具有报销资格的 OTC 药品以及对于 NHS 来说成本不合理或未被视为优先事项的药品。

"灰色目录（gray list）"称为选择性目录计划（Selected List Scheme，SLS），该目录限制了某些药品的可及性。全科医生只被允许为某些特定的适应证和患者人群开出其中的药品。正面目录在英国不适用[6]。

17.6 公开招标的特点

在英国，公开招标的使用频率有所增加，其目的是促进价格竞争，降低药品的采购价格。

17.6.1 住院用药

在住院用药方面，通过招标程序采购的产品种类包括疫苗、流行病计划中使用的药品以及针对非传染性疾病处方的原研药和仿制药。价格是企业能否中标最重要的标准，其他标准还包括药品的供应情况等。在英国，公开招标是最具经济优势的招标方式[6]。

17.6.2 门诊用药

在英国，公共招标主要适用于住院用药，但在可预见的将来，在门诊用药中使用公共招标的趋势可能会越来越明显[6]。

17.7 支出控制

17.7.1 折扣/返利

在英国，原研药的 NHS 目录价格中包含配送企业分销的利润。

对于原研药和仿制药，折扣的水平是由制药企业、配送企业和药房谈判确定的，并且随着时间的推移、产品的不同、企业的不同而存在差异。在竞争法的约束下，折扣的类型不受限制[6]。

17.7.2 款项收回

在英格兰，无论是原研药还是仿制药，卫生部都会从药师与配送企业通过"社区药房合约（Community Pharmacy Contract）"谈判获得的折扣中收回一部分。这种回拨是根据 DT 第五部分中公布的浮动比例计算的，并根据药房的每月总报销额而变化（基于从药房获得的发票信息）。DT 第二部分中列入的零折扣药品则不在回拨范围内，包括管制药品、某些危险化学品、细胞毒性或细胞抑制药以及一些需要冷藏的药品[3]。

在苏格兰，NHS 可以从药师那里收回后者与配送企业谈判获得的原研处方药的折扣，具体按浮动比例计算，整体收回的目标为 6.24%。列入在零折扣目录中的药品可免除此项收回，并且已废除对仿制药的款项收回安排[3]。

17.7.3 回赠

英国尚未针对制药企业实施相关的回赠制度。

17.7.4 量价协议

在英国，量价协议是各种风险分担方案中的一种。如果药品报销超出了预先商定的金额或数量，制药企业需按协议退款，其中可以采取降低报销价格的形式。回款是量价协的另一种执行方式，主要基于药品的总支出水平[3]。

17.7.5 其他市场准入协议

在英国，尚无针对高值药品或创新药的具体出资或报销计划，但存在以下两种特殊安排：

- 患者准入计划（Patient Access Schemes，PAS）：制药企业可提出折扣或其他协议方面的建议，在不改变 NHS 目录标示价格的基础上降低 NHS 的药品成本。PAS 计划只能在 NICE 评估的过程中提出。
- 抗肿瘤药基金（Cancer Drugs Fund）：从 2011 年 4 月起，提供为期 3 年的 2 亿英镑（约合 2.4 亿欧元）的资金，用于帮助患者获得医生推荐的药品。

为了保证其产品获得 NHS 的报销，制药企业可以提出以下形式的 PAS 建议：

- 对治疗无响应者提供返利；
- 支出封顶；

- 折扣;
- 首个治疗周期免费;
- 初始治疗周期免费;
- 固定价格;
- 以循证为基础的折扣。

17.7.6 价格冻结和下调

自 2009 年开始实施的 PPRS 计划对原研药实行了阶梯式降价。2009 年 2 月实施了 3.9% 的降价,2010 年 1 月又实施了 1.9% 的降价。然而,2009 年对 PPRS 药品的降价并不包括当年初之后上市的药品[6]。

17.8 针对配送企业、药师、医生和患者的政策

17.8.1 配送企业的加成

在英国,药品的 NHS 目录标示价格包含配送企业分销的利润,其折扣水平一方面由制药企业和配送企业协商,另一方面由配送企业和药房协商。随着时间的推移、产品和企业的不同,加成水平也不同。2011 年,英国药品配送企业的平均利润率为药房采购价格的 12.5%[6]。

17.8.2 药房的加成

在英格兰,代表社区药房利益的组织——药品服务谈判委员会(Pharmaceutical Services Negotiation Committee)商定了一套框架[6],其中药房的利润由 NHS 报销价格与药房实际采购价格之间的差额决定,药师可以获得针对其服务的付费和津贴[8]。

在苏格兰,制药业在品牌药和非专利药上的利润不受监管。相反,它们是由药剂师和供应商之间的谈判决定的[6]。

17.8.3 仿制药替换

在一些国家,药师可以用活性成分相同但更便宜的(仿制)药品替换另一种(通常是原研药),这就是所谓的仿制药替换。然而,这在英国一般是不被允许的,药师需要按照处方内容调剂药品[6]。

在某些情况下,可以采取仿制药替换,但前提是必须有明确的、本地制定的处方集安排[6]。

17.8.4 通用名处方

在英国,通用名处方是指示性的,同时也是优化处方行为的一个重要工具[6]。

17.8.5 处方指南

在英国,制药企业受英国制药工业协会(Association of the British Pharmaceutical Industry,

ABPI）制定的关于处方推广的自愿行为准则的约束。该准则已被大多数英国制药企业接受，甚至包括非 ABPI 成员。

若发现企业违反守则，后者必须承诺停止有关的宣传活动，并采取相应的措施以避免日后再发生类似的违规行为，同时还须缴纳行政罚款。违规行为严重的，可能会被 ABPI 谴责以及开除[6]。

17.8.6　处方行为监管

英国在初级医疗保健信托机构（primary care trust，PCT）层面上对医生的处方行为进行监管[10]。

17.8.7　针对医生的药品预算

药品预算是第三方支付者采取的一项成本控制措施，在该措施中，某一特定地区和特定时期用于药品报销的最大金额是事先确定的[9]。

在 NHS 体系中，初级医疗保健的预算越来越多地被下放至 PCT 以及具体的医疗机构。

在"基于实践的委托（practice-based commissioning）"政策下，全科医生已经能够从本地的 PCT 承担对他们自己预算的控制[6]。

17.8.8　对医生的财务性激励措施

目前，英国对医生实施财务性激励措施，这似乎促进了仿制药市场份额的增加[9]。

17.8.9　患者共同支付

在英国，医疗保健服务是全民免费的，包括住院和门诊患者。然而，英国的患者需要为门诊处方药支付固定的费用。没有获得豁免资格的患者必须为每种药品支付 8.4 英镑的标准费用。需要开具大量处方的患者可以通过购买"处方预付证明（Prescription Pre-Payment Certificate，PPC）"来节省开支。PPC 使患者可以一次性支付一笔固定的费用，在长达 1 年的时间里可无限制地处方：

- 3 个月期限的 PPC：29.10 英镑；
- 12 个月期限的 PPC：104.00 英镑。

在苏格兰，处方费从 2011 年 4 月 1 日起已被取消，但在此之前，患者必须为每种药品的调剂支付 3 英镑[6]。

在威尔士，议会于 2007 年废除了处方收费。然而，要想获得资格，处方必须用英语和威尔士语书写，以阻止那些以"处方旅游（prescription tourism）"为目的进入与英格兰接壤地区的患者[6]。

在北爱尔兰，从 2010 年 4 月 1 日起，处方药收费已被废除。然而，2012 年 9 月，北爱尔兰卫生部长提议重新收取费用，以便将其用作治疗癌症、关节炎和银屑病等疾病的高值药品的资金来源[6]。

参考文献

1. Pharmaceutical Pricing and Reimbursement Information. Report. 2008. Gesundheit Österreich GmbH / Geschäftsbereich ÖBIG, Vienna, Austria. Available from: https://ppri.goeg.at/Downloads/Publications/PPRI_Report_final.pdf (accessed July 10, 2016).
2. ISPOR Roadmap, United Kingdom, 2008. Available from: http://www.ispor.org/htaroadmaps/uk.asp (accessed July 10, 2016).
3. The Pharmaceutical Price Regulation Scheme 2014. Department of Health and the Association of the British Pharmaceutical Industry. December 2013. London, UK. Available from: https://www.gov.uk/government/uploads/system/uploads/attachment_data/file/282523/Pharmaceutical_Price_Regulation.pdf (accessed July 10, 2016).
4. Efpia. Patient WAIT report, 2011.
5. Leopold C, Vogler S, Mantel-Teeuwisse A, de Joncheere K, Leufkens H.G.M, Laing R. Differences in external price referencing in Europe. A descriptive overview. *Health Pol*. 2012; 104(1):50–60.
6. Carone G, Schwierz C, Xavier A. Cost-containment policies in public pharmaceutical spending in the EU.(European Economy. Economic Papers. 461. Sep 2012. Brussels. PDF. 62pp). Available from: http://ec.europa.eu/economy_finance/publications/economic_paper/2012/pdf/ecp_461_en.pdf (accessed July 10, 2016).
7. Vogler, S. The impact of pharmaceutical pricing and reimbursement policies on generics uptake: Implementation of policy options on generics in 29 European countries-an overview. In: *Generics and Biosimilars Initiative Journal* (GaBI Journal), 1(2):93–100. Available from: http://gabi-journal.net/the-impact-of-pharmaceutical-pricing-and-reimbursement-policies-on-generics-uptake-implementation-of-policy-options-on-generics-in-29-european-countries%E2%94%80an-overview.html (accessed July 10, 2016).
8. Organisation for Economic Co-operation and Development (OECD). *Pharmaceutical Pricing Policies in a Global Market*. Paris, France: OECD Publishing, 2008. 46–49.
9. Espín J, Rovira J. Analysis of differences and commonalities in pricing and reimbursement systems in Europe. June; Andalusian School of Public Health; Commissioned by the European Commission, Directorate-General Enterprise. Available from: http://whocc.goeg.at/Literaturliste/Dokumente/FurtherReading/EASP%20Report%202007_Analysis%20of%20differences%20and%20commonalities.pdf (accessed July 10, 2016).
10. Scoggins A, Tiessen J, Ling T, Rabinovich L. 2006. Prescribing in primary care. Technical report, RAND Corporation, Santa Monica, CA. Available from:https://www.nao.org.uk/wp-content/uploads/2007/05/TR443_3C.pdf (accessed August 10, 2016).

18 比利时

18.1 利益相关者

18.1.1 国家定价和报销决策者

在比利时,国家医疗和残障保险研究所(Institut National d'Assurance Maladie-Invalidité,INAMI;Rijksinstituut voor ziekte-en invaliditeitsverzekering,RIZIV)负责组织药品的定价和报销程序,并提供医疗保健费用的报销[1]。这一联邦机构负责制定药品的报销规则,确定医疗保健服务[即所谓"术语(nomenclature)"]和药品的支付标准,并负责组织、管理和监督强制性医疗保险的实施,监督疾病基金和医疗服务提供者是否正确地落实了医疗和健康保险制度的规定。

联邦公共服务经济部(Federal Public Service Ecomony,FPS Ecomony)部长负责确定药品和类似产品的最高出厂价格[1],并接受药品专业定价委员会(Committee of Pricing for Pharmaceutical Specialties;Commission des Prix des Spécialités Pharmaceutiques CPSP/Prijzencommissie voor de Farmaceutische Specialiteiten,PFS)的建议。药物报销委员会(Commission for the Reimbursement of Medicines;Commission de Remboursement des Médicaments,CRM/ Commissie voor Tegemoetkoming Geneesmiddelen,CTG)是在INAMI/RIZIV 内部设立的、由药品报销方面的专家和利益相关者共同组成的委员会[1]。CRM/CTG 负责对报销建议进行评估,并就药品报销问题向卫生和社会事务部部长提供咨询意见。CRM/CTG 的法定权责包括:

- 提出将药品列入可报销目录的建议;
- 应部长要求,就与药品报销有关的政策问题提供咨询;
- 向 INAMI/RIZIV 的医疗健康保险委员会提出关于药品报销的规则解释的建议。

在将药品列入正面报销清单之前,预算部长有权就相关考察事项向卫生和社会事务部长提出咨询意见。

18.1.2 国家卫生技术评估机构

在比利时,CRM 在报销决策中发挥着重要的作用。它得到了内部专家的支持(由 INAMI 提供报酬),这些专家负责评估企业提交的申请资料的质量。

另一个联邦机构——比利时国家医疗保健知识中心(Belgian Health Care Knowledge Centre;Kenniscentrum- Centre d'Expertise,KCE)也会开展 HTA 评估,可由该机构主动

开展，或是应部长和 INAMI 的要求开展。但是，KCE 开展的大多数 HTA 项目都不是关于药品的，而是关于医学装备和生物学试验的。

18.1.3　其他重要的利益相关者（地方/本地层面）

在比利时，荷兰语、法语和德语社区的卫生部分别负责当地的健康促进、妇幼保健服务、不同层面的老年护理、医院认证标准的实施以及医院投资的融资等事务[1]。

医疗保健费用的报销由疾病基金［即所谓"互助组织（mutualities）"］负责管理。比利时公民可以在 6 家私营的非营利性疾病基金和 1 个公共疾病基金中自由选择。以营利为目的的私营医疗保险公司则只在补充医疗保险市场中占相对较小的一部分[1]。

18.2　定价和报销政策

18.2.1　体系概述

比利时实行强制性全国医疗保险，几乎覆盖了该国的所有人口[1]，并包含多种医疗保险计划，其中三种主要计划分别覆盖了受薪工人、自营职业者和公务员，还有一些较小的、针对于特定行业的医疗保险计划[2]。近 75% 的公众拥有补充的私营医疗保险，可用于尚未被国家医疗保险覆盖的医疗服务和药品。

医疗保健政策的决策责任由联邦和地方政府共同承担。在国家层面，相关部门包括 FPS 公共健康、食品链安全与环境部、FPS 社会事务部和 INAMI / RIZIV。他们分别负责管理和资助强制性医疗保险、制定医院认证标准、资助医院和重症医疗机构、制定不同执业资格认证的法规、管理药品的注册和价格等事务[1]。地方层面则负责初级医疗保健服务（包括全科医生服务）的组织和管理，并在制定住院服务、长期照护和疾病预防政策等方面发挥核心作用[2]。全科医生可被视为二级医疗照护的"守门人"。

联邦药品和医疗产品管理局（Federal Agency for Medicines and Health Products；Agence Fédérale des Médicaments et des Produits de Santé，AFMPS/ Federaal Agentschap voor Geneesmiddelen en Gezondheidsproducten，FAGG）负责监管比利时市场上药品的质量、安全性和有效性。药品的上市许可也通过欧洲药品管理局（EMA）的集中程序授予[1]。

18.2.2　报销程序

在比利时，强制性医疗保险只针对列入正面报销目录（即 2001 年 12 月 21 日发布的皇家法令的附录）中的住院和门诊用药提供报销[1]。为了将药品列入正面清单，制药企业可以向 CRM/CTG 提交已上市药品的报销申请。

药品的报销途径取决于其分类。其中，第 1 类药品为具有附加治疗价值的药品，第 2 类适用于具有相当或相近治疗价值的药品（"me too"类药品），第 3 类则适用于仿制药。对于第 1 类药品，专家和 CRM/CTG 首先对企业的价值主张进行评估，并将其与标准替代疗法进行下列方面的比较[1]：

- 效能；

- 效果；
- 安全性；
- 适宜度［comfort，即医疗服务提供者和（或）患者对该药品的使用可在多大程度上改善给药舒适度和（或）防止与药品使用相关的错误］；
- 适用性［applicability，即包括禁忌证在内的药品特性对某些患者人群的药物使用和（或）需要特殊预防措施的限制程度］。

从 INAMI/RIZIV 的视角来看，只有第 1 类药品涉及药物经济学评估。这些药品允许通过谈判获得溢价。EMA 指定的罕见病药物作为特定的类别被划为第 1 类，不强制开展药物经济学评估。生物类似药则遵循与第 2 类药品的报销途径，其报销标准均不得超过对照药品的报销标准。

为了评估报销申请文件，CRM/CTG 有权求助于外部和（或）内部专家[1]。药品报销申请在经专家评估和 CRM/CTG 成员评审之后，在 CRM/CTG 会议上接受投票。正面或负面的报销建议均将在 150 天内转交给卫生和社会事务部，由部长负责做出最后的决定（180 天之内）。由于社会和/或预算原因，部长有权做出与 CRM/CTG 建议相左的决定。

最后，社会事务部长在官方刊物（Moniteur belge—Belgische Staatsblad）上通过部长令的形式发布正面报销的决定。原则上，部长做出的正面和消极决定都应在 INAMI/RIZIV 的网站上公布。关于药品定价和报销的信息汇编于药品目录评论（Commented Drug Directory；Répertoire Commenté des Médicaments/Gecommentarieerd Geneesmiddelen Repertorium）和药品备忘录（Memento-Pharma）中[1]。

报销决策应在 180 天内做出。否则，申请人的报销申请将被强制执行。

18.2.3 定价程序

在比利时，处方药的价格受到管制，无论其是否具有报销资格[2]。对于报销药品，经济部长负责设定最高出厂价格。制药企业向 FPS 经济部的价格部门（Price Department；Service des Prix）提交定价申请，同时向 INAMI 提交一份单独的报销申请[2]。

第 2 类药品的企业销售价格（manufacturer selling price，MSP）是由 CPSP/PFS 根据该药品在国外的价格以及对照药品价格确定的。第 1 类药品的最高价格有资格获得溢价，并将被设定在对照药品的价格以上[1]。

企业提出的 MSP 溢价必须包括生产（或进口）成本、运输和研发成本、人力成本、销售和推广费用以及管理费用在内的细分信息支持。制药企业可在上述价格的基础上加价 5%（国产药品）或 10%（进口药品）[2]。之后，由委员会提出决策建议，然后提交给经济事务部长，由部长确定新药的最高 MSP 水平。

对于不具有报销资格的新药，制药企业必须向 FPS 经济部通报其期望定价，并提交与可报销药品相同的信息[2]。对于不具有报销资格的处方药的新剂型、新剂量等，由经济部长根据常设价格委员会（Permanent Price Commission；Comite Permanent de la Commission pour la Prix Regulation）的建议确定 MSP 的水平[2]。

根据欧盟发布的《透明指令（Transparency Directive）》，关于最高定价的决定必须在 90 天内通知申请人。该价格可以通过 CRM/CTG 和企业的谈判而进一步降低。同时，企业可以要求对决定进行复审，并提交额外的卫生经济学分析来证明其合理性[2]。一般情况下，报销是以药房零售价为基础的[1]。

18.3 准入所需时间

在比利时，创新药和高值药品的上市销售时间可能会延长，这主要是因为制药企业对其产品在比利时的预期定价相对较低，可能会选择推迟在该国的申请[3-4]。

18.4 价格管制

18.4.1 上市许可后的价格政策

在比利时，具有和不具有报销资格的药品定价都受到管制[2]。只有第 1 类药品有资格获得溢价。药品的价格由 CPSP/PFS 确定，CRM/CTG 可通过与企业谈判降低这一价格[1]。

18.4.2 外部参考定价

对于第 2 类药品，外部参考定价（ERP）被用作支持性标准，具体为参考国家（26 个欧盟成员国）的平均价格或药品在原产国的价格[5]。同时，ERP 也被用作降价的参考标准，这是从 2013 年的医疗保健预算开始实施的，对象包括上市至少 5 年的、具有报销资格的原研药，通过与药品在六个欧洲国家（奥地利、芬兰、法国、德国、爱尔兰和荷兰）的价格进行比较获得信息。

18.4.3 内部参考定价

2001 年，比利时引入了"报销参考系统（reference reimbursement system；système de remboursement de référenc/referentieterugbetalingssysteem）"。其中，药品的"集群（cluster）"被定义为所有具有相同活性成分的药品，而无论其剂量和给药途径如何。参照价格则被定义为在原研药报销价格基础上的降低的百分比[1]。

18.4.4 出厂价格水平层面的价格管制

在比利时，药品的出厂价格由 CPSP/PFS 确定。

18.4.5 配送层面的价格管制

不适用。

18.4.6 零售层面的价格管制

在比利时，零售层面不存在价格管制，但有相应的成本控制措施。药师必须针对以 INN 开具的所有处方中选择三种"最便宜的药品"中的一种[2]。

18.4.7 仿制药/生物类似药上市后原研药的强制性降价

在比利时，当仿制药上市后，"集群"药品的参考价格和原研药的价格会持续下降[6]。

18.5 报销程序的特点

在比利时，个性化报销办法的修订是部长关于报销方式决策中的一部分，它适用于下列情况：
- 第1类药品和罕见病药物；
- 部长决定修订的第2类或第3类药品（主要基于预算的不确定性）；
- 其他由部长决定的修订。

作为修订的一部分，经常需要参考来自比利时的真实世界药品使用数据（例如观察性研究、注册登记）。在首次列入目录或条件变化后的18个月至3年期间可以进行修订。

18.6 公开招标的特点

2006年，比利时曾针对具有相同活性成分和相近适应证的仿制药实施公开招标。报价最低的制药企业获得了最好的报销待遇，对于其他企业的品种而言，尽管仍可报销，但其报销水平较低[1]。然而，此类公开招标只实施了一次。

18.7 支出控制

18.7.1 折扣/返利

在比利时，仿制药的初始价格平均比相应的原研药低52.21%，并且在整个生命周期中还会被进一步降价[2]。

18.7.2 款项收回

在比利时，各种药品款项收回政策会被定期实施[2]。

18.7.3 回赠

自2006年以来，比利时就开始实施回赠制度[1]。若针对某药品的报销支出超出了预先规定的预算上限，企业应退回一部分收入，通常以每年核定的整体预算目标作为具体数额的测算基础。罕见病药物、Cx类药物、血液制品，以及签订了市场准入协议的药品则不受这一制度的约束。

由于预算并不稳定，比利时有针对性地增加了下列税种[5]：
- **传统税**（classic tax）：企业总收入的6.73%；

- **危机税**（crisis tax）：企业总收入的1%（若预算状况好转将被取消）；
- **补充税**（subsidiary tax）：企业总收入的一定比例，当预期预算会出现超支且最高超支1亿欧元时征收；
- **罕见病药物税**（orphan tax）：针对每个"收入分成（revenue slice）"按一定比例征收。

18.7.4 量价协议

见下文。

18.7.5 其他市场准入协议

在比利时，市场准入协议被称为第81条协议（Belgium Art. 81 Agreements）[7]，它们是INAMI/RIZIV与制药企业通过谈判达成的协议。这些协议旨在将医药产品的价格与其特定的附加价值挂钩，而不再与支付意愿挂钩，包括根据协议规定的条件予以临时报销。协议的期限为1～3年。

当CRM要求签订协议或其无法拟出报销申请时，可以进行上述谈判。协议可包含以下内容：
- 表面标示价格；
- 针对预算风险的补偿条款；
- 科学报告和（或）评估条款；
- 销售量报告；
- 报销条件。

协议的形式包括以下一种或几种：
- 预算封顶；
- 量价协议；
- 限定每单位的数量；
- P4P协议；
- 降低其他药品价格（交叉交易）；
- 两种不确定性下的风险分担：
- 临床不确定性；
- 预算不确定性。

还有一种途径则称为早期临时授权（Early Temporary Authorization，ETA）或早期临时报销（Early Temporary Reimbursement，ETR）[7]。制药企业可以在向EMA提交上市许可申请的同时申请ETA/ETR，并获得临时报销资格。这与同情使用不同，后者是针对未被EMA批准的适应证进行报销。

18.7.6 价格冻结和下调

2013年，比利时曾基于ERP下调了该国的药品价格，如8.4.2部分所述[4]。

18.8 针对配送企业、药师、医生和患者的政策

在比利时，药品的公开价格由其出厂价格、配送企业加成、药房加成和税费等共同组成。其中，药品的出厂价格约为公开价格的50%[7]，增值税税率则为6%[2]。

18.8.1 配送企业的加成

如果药品具有报销资格且其MSP低于2.33欧元，相应的配送企业加成为0.35欧元；对于MSP在2.33～15.33欧元之间的药品，加成比例为MSP的15%；对于MSP大于15.33欧元的药品，加成为2.30欧元加上超出15.33欧元部分的0.9%[2]。

18.8.2 药房的加成

对于MSP不高于60欧元的药品，相应的药房加成比例为MSP的6.04%；对于MSP高于60欧元的药品，加成为3.624欧元加上超出60欧元部分的2%[2]。此外，药师可收取每次4.16欧元的调剂费用；对于使用国际非专利名称（INN）开具的处方，还可收取1.28欧元的费用。

18.8.3 仿制药替换

在比利时，不允许药师进行仿制药替换[1]。

18.8.4 通用名处方

INN处方的实施为药师提供了换用调剂最低价药品的条件[1]。对于抗生素和抗真菌药，医生被要求必须使用INN开具处方[2]。

18.8.5 处方指南

在比利时，由INAMI和药品报销委员会负责制定以医生为对象的正式处方指南和宣传信息[1-2]。此外，KCE也会发布关于药品的推荐性意见[2]。

18.8.6 处方行为监管

在比利时，Pharmanet系统被用于对医生药品降费的达标情况进行监管[2]。每位医生都会收到该系统针对其处方行为反馈信息，而那些未遵循指南和（或）处方配额的医生则会接受额外的技术支持[1]。

18.8.7 针对医生的药品预算

在比利时，处方配额管理实现了这一目标（见18.8.8部分）。

18.8.8 处方配额

自2006年以来，比利时针对低价药品（例如仿制药和价格下降的原研药）实施处方配额管理[1]，要求低价药品需占全科医生处方的50%[2]。配额的具体设定因专业的不

同而异（妇科医生占9%，全科医生占27%，牙科医生占30%）[1]。由比利时药物治疗信息中心（Belgian Centre for Pharmacotherapeutic Information；Centre Belge d'Information Pharmacothérapeutique，CBIP）负责维护的在线药品处方集提供了低价药品的相关信息[2]。

18.8.9　针对医生的财务性激励措施

不适用。

18.8.10　对医生的财务性激励措施

不适用。

18.8.11　患者共同支付

针对患者的共同支付水平，共有五种报销级别（A、B、C、Cx和Cs），其分级基础为一系列基于疾病严重性的数学函数。A级药品针对危及生命的疾病，B级药品则针对非致命性的疾病且应具有显著的疗效（例如抗生素、抗哮喘药和抗高血压药），C级药品则为对症治疗药物[1]。

如果患者倾向于使用某种更昂贵的药品，并且拒绝使用INN处方中3种最便宜的药品中的任何一种，那么他们必须自行支付全部药品费用[2]。然而，医生可以在处方上添加"禁止更换（no switch）"的标注，在这种情况下，这一规则不再适用。

18.8.12　针对患者个人的特殊资助程序

在比利时，特别团结基金（Special Solidarity Fund）旨在帮助病情非常严重的患者个人获得那些尚未被纳入报销范围且非常昂贵的基本医疗服务[7]。该基金还提供了一个额外的"安全网（safety net）"来进一步覆盖"常规（regular）"的医疗保险。

该基金需要由患者自己提出使用申请，因此该程序不受制药企业的影响。由医学专家协会（College of Medical Directors）负责决定是否向申请者提供资助并确定其数额。

参考文献

1. le Polain M, Franken M, Koopmanschap M, Cleemput I. Drug reimbursement systems: International comparison and policy recommendations. Health Services Research (HSR). Brussels, Belgium: Belgian Health Care Knowledge Centre (KCE). 2010. KCE Reports 147C. D/2010/10.273/90.
2. IMS Pharmaceutical Pricing & Reimbursement Concise Guide, Belgium, 2015.
3. Davies JE, Neidle S, Taylor DG. Developing and paying for medicines for orphan indications in oncology: Utilitarian regulation vs equitable care? *Br J Cancer* 106(1):14–17, 2012.
4. Maervoet J, Toumi M. PHP132 Time to Market Access for Innovative Drugs in the UK, France, and Belgium. *Value Health* 15(7):A312, 2012.
5. Remuzat C et al. Overview of external reference pricing systems in Europe. *J Mark Access Health Policy* 3, 2015. doi: 10.3402/jmahp.v3.27675.
6. Adriaen M, De Witte K, Simoens S. Pricing Strategies of Originator and Generic Medicines following Patent Expiry in Belgium. *J Generic Med* 5:175–187, 2008.
7. Adriaens C, Van De Vijver I. Pricing & Reimbursement of medicines in Belgium. COOPAMI. Oct 2015.

19 美 国

19.1 利益相关者

19.1.1 国家定价和报销决策者

在美国，联邦政府［联邦医疗保险计划（Medicare）和联邦医疗救助计划（Medicaid）］和私营医疗保险公司是药品定价和报销的关键决策者。医疗保险和医疗救助服务中心（Centers for Medicare and Medicaid Services，CMS）负责监督 Medicare 和 Medicaid 计划的融资和实施[1-2]。

美国 FDA 负责授予原研药、仿制药和 OTC 药品在美国的上市许可。FDA 隶属于美国卫生和公众服务部（U.S. Department of Health and Human Services）[3]。

19.1.2 国家卫生技术评估机构

在美国，有多家 HTA 机构开展循证医学评价或利用 HTA 对药品等干预措施进行证据分级：

- 美国医疗健康研究和质量署（Agency for Healthcare Research and Quality's，AHRQ）针对卫生技术和干预措施开展系统评价，以评估其有效性、相对效果和安全性，在极少数情况下也会开展成本-效果研究[4]。
- Medicare 证据发展和保险咨询委员会（Medicare Evidence Development and Coverage Advisory Committee，MEDCAC）开展包括 HTA、公共咨询以及其他各种形式的独立数据评价，以研究 Medicare 针对某种产品予以报销的获益与风险，同时还负责对 HTA 证据进行评价[5]；
- 药品效果评估项目（Drug Effectiveness Review Project，DERP）是 Medicaid 计划与公立药房的合作项目，致力于提供循证比较研究，为政策制定者和其他决策者提供支持[6]；
- 退伍军人事务部（Department of Veterans Affairs，VA）药品福利管理战略医疗保健集团（Pharmacy Benefits Management Strategic Healthcare Group，PBMSHG）通过开展药品技术评估，以支持 VA 医疗保健体系中的合理用药[7]；
- 国防部药物经济学中心（Department of Defense Pharmacoeconomic Center，PEC）针对已上市药品和创新药开展成本-效果研究，以支持其决策过程[8]。

19.1.3　其他重要的利益相关者

在美国，50个联邦州各自负责根据当地的需要，具体实施相应的联邦项目计划。

19.2　定价和报销政策

19.2.1　体系概述

在美国，医疗保健服务是由 Medicare 计划、Medicaid 计划、军队 TRICARE 计划和（Veterans Administration，VA）计划等联邦项目计划以及其他私营医疗保健计划所提供的[9]。其中，Medicare 计划的覆盖对象包括 65 岁及以上的美国公民、65 岁以下且有某些残障的公民，以及终末期肾病患者[10]。该计划由 A、B、C 和 D 四个部分（Part A ~ D）组成，A 部分和 B 部分代表 Medicare 计划的最初形式，由联邦政府管理。其中，A 部分针对院内诊疗，例如住院和护理服务等，而 B 部分则针对门诊和预防性干预服务[9]。D 部分也被称为门诊处方药保险，由私营医疗保险公司提供，针对门诊患者使用的处方药[9]。在 C 部分 ["Medicare 优势计划（Medicare advantage）"] 中，A 部分和 B 部分可提供的保障是由与 Medicare 计划签订协议的私营医疗保险公司所提供的[9]。

Medicaid 计划和儿童医疗保险计划（Children's Health Insurance Programme，CHIP）是由多个联邦州共同发起的一项计划，覆盖对象为美国的低收入公民或家庭、合法定居者、残疾人以及需要养老机构照顾的老年人[9]。

私营医疗保险计划由雇主提供，共包括三大类：①管理型保险计划（managed care plans），其中相应的受益人必须向经批准的医生和医院网络寻求医疗服务；②收费服务型计划（fee-for-service），可提供一系列预先确定的医疗服务；③高起付线的健康计划（high-deductible health plans）。

此外，美国政府通过 VA 和 TRICARE 这两个联邦计划为军人群体提供了医疗保障。处于良好健康状态的退伍军人可以享受 VA 计划的医疗福利（http://www.va.gov/HEALTHBENEFITS/apply/veterans.asp）。除了退伍军人福利外，作为属地化管理的联邦医疗保险项目，TRICARE 计划则适用于军警部队（uniformed services）的现役军人、退伍军人及其家属，以及幸存者（http://www.tricare.mil/Plans/Eligibility.aspx）。

在美国，一旦药品获得 FDA 的上市许可，制药企业就可以自由决定药品的价格。药品的报销是由私营支付者和联邦项目计划（例如 Medicare 计划和 Medicaid 计划）根据一系列不同的标准分别制定的。

19.2.2　报销程序

在美国，没有全国统一的报销政策。药品的报销是在联邦、州和私营支付者层面决定的，使用单独且不同的决策标准。

私营支付者使用处方集模式来做出报销决策。处方由私营支付者的药事管理和药物治疗学委员会管理，使用循证评估方法，考察药品的成本和预期临床用途。大多数 OTC 药品、生活方式改善药物和试验性用药均未被涵盖在这些处方集中。

对于 Medicare 计划，所有已被 FDA 批准上市或被《美国药典》（U.S. Pharmacopeia，USP）收载的住院用药品均由 Medicare 计划的 A 部分予以完全报销，只有一些门诊用药品——例如需要医生给药的药品或者口服抗肿瘤药物——则由 B 部分予以报销；在 D 部分中，门诊处方药由私营医疗保险公司予以报销，条件是药品需符合全部报销标准——即该药品必须是被 FDA 批准上市的处方药（prescription-only medicine，POM）、未被 A 部分和 B 部分覆盖且被 D 部分覆盖。同时，制药企业还必须与 CMS 签署协议，支付药品费用的 50%。

各州为 Medicaid 计划的受益人提供所有被 FDA 批准上市的 POM 药品的费用报销。期望获得 Medicaid 药品报销资格的相关制药企业必须同意提供返利，并参加联邦 340B 处方药计划。该计划可以使相关医疗保健机构（共计 14500 家获批准的诊所、医院和其他医疗机构）能够以折扣价格采购药品并处方给低收入患者。参加该计划后，相应药品可以被列入联邦一级的供应目录[11]。

19.2.3 定价程序

在美国，除军事医疗机构外，处方药、住院用药品、仿制药和 OTC 药品的价格均不受管制[9]。制药企业在获得药品上市许可后可以自由定价。联邦、各州和私营支付者必须确保可通过返利和折扣来控制药品价格。因此，多年以来，诸如制药企业平均出厂价格（average manufacturer price，AMP）、平均销售价格（average sale price，ASP）、平均批发价格（average wholesale price，AWP）、联邦价格上限（federal upper limit，FUL）、最高容许价格（maximum allowable cost，MAC）、Medicaid 最佳价格（Medicaid best price）和批发采购成本（wholesale acquisition cost，WAC）等药品定价基准被设计使用，广泛地满足了支付者的需求，支持了其对折扣、回扣和报销价格的决策[9, 12]。

19.3 准入所需时间

由于价格不受管制，药品在获得上市许可后即为获得市场准入。

19.4 价格管制

19.4.1 上市许可后的价格政策

在美国，制药企业可以在药品获得 FDA 上市许可后自由设定其价格。

19.4.2 外部参考定价

外部参考定价在美国不适用。

19.4.3 内部参考定价

在美国，内部参考定价不在联邦层面不使用，且在各项医疗保健项目计划中亦很少使用。

19.4.4 出厂价格水平层面的价格管制

在美国，不针对药品的出厂价格水平进行管制。

19.4.5 配送层面的价格管制

在美国，批发层面没有对药品的价格管制，配送企业的利润率也是不固定的。

19.4.6 药房层面的价格管制

在美国，药房层面没有对药品的价格管制。

19.4.7 仿制药/生物类似药上市后原研药的强制性降价

仿制药或生物类似药在美国上市后，相应的原研药不会被强制降价。

19.5 报销程序的特点

在美国，不同支付者采用的报销方案各不相同。实际上，支付者使用着不同类型的处方集，例如开放式处方集（open formularies）、封闭式处方集（closed formularies）、开放-封闭混合式处方集以及仅面向仿制药的处方集（generics-only formularies）。其中，一旦药品获得上市许可，即可被列入开放式处方集；但对于封闭式处方集，新药则必须先获得私营支付者的药事管理和药物治疗学委员会的批准方能被列入其中。

在 Medicare 计划的 A 部分和 B 部分以及 Medicaid 计划中，没有设置具体的药品报销分类，即药品要么可以被报销、要么不能被报销。然而，Medicare 计划的 D 部分则采用处方集管理模式。由于 CMS 设定了限制，这些处方集专门针对 D 部分，其中必须包含免疫抑制剂、抗抑郁药、抗精神病药、抗惊厥药、抗逆转录病毒药和抗肿瘤药等 6 个治疗学分类中的全部（或几乎全部）药品，以及至少 2 种来自其他各个治疗学分类的药品[13]。

19.6 公开招标的特点

药品公开招标在美国并不适用。然而，各州可以选择参与 Medicaid 州际联合采购平台（multi-state Medicaid purchasing pools），并使用相应的采购工具，以获得额外的返利。

19.7 支出控制

19.7.1 折扣/返利

在美国，国家和私营支付者广泛运用折扣和返利以管理药品价格[9]。私营支付者经常向制药企业寻求折扣，以换取将其产品列入其处方集[9]。如果将这些折扣的数额按占 AWP 的百分比计算，2010 年的平均折扣比例约为 AWP 的 17.5%。医院可针对 Medicare 计划的 A 部分和 B 部分中的药品与制药企业进行谈判，私营保险公司则可针对 D 部分中的药品进行谈判。然而，美国法律不允许 Medicare 计划为其 D 部分获取折扣。

同时，制药企业被要求为 Medicaid 计划所覆盖的处方药提供固定比例的返利，具体比例则根据 AMP 和最佳价格进行计算。此外，各州还可以利用 3 个 Medicaid 州际联合采购平台之一来获取额外的返利[14]。

19.7.2 款项收回

对于同时具有双重医疗保险覆盖（Medicare 计划和 Medicaid 计划）的患者，如果其医疗费用由 Medicaid 计划而不是 Medicare 计划的 D 部分报销，联邦一级会在拨付各州的款项中收回一定比例的费用（起步于 90%，在 2015 年下降到 75%）[15]。

19.7.3 回赠

在美国，回赠适用于原研药、仿制药和生物类似药的制药企业。回赠的具体实施形式是由向联邦政府收取用户费用（user fee），用于为 FDA 药品上市许可审评程序提供资金支持［处方药用户费用法案（Prescription Drug User Fee Act）］，并确保 FDA 能够及时对所有新药简化申请进行审评。自 2010 年以来，原研药企业每年都被要求提供回款，具体金额取决于企业面向 Medicare 计划（B 部分和 D 部分）、Medicaid 计划、VA 计划和国防部医疗保险计划覆盖的受益患者的原研药市场销售份额。

19.7.4 量价协议

量价协议在美国并不适用；相反，一般通过设定支付上限来控制药品的报销支出[16]。

19.7.5 其他市场准入协议

在美国，一些类型的市场准入协议——例如 CED 协议、有条件的治疗延续协议和 P4P 协议等——可以实施。然而，风险分担协议的总体已实施数量仍然较为有限[17]。

19.7.6 价格冻结和下调

由于药品的价格不受监管，价格冻结和下调在美国并不适用。

19.8 针对配送企业、药师、医生和患者的政策

19.8.1 配送企业的加成

据估计，美国药品配送企业的加价幅度是"适度的（modest）"（2%～4%），而且多年来一直在下降[16, 18-19]。

19.8.2 药房的加成

在美国,药房可收取的加成通常是由固定成本与因不同药品而浮动的部分共同组成,这些加成的比例较药房的药品购入价格高出 20%～25%[20]。

19.8.3 仿制药替换

虽然所有州都允许实施仿制药替换,但只有在一些州是强制性的。具体而言,有 15 个州强制规定必须进行仿制药替换,另 35 个州则有替换许可法案(permissive substitution law,2011)[21],其中有 13 个州要求由药师选择仿制药替换相应的原研药。在一些州,药师甚至被要求必须选择最便宜的仿制药进行替换[22]。Medicare 计划的 D 部分和 Medicaid 计划也允许进行仿制药替换。经过治疗等效性评价的药品被收载于 FDA 制定的"橙皮书(Orange Book)"中;然而,仿制药替换并不受 FDA 的监管[23]。

19.8.4 通用名处方

国际非专利名称(INN)处方在美国是允许使用的,但并不是强制性的。

19.8.5 处方指南

在美国,联邦州医学委员会联合会(Federation of State Medical Boards)、各州的医学委员会、AHRQ,以及一些医学院、医院和医疗项目计划都会制定处方指南。这些指南提供了最佳医疗实践的相关信息,并可以在国立指南数据库(National Guideline Clearinghouse,NGC)中检索获取[24]。

受管制的药品(例如止痛药处方)由联邦和州一级的处方指南予以管理;当联邦和州的法律规定不一致时,则遵照其中更严格者进行管理。

19.8.6 处方行为监管

在美国,医生的处方行为受到公立和私营支付者的监管,具体方式包括直接通过电子处方系统实施监管,或者通过定期检查处方记录的方式进行监管。

19.8.7 针对医生的药品预算

私营和联邦项目计划中均没有对医生的药品使用预算作出明确限定。

19.8.8 处方配额

不适用。

19.8.9 针对医生的财务性激励措施

在美国,没有针对医生的经济激励措施以促使其使用仿制药或最便宜的药品品种[25]。然而,医生的薪酬既可以是固定的,也可以是浮动的,后者则更多地与"生产力"挂钩,即对绩效的激励(68%),而较少与患者满意度(21%)、医疗质量(19%)或资源使用情况（14%）挂钩[25]。绩效激励（incentives for performance）——也被称为绩效薪酬计划（pay-for-performance programmes）——正在快速发展中，并已被公立（Medicare 计划）和私营医疗保险计划［例如加州绩效薪酬计划（California Pay for Performance Program）］付诸实施。

19.8.10 针对药师的财务性激励措施

在美国，药师具有选择调剂最便宜的仿制药的间接性动机。这是由于，对于同通用名的药品，无论其调剂的是其中的哪一种，公共和私营支付者最终向药房支付的费用数额都是一致的。因此，为患者提供最便宜的仿制药可以增加药房的利润[26]。

19.8.11 患者共同支付

在美国，公共和私营医疗保险项目都包含对患者的共同支付要求。大多数私营医疗保险公司采用分级处方集（multiple-tiered formularies），不同级别的药品对应着不同的患者共付比例。其中，第 1 级通常仅限于仿制药和低价药品，第 2 级和第 3 级由较昂贵的药品和原研药组成，第 4 级则为用于治疗复杂疾病的特殊药品。层级的数量和相应的共付比例会根据具体的保险项目计划和药品的不同而有所差别。

对于 Medicaid 计划，患者共同支付的比例是由州一级决定的，但最高共付比例则是由联邦层面统一确定的，且各州不能逾越这一上限。对于 Medicare 计划的 A 部分，患者在每个受益期的免赔额（即起付线）为 1216 美元，针对住院医疗费用和护理费用，则分别需共同支付第 61 天和第 21 天之后的费用[27]。B 部分的患者也必须每年面临一定的免赔额，并且每月支付保险费，具体费用亦根据具体计划的不同而有所差别，并且也必须分担一定比例的医疗费用[27]。其中，每年的免赔额为 147 美元，每月需支付的保险费数额则取决于其收入水平，另外，针对免赔额以上的所有在报销范围的医疗费用，患者还需自付 20%[27]。

参考文献

1. The Center for Medicare and Medicaid Services website: Available from: http://www.cms.gov/ (accessed August 10, 2016).
2. Sullivan SD, Watkins J, Sweet B, Ramsey SD. Health Technology Assessment in Health-Care Decisions in the United States. *Value in Health*. 2009;12(S2):S39–S44.
3. The Food and Drug Administration website: Available from: http://www.fda.gov/default.htm (accessed August 10, 2016).
4. Agency for Healthcare Research and Quality website: Available from: http://www.ahrq.gov/ (accessed August 10, 2016).
5. The Center for Medicare and Medicaid Services. Regulations-and-Guidance. The Center for Medicare and Medicaid Services website: Available from: http://www.cms.gov/Regulations-and-Guidance/Guidance/FACA/MEDCAC.html (accessed August 10, 2016).
6. Drug Effectiveness Review Project. Oregon Health & Science University website: Available from: http://www.ohsu.edu/xd/research/centers-institutes/evidence-based-policy-center/derp/index.cfm (accessed August 10, 2016).
7. The Department of Veterans Affairs website: Available from: http://www.va.gov/health/ (accessed August 10, 2016).
8. The Department of Defense Pharmacoeconomic Center website: Available from: http://www.pec.ha.osd.mil/formulary_search.php (accessed August 10, 2016).
9. Schoonveld E. *The Price of Global Health: Drug Pricing Strategies to Balance Patient Access and the Funding of Innovation*. Gower Publishing, Surrey, UK, 2011.
10. Komisar HL, Feder J, Gilden D. The Commonwealth Fund. The Roles of Medicare and Medicaid in Financing Health and Long-Term Care for Low-Income Seniors. Sep 2000.
11. Conti RM, Bach PB. Cost Consequences of the 340B Drug Discount Programme. *JAMA*. 2013;309(19):1995–1996.
12. Curtiss FR, Lettrich P, Fairman KA. What is the price benchmark to replace average wholesale price (AWP)? *J Manag Care Pharm*. 2010;16(7):492–501.
13. The Center for Medicare and Medicaid Services. Chapter 6: Part D Drugs and Formulary Requirements. Medicare Prescription Drug Benefit Manual. 2010. Available from: http://www.cms.gov/Medicare/Prescription-Drug-Coverage/PrescriptionDrugCovContra/downloads/chapter6.pdf (accessed August 10, 2016).
14. Medicaid Drug Rebate Program Available from: http://www.medicaid.gov/Medicaid-CHIP-Program-Information/By-Topics/Benefits/Prescription-Drugs/Medicaid-Drug-Rebate-Program.html (2014) (accessed August 10, 2016).

15. Kaiser Commission on Medicaid and the Uninsured. An Update on the Clawback: Revised Health Spending Data Change State Financial Obligations for the New Medicare Drug Benefit. Available from: http://www.kff.org/medicaid/upload/7481.pdf (2006) (accessed August 10, 2016).
16. Ando G. Roadblocks and Risk-Sharing Agreements Around the World. *ISPOR Connection*. 2011.
17. Neumann PJ, Chambers JD, Simon F, Meckley LM. Risk-Sharing Arrangements That Link Payment For Drugs To Health Outcomes Are Proving Hard To Implement. *Health Aff*. 2011;30:122329–2337.
18. The Food and Drug Administration. Regulatory Information. Last updated 25 May 2011. Available from: http://www.fda.gov/RegulatoryInformation/Legislation/FederalFoodDrugandCosmeticActFDCAct/SignificantAmendmentstotheFDCAct/PrescriptionDrugMarketingActof1987/ucm256477.htm#foot1 (accessed August 10, 2016).
19. Berndt ER. Pricing and Reimbursement in U.S. Pharmaceutical Markets. Harvard School of Public Health-Faculty Research Working Paper Series. Sep 2010.
20. The Department of Health & Human Services. *Report to the President—Prescription Drug Coverage, Spending, Utilization, and Prices*. Apr 2000.
21. Pharmaceutical Care Management Association. Generic Substitution: The Science and Savings. 2011. Available from: http://amcp.org/WorkArea/DownloadAsset.aspx?id=10530 (accessed August 10, 2016).
22. National Conference of State Legislatures. Health Cost Containment and Efficiencies. NCSL Briefs for State Legislators. 2010.
23. Approved Drug Products with Therapeutic Equivalence Evaluations (Orange Book). FDA webite: Available from: http://www.fda.gov/Drugs/InformationOnDrugs/ucm129662.htm (accessed August 10, 2016).
24. The National Guideline Clearinghouse database website: Available from: http://guideline.gov (accessed August 10, 2016).
25. Chien AT, Chin MH, Alexander CG, Tang H, Peek ME. Physician Financial Incentives and Care for the Underserved in the United States. *The Am. J.Manag. Care*. Feb 2014.
26. Danson PM, Furukawa MF. Cross-National Evidence on generic pharmaceuticals: Pharmacy vs. physician-driven markets. National Bureau of Economic Research Working Paper 17226. Jul 2011. Available from: http://www.nber.org/papers/w17226 (accessed August 10, 2016).
27. Medicare 2014 Costs At a Glance Available from: http://www.medicare.gov/your-medicare-costs/costs-at-a-glance/costs-at-glance.html#collapse-4810 (accessed August 10, 2016).

20 日 本

20.1 利益相关者

20.1.1 国家定价和报销决策者

在日本，厚生劳动省（Ministry of Health, Labor and Welfare, MHLW；厚生労働省）负责在对企业提交的新药报销申请进行评估后制定其在国家医疗保险（National Health Insurance, NHI）中的报销价格[1]。

MHLW 下设的几个局参与定价和报销联合申请的提交和评估工作。卫生政策局经济事务部（Economic Affairs Division of the Health Policy Bureau）负责举行正式听证会，制药企业可以在此提交申请。该局卫生经济部（Medical Economics Division）负责在将申请提交给药品定价组织（Drug Pricing Organization, DPO）前对资料进行审查[1]。

DPO 负责对制药企业提交的申请进行评估，然后在由中央社会医疗理事会（Central Social Insurance Medical Council；Chuikyo）进行评估。后者是决定医疗服务费用（包括药品价格）的机构，负责在支付者、医疗服务提供者和公众代表之间进行商讨后最终批准定价。

20.1.2 国家卫生技术评估机构

日本没有国家级的正式卫生技术评估（HTA）机构；MHLW 负责评估制药企业的申请，并进行定价和报销决策。

20.1.3 其他重要的利益相关者（区域/地方层面）

无。

20.2 定价和报销政策

20.2.1 体系概述

在日本，药品的定价和报销程序是通过制药企业提交的定价和和报销联合申请启动的，且只有具有报销资格的药品才受到价格管制[2]。企业可以在药品获批上市后向 MHLW 提交申请，其内容必须包含药品的目标价格、在全球其他市场的价格（特别是在法国、德国、英国和美国的价格）、预期的患者人数以及未来 10 年的市场销售预测。MHLW 在对申请进行评估之后设定 NHI 的报销价格。

20.2.2 报销程序

根据 Chuikyo 的建议，MHLW 负责决定每种药品的报销政策。

一旦某种药品被列入 NHI 报销目录后即可被报销。根据患者年龄和收入的不同，报销水平也不同[3]。NHI 的报销比例至少达到 70%[4]。

20.2.3 定价程序

涉及评估企业申请和定价的主要部门是 DPO。DPO 由医生、牙医、药师和经济学家组成。DPO 成员对企业提交的申请进行评估，并按多数原则投票决定拟议价格，最终由 Chuikyo 予以批准。然后在下一次定价更新时（每年 4 次）将 NHI 报销价格添加到报销目录中。

同时，企业也可以对 DPO 的决定提出反对。此时，DPO 将重新评估企业提交的申请材料，如果仍无法达成一致，企业可以撤回申请并重新提交新的申请。

DPO 成员在评估每种新药的申请时，要考虑市场上类似药品的存在情况和参照国的价格情况、价格溢价的适用性以及药品成本。定价标准之一是药品的创新性，并可根据药品的创新性、实用性、适销性（marketability）和儿童用药等额外获益方面来增加溢价。

20.3 准入所需时间

在日本，药品获得上市许可和准入之间存在时间差，制药企业只有在获得上市许可后才能提交定价和报销申请。在获得上市许可和纳入 NHI 报销目录之间通常有 2～3 个月的延迟，但其间的销售额可忽略不计。

20.4 价格管制

20.4.1 上市许可后的价格政策

在获得上市许可后，制药企业可以自由定价。只有具有报销资格的药品受到价格管制，有意获得报销的企业必须向 MHLW 提交申请。

20.4.2 外部参考定价

日本会将药品的 NHI 报销价格与其在法国、德国、英国和美国等 4 个国家的公开价格进行比较。之所以选择这些国家，是因为这些市场被认为与日本市场具有可比性。NHI 可以根据这四个参考国家的平均价格对 NHI 报销价格进行调整。事实上，若 NHI 报销价格不高于参考国家价格平均值的 75%，则可被提高；若不低于其 125%，则可被降低。

20.4.3　内部参考定价

在日本，确定新药价格的方法有两种：价格比较法和成本计算法。当日本市场上有适宜的参比药品时会采用价格比较法，反之则采用成本计算法。

价格比较法是指在适应证、疗效、药理作用、成分/化学结构、给药途径、剂型、处方分类、工艺和适用性等方面具有可比性的药品。在此基础上，可根据药品的适用性、创新性、适销性、儿童用药情况，以及是否在全球范围内属于首创药（first in class）且疗效优于对照药品/用于儿童/用于罕见病等因素给予溢价，范围在 5%～120% 浮动，但实际很少被使用。如果某药品的有效性不及对照药品，且不属于前述分类，则将按同类药物的价格（平均价格或最低价格）定价。

成本计算法则是将企业生产和销售的成本、经营利润、推广成本和消费税计算在内的定价方法。

20.4.4　出厂价格水平层面的价格管制

在日本，只有具有报销资格的处方药才会接受出厂价格管制。

20.4.5　配送层面的价格管制

由于批发销售的利润不固定（在 NHI 报销价格基础上进行折扣谈判），日本没有针对配送层面的价格管制。

20.4.6　药房层面的价格管制

由于药房销售的利润不固定（在 NHI 报销价格基础上进行折扣谈判），日本没有针对药房层面的价格管制。

20.4.7　仿制药/生物类似药上市后原研药的强制性降价

当首个仿制药在日本上市后，相应的原研药价格会降低 4%～6%。

20.5　报销程序的特点

只有列入 NHI 报销目录中的药品才会被报销。该目录只收载处方药，包括原研药、仿制药和住院用药品。

20.6　公开招标的特点

公开招标在日本很少见，与多家供应商进行对等谈判则是一种更为常见的方式。但是，药品配送企业和医院之间可以开展招标采购。因此，制药企业直接与配送企业而不是与医院打交道。

20.7 支出控制

20.7.1 折扣/返利

折扣和返利只发生在制药企业和配送企业以及配送企业和药房之间。

20.7.2 款项收回

不适用。

20.7.3 回赠

不适用。

20.7.4 量价协议

在日本，不采用量价协议的方式。然而，在提交新药报销申请时，企业必须提供未来10年的患者人数和销售额预测数据。如果实际销售额达到预期销售额的2倍以上且超过150亿日元，则报销价格将降低25%。

20.7.5 其他市场准入协议

不适用[4]。

20.7.6 价格冻结和下调

日本通过降低药品价格来控制医疗健康支出。降价事宜由Chuikyo决定，并由MHLW负责与每2年一次的NHI报销价格修订一同执行。如果药品的实际市场销售价格低于NHI报销价格，或药品的销售额远远高于预期销售额，便可以下调药品的报销价格。

20.8 针对配送企业、药师、医生和患者的政策

20.8.1 配送企业和药房的加成

通过谈判确定。

20.8.2 仿制药替换

自2006年起，日本就允许实施仿制药替换，医生每次想要禁止替换时都必须在相应位置打钩。

20.8.3 通用名处方

日本鼓励医生开具国际非专利名称（INN）处方，每张处方会多向医生支付20日元。

20.8.4　处方指南

不适用。

20.8.5　处方行为监管

不适用。

20.8.6　针对医生的药品预算

无。

20.8.7　处方配额

无。

20.8.8　针对医生的财务性激励措施

在日本，如果医生在每次诊疗时减少处方药品数量，会获得经济上的激励。当由药师而不是医生自己调剂药品时，医生也会获得奖励。

20.8.9　针对药师的财务性激励措施

日本鼓励药师调剂仿制药：当他们调剂仿制药的比例达到或超过22%时，将获得额外奖励。

20.8.10　患者共同支付

根据患者的年龄和收入，患者必须自付固定比例的费用（0～30%）。在NHI覆盖的基本医疗保险范围外，若医疗费用超过了设定数额，"高值医疗福利制度（high-cost health care benefit system）"还会进一步覆盖一定数额的费用[5]。

参考文献

1. Ministry of Health, Labour and Welfare Available from: http://www.mhlw.go.jp/english/(accessed August 10, 2016).
2. English Regulatory Information Task Force-Japan Pharmaceutical Manufacturers Association. Pharmaceutical Administration and Regulations in Japan. 2012. Available from: http://www.jpma.or.jp/english/parj/pdf/2012.pdf (accessed August 10, 2016).
3. Pharmaceutical Administration and Regulations in Japan, Japan Pharmaceutical Manufacturing Association, 2015. Available from: http://www.jpma.or.jp/english/parj/pdf/2015.pdf (accessed August 10, 2016).
4. Ando G. Payer Roadblocks and Risk-Sharing Agreements Around the World. Ispor 2011. Available from: http://www.ispor.org/news/articles/Nov-Dec11/Payer-Roadblocks-and-Risk-Sharing-Agreements.asp (accessed August 10, 2016).
5. Outline of Health Care Insurance System, Ministry of Health, Labour, and Welfare, 2009. Available from: http://www.mhlw.go.jp/english/wp/wp-hw3/dl/2-001.pdf (accessed August 10, 2016).

后 记

蒙德尔·杜米教授通过编写这本令人印象深刻和独特的书,为医疗保健和卫生政策做出了巨大贡献。医疗保健市场的准入实际上意味着患者能够获得创新(但往往价格昂贵)的技术。由于医疗卫生预算有限,决策者面临的挑战是:如何明智地使用这些资金。因此,从全社会视角来看,药品的价格和报销水平应符合可接受的货币价值。但整个市场准入领域的特点是影响最终决策(是否报销)的因素过多,并且构成了一系列受制于多个利益相关者的复杂过程。

作者在书中清楚地阐释了诸如相对效能、相对效果、成本-效果、预算影响和医疗需求等决策标准。通过阅读这本书,我们可以清楚地看到,不同国家的市场准入程序在何种程度上和何种方式上存在着差异。此外,本书重点关注了欧盟及其成员国之间能力的微妙平衡,但这本书也具有广泛的全球市场准入视野,深入讨论了美国、韩国和日本的情况。

"创新的合作方式""涉及多个利益相关者""药品监管部门和支付者之间的互动""早期对话""协议"……但凡你能想到的,都能在这本书里找到答案。重要的是,本书摒弃了常见的浮躁与炒作,而是基于作者丰富的经验和知识,围绕所有相关方面提供了一系列中立和正确的观点。

此外,本书对处于迅速发展中的罕见病药物领域和非常专业的疫苗领域给予了特别关注。

与市场准入相关的内容普遍面临着一个问题:这是一个迅速发展的领域,当内容出版时,由于标准和程序的迅速变化,它可能已经过时了。但这本书却不是这样。它的内容如此丰富并且面向未来,必将很容易地成为未来许多年的标准工作指导。

未来会发生什么?如果我们从全社会的视角来看,还有很多改变要做。联合国《世界人权宣言(Universal Declaration of Human Rights)》第25条规定,人人有权获得良好的医疗服务。今天,我们离实现这一目标还很遥远。我们能做些什么?

首先,我们需要不断提高医疗保健体系的质量、效果和效率。这毫无疑问意味着,我们需要创新的卫生技术(例如药品),以大幅度降低发病率和死亡率,并改善患者的生活质量。但问题是,这些所谓真正的创新技术大多需要支付额外的成本,因此建立适当的方法和程序对这些技术进行定价和报销是至关重要的。我们应该对价值进行奖励,因为如果不这样做,就不会有创新和追求附加值的动机。然而,这种回报不能是无限的——我们不能把世界上所有的钱都花在医疗保健上。对于这些限制是什么,社会应该对其公民和创新产业界都变得更加透明些。需要认识到的是,支付能力较低的社会也理应支付较少的费用。

价值评估的一致性、筹资过程和决策的透明度、创新价值的正确反映以及从全社会可负担性视角考虑的公平定价都是必需的。只有这样，我们才能成功地保证医疗保健体系的可持续性和创新的可持续性。

这本书包含了许多有助于实现这一目标的"食材"和"食谱"。让我们开始烹饪吧！

列文·安纳曼斯（Lieven Annemans）
比利时根特大学卫生经济学教授